Inhalt

W0084490

Zu den Mitteln der Erweiterung der Anthropologie im Umfange gehört das Reisen; sei es auch nur das Lesen der Reisebeschreibungen. Man muß aber doch vorher zu Hause, durch Umgang mit seinen Stadt- oder Landesgenossen, sich Menschenkenntnis erworben haben, wenn man wissen will, wornach man auswärts suchen solle, um sie im größeren Umfange zu erweitern. Ohne einen solchen Plan (der schon Menschenkenntnis voraussetzt) bleibt der Weltbürger in Ansehung seiner Anthropologie immer sehr eingeschränkt. Die Generalkenntnis geht hierin immer vor der Lokalkenntnis voraus; wenn jene durch Philosophie geordnet und geleitet werden soll: ohne welche alles erworbene Erkenntnis nichts als fragmentarisches Herumtappen und keine Wissenschaft abgeben kann.

I. Kant, Anthropologie in pragmatischer Hinsicht, Werkausgabe (hg. v. W. Weischedel) XII, 400.

Vorwort

Die Essays dieses Bandes gehen den wechselnden Konstellationen nach, unter denen in der europäischen Tradition die Beobachtung jeweils fremder Gesellschaften mit der Reflexion über Eigenart und Geschichte der eigenen Kultur sowie über die Grundlagen menschlicher Vergesellschaftung überhaupt verbunden worden ist. Es handelt sich um Versuche, die für die einzelnen Epochen jeweils charakteristischen Diskussionszusammenhänge nachzuzeichnen. Sie können keine Geschichte des disziplinären Konnexes zwischen (Alt-)Historie und (Sozial-)Anthropologie bieten, auch nicht einzelne Theoreme umfassend dogmengeschichtlich behandeln, sondern allenfalls – und mit viel »Mut zur Lücke« – Materialien für entsprechende Erörterungen bereitstellen.

Es geht darum, die theoretischen, methodischen und ideologischen Implikationen gleichzeitiger Distanzerfahrungen sowohl zur europäischen Antike wie zu jeweils rezenten »barbarischen«, »wilden«, »primitiven« oder »Natur-«Völkern zu erörtern – nicht darum, »Ergebnisse« an einem früheren oder heutigen »Forschungsstand« zu messen. Aus einer methoden- und problemgeschichtlichen Perspektive erscheinen die großen Werke des 19. Jahrhunderts in einer viel stärkeren Kontinuität zur Aufklärungstheorie und selbst zu den Anfängen der neuzeitlichen Anthropologie, als es ihrem Selbstverständnis entsprach. Es zeigt sich vor allem auch, daß der neue, quellenkritische Umgang mit der antiken Überlieferung noch lange nichts daran änderte, daß die Feststellungen der antiken Ethnographie wie objektive Daten behandelt wurden, deren Entstehung keiner grundsätzlichen Problematisierung bedurfte. Ich beginne deshalb hier mit einem Kapitel, in dem am Beispiel Herodots die Eigenart der antiken Überlieferung selbst erörtert wird.

Die entscheidenden Brüche traten in den ersten Jahrzehnten unseres Jahrhunderts ein: mit der Abkehr vom Evolutionismus, der Etablierung von Feldforschung als grundlegender wissenschaftlicher Methode und der Analyse gesamtgesellschaftlicher Zusammenhänge in der Sozialanthropologie einerseits, der Untersuchung der Genregesetze, unter denen die ethnographische Tradition der Antike steht, in der klassischen Altertumswissenschaft andererseits. Damit ergaben sich längerfristig neue Möglichkeiten des Kulturvergleichs, die nun nicht mehr auf die Schließung von Lücken in der antiken Überlieferung zielten, sondern durch verfremdende Perspektiven und Kategorien der antiken Tradition neue Erkenntnisse abzugewinnen suchten. Das wird hier im letzten Kapitel am Beispiel der ökonomischen Anthropologie vorgeführt; zur Ergänzung für andere Bereiche darf auf einen kürzlich an anderer Stelle publizierten Aufsatz verwiesen werden (Nippel 1988 b). Wieviel sich möglicherweise an Restbeständen evolutionärer Grundannahmen in der Althistorie und Altertumswissenschaft bis in die Gegenwart gehalten hat, bedürfte im übrigen einmal einer eingehenderen Untersuchung.

›Anthropologie‹ ist ein schillernder Begriff, dessen erheblich divergierende Verwendung die Verzweigung verschiedener wissenschaftlicher Disziplinen ebenso wie die Unterschiede nationaler Wissenschaftskulturen widerspiegelt. Ich verwende ›Sozialanthropologie‹ hier in lockerer Anlehnung an das Verständnis der britischen *social anthropology* als Bezeichnung einer empirischen Sozialwissenschaft, die sich mit der Analyse gesellschaftlicher Organisationsformen (vornehmlich am Beispiel von Gesellschaften mit geringerer Komplexität) befaßt. Mit dieser Terminologie soll hier lediglich die Abgrenzung zu den Gegenstandsbereichen der physischen Anthropologie und der (zumal deutschen) philosophischen Anthropologie betont werden, die sich einerseits der biologischen Natur des Menschen widmen (in der Vergangenheit zumal den Unterschieden der Menschenrassen), andererseits die Ergebnisse der empirischen Wissenschaften zu Reflexionen über die *conditio humana* verdichten. –
Die Texte sind zum größten Teil während meines Aufenthalts am Wissenschaftskolleg zu Berlin 1988/89 entstanden. Für die dort gebotenen vorzüglichen Arbeits- und anregenden Gesprächsmöglichkeiten bin ich sehr dankbar. Dieter Timpe weiß ich mich für Ermunterung und förderliche Kritik verpflichtet.

Im September 1989, W. N.

Ethnographie und Anthropologie bei Herodot

> »Es ist unmöglich, einen wahrheitsliebenderen Mann, als Herodot, zu finden; und dennoch hat er manches berichtet, was nicht wahr ist.«
>
> Barthold Georg Niebuhr[1]

Es ist immer schwierig zu entscheiden, was in die Geschichte oder auch die »Vorgeschichte« einer wissenschaftlichen Disziplin gehört; je nachdem, ob man den Nachdruck auf den Gegenstand, die Methodik oder die Institutionalisierung als »Betrieb« legt, ergeben sich andere Fluchtlinien und Schwerpunkte; und die Perspektiven hängen natürlich auch davon ab, ob man die Geschichte der Disziplin vorzüglich als die ihrer Fortschritte bis zu der in der eigenen Zeit erreichten Höhe oder vornehmlich als Geschichte der falschen Weichenstellungen oder verpaßten Chancen versteht. Die Schwierigkeiten sind noch größer, wenn man das Verhältnis zweier Disziplinen (die aber nur aufgrund einer langen Entwicklung eindeutig voneinander geschieden worden sind) diskutieren will und wenn zudem – wie in diesem Fall – sich hinter der Bezeichnung »Anthropologie« eine Vielfalt komplexer Forschungsrichtungen verbirgt.

Dennoch läßt sich m. E. die Frage, ob und inwiefern die antike Überlieferung selbst sinnvoll in eine solche Forschungsgeschichte einzubeziehen ist, relativ leicht beantworten. Wenn man die Geschichte der Sozialanthropologie nicht erst mit dem Funktionalismus und der Etablierung von Feldforschung und teilnehmender Beobachtung als fundamentaler Methode beginnen lassen will (also frühestens am Ende des 19. Jahrhunderts), sondern auch die großen Werke über die Entstehung menschlicher Zivilisation des 19. Jahrhunderts und auch schon der Aufklärung als genuinen Bestandteil der Geschichte der Disziplin ansehen will, dann kann man sich nicht damit begnügen, mehr oder weniger willkürlich einigen Elementen der antiken Überlieferung einen Vorläuferstatus zuzugestehen, wie es in einschlägigen

disziplingeschichtlichen Überblicken zumeist der Fall ist.[2] Denn der
Rückgriff auf die antike Überlieferung spielt eine bedeutende Rolle
sowohl in der Sozialtheorie der Aufklärung wie in der Anthropologie
des 19. Jahrhunderts und hat auch schon die Sichtweise auf die »Neue
Welt« seit der Zeit der Entdeckungen geprägt.

Dem Defizit der Standardwerke kann hier natürlich nicht umfassend
abgeholfen werden. Es geht im folgenden nur darum, die Eigenart der
antiken Ethnographie in bestimmten Hinsichten zu umreißen. Nicht
um zu zeigen, daß in der Antike »alles schon einmal dagewesen« ist[3],
sondern um deutlich zu machen, daß die antike Überlieferung keine
»Daten« anbietet, die ohne weitere Nachfrage für rationale Rekonstruktionen disponibel sind, denn diese Quellenaussagen spiegeln im
Regelfall schon eine äußerst komplexe Perzeptionsweise wider. Aber
erst als sich diese Erkenntnis seit Ende des 19. Jahrhunderts (Jahrzehnte nach der Etablierung der historisch-kritischen Methode in Philologie und Historie) allgemein durchsetzte, zerbrach auch das Muster
der Integration althistorischer Daten in allgemeine Zivilisationstheorien, wie es seit der Aufklärung vorgeherrscht hatte.

Die folgenden Bemerkungen zur antiken Anthropologie konzentrieren sich auf Herodot, seine Zeitgenossen und unmittelbaren Nach-
folger. Das rechtfertigt sich dadurch, daß Herodot zum einen das
wichtigste Genre ethnographischer Darstellung in der Antike geprägt
hat, nämlich den ethnographischen Exkurs im Geschichtswerk, für
den bei späteren Autoren andere Wahrheitskriterien als in der Geschichtsschreibung als solcher gelten konnten; und daß zum anderen
spätestens in der Philosophie des 4. Jahrhunderts v. Chr. jene wesentlichen Elemente anthropologischer Theorien vorlagen, die die gesamte antike Literatur hindurch Wahrnehmung wie Beschreibung
fremdartiger Kulturen aus der Sicht der Griechen (und später der Römer) geprägt haben.[4]

Herodot von Halikarnaß hat in seinem um 425 v. Chr. abgeschlossenen Werk über die Perserkriege breit angelegte ethnographische Exkurse über die Völkerschaften eingelegt, die mit dem Perserreich in
Berührung kamen. Er setzte damit die zunächst Küsten- und dann
Länderbeschreibungen fort, die sich vor allem bei Hekataios von Mi-
let (um 500 v. Chr.) für die Darstellung fremder Sitten geöffnet hatten,
uns aber nur durch Fragmente bekannt sind.[5] Ob Herodot, der »Vater
der Geschichtsschreibung«[6], auch als »Vater der Anthropologie«[7]
gelten kann, wie man des öfteren liest, soll hier erörtert werden.

J. L. Myres ging (1908) sogar soweit zu behaupten, Herodot sei in jeder Hinsicht auf der Höhe der modernen anthropologischen Wissenschaft.[8] Eine Aussage, die in dieser Form vermutlich weder damals allgemein konsensfähig war, noch es zu einem möglichen anderen Zeitpunkt in der Entwicklung der modernen Wissenschaft gewesen wäre. Die Frage nach den Entsprechungen zwischen Herodot und gegebenenfalls anderen antiken Vorläufern einerseits und der modernen Wissenschaft andererseits muß vielmehr hinsichtlich von Gegenstand, Methode, Interpretationsmustern spezifiziert werden.

Herodot zeichnet sich vor allem durch seine Methode aus, auf die er an zahlreichen Stellen zu sprechen kommt.[9] »Es ist meine Pflicht, alles wiederzugeben, was erzählt wird. Freilich brauche ich nicht alles zu glauben« (7, 152, 3). – »Alles, was ich bisher mitgeteilt habe (scil.: über Ägypten), beruht auf eigener Anschauung, eigenem Urteil oder eigner Forschung. Von jetzt an will ich die ägyptische Geschichte erzählen, wie ich sie hörte. Doch auch dabei kommt noch manches vor, was ich selbst gesehen habe« (2, 99, 1). – »Was aber nördlich von dem Land liegt, mit dem ich meinen Bericht (scil.: über die Skythen) anfing, darüber weiß niemand etwas genaues. Ich habe keinen Menschen getroffen, der behaupten konnte, er wisse etwas aus eigenem Augenschein« (4, 16, 1).

Herodot stützt sich also auf eigene Erkenntnisse aufgrund seiner Reisen, auf Autopsie und Zeugenberichte einerseits, auf mündliche Überlieferungen, die er vor Ort eruiert, andererseits. Er trennt deutlich zwischen diesen Quellen und zwischen seinem eigenen Urteil. Seine Wiedergabe auch solcher Berichte und Überlieferungen, an deren Glaubwürdigkeit er selbst Zweifel hegt, hat ihm in der historiographischen Tradition eine fragwürdige Reputation eingetragen. Ihm haftete dadurch auch der Ruf eines Geschichtenerzählers (*fabulator*) an.[10] Den Standard für kritische Geschichtsschreibung – die sich aber auf die politisch-militärische Ereignisgeschichte verengte – hatte nämlich Thukydides gesetzt, der gegen seinen Vorgänger, wenngleich ohne Namensnennung, polemisiert hatte (1, 22). Was Herodot als Historiker zur Last gelegt wurde, konnte ihm aber später zum Vorzug gereichen, wenn man ihn als Spezialisten für das vergleichende Studium der Sitten und Gebräuche der Völker ansah.[11] Henricus Stephanus hat 1566 in seiner *Apologia pro Herodoto*[12] – der Verteidigung Herodots gegen den Vorwurf der Unglaubwürdigkeit, wie ihn die Humanisten aus der antiken Überlieferung reproduziert hatten – diese besondere Kompetenz Herodots herausgestellt. Herodot erhielt darüber hinaus zusätzliches Gewicht durch das im Zeitalter der Entdeckungen wachsende Interesse am Kulturvergleich und durch die damit in Zusammenhang stehende Überwindung einer auf die Bibel gegründeten Chronologie.[13]

Hervorstechend ist die Bemühung um sachliche Beschreibung und um den Verzicht auf Werturteile. Ob sich in Lydien die jungen Mädchen ihre Aussteuer durch Prostitution verdienen (1, 93, 4; 1, 94, 1), bei den libyschen Adyrmachiden der König ein *jus primae noctis* ausübt (4, 168), bei den Gindanen (an der großen Syrte) sich die Frauen mit Lederringen um die Gelenke für jeden Geschlechtsverkehr schmükken und diejenige am höchsten geschätzt wird, die die meisten Liebhaber aufweisen kann (4, 176), ob manche Völker ihre toten Angehörigen verzehren (s. unten) oder Menschen als Opfer lebendig begraben (7, 114, 2) – dies alles wird im Regelfall nüchtern berichtet und zumindest nicht explizit bewertet. Nur im Ausnahmefall läßt Herodot einmal seine eigene Bewertung deutlich werden, so wenn er bei den Babyloniern den alten, inzwischen nicht mehr praktizierten Brauch einer Heiratsauktion lobt, die auch die häßlichen Mädchen an den Mann bringt (1, 196), hingegen ausdrücklich tadelt, daß sich bei ihnen jede Frau einmal in ihrem Leben im Tempel der Aphrodite einem fremden Mann hingeben müsse (1, 199).

Die Erkenntnis der Relativität von Recht und Sitte, die bei den unterschiedlichen Völkern extrem unterschiedliche Ausprägungen erfahren, verbindet sich mit dem Respekt für Regeln, die für die jeweilige Gemeinschaft unverzichtbar sind, ihre je eigene Lebensordnung und Kultur ausmachen.[14] »Wenn man alle Völker der Erde aufforderte, sich unter all den verschiedenen Sitten die trefflichsten auszuwählen, so würde jedes nach genauer Untersuchung doch die eigenen allen anderen vorziehen. So sehr ist jedes Volk davon überzeugt, daß seine Lebensformen die besten sind... Daß alle Völker so in Sitten und Bräuchen denken, zeigt unter genügend anderen folgendes Beispiel: Als Dareios König (scil.: der Perser) war, ließ er einmal alle Griechen seiner Umgebung zu sich rufen und fragte sie, um welchen Lohn sie bereit wären, die Leichen ihrer Väter zu verspeisen. Die aber antworteten, sie würden das um keinen Preis tun. Darauf rief Dareios die indischen Kalatier, die die Leichen der Eltern essen, und fragte sie in Anwesenheit der Griechen – durch einen Dolmetscher erfuhren sie, was er sagte –, um welchen Preis sie ihre verstorbenen Väter verbrennen möchten. Sie schrien laut auf und baten ihn inständig, solch gottlose Worte zu lassen. So steht es mit den Sitten der Völker, und Pindar hat meiner Meinung nach recht, wenn er sagt, die Sitte (*nomos*) sei aller

Wesen König« (3, 38, 1–3). Über die Sitten anderer Völker spotten und sich an ihren Tempeln vergreifen, ist ein Zeichen des Wahnsinns, wie im Falle des Perserkönigs Kambyses in Ägypten (3, 38, 1–2). Die Fähigkeit zur Distanzierung von eigenen Wertvorstellungen zeigt sich auch in Herodots weitgehend wertneutraler Verwendung des Barbarenbegriffs [15], die sich in der die griechische Weltsicht von außen widerspiegelnden Bemerkung ausdrückt, daß die Ägypter als Barbaren alle diejenigen bezeichnen, die eine fremde Sprache sprechen (2, 158, 5). Im Gespräch zwischen dem Perserkönig Xerxes und dem nach seiner Absetzung an den persischen Hof geflüchteten Spartanerkönig Demaratos wird gezeigt, wie aus der Sicht des Persers die griechischen Verhältnisse nicht als der Normalfall, sondern als dessen Verkehrung erscheinen (7, 101–104).[16]

Herodots Ethnographie steht auch nicht im Dienste eines bestimmten ideologischen Interesses. Weder will er die Beherrschung anderer Völker mit den segensreichen Wirkungen der Zivilisation legitimieren, wie es schon in hellenistischer und römischer Zeit geschieht und dann seit dem Beginn des neuzeitlichen Kolonialismus ein durchgehendes Muster ist, noch will er Streitfragen der eigenen Gesellschaft durch den Rekurs auf Völker im Naturzustand entscheiden oder ein Gegenmodell zu einer Gesellschaft entwerfen, die am Fortschritt ihrer materiellen Zivilisation leidet, wie es sich in der Figur des »edlen Wilden« ausdrückt.

Herodot zeigt ein der Objektivität verpflichtetes wissenschaftliches Ethos. Dies begründet seinen besonderen Rang in der Wissenschaftsgeschichte. Jacob Burckhardt hat dies im Hinblick auf seine Rolle als Begründer einer »vergleichenden Religions- und Dogmengeschichte« so ausgedrückt: »Es handelt sich nicht darum, daß ein solcher Forscher beim ersten Male das richtige treffe, sondern darum, daß er ein für allemal das Vermögen und die Pflicht der Geschichte proklamiert, sich mit diesen Fragen zu befassen. Von seinen Resultaten könnte im einzelnen alles falsch sein, und dennoch bliebe ihm seine hohe Bedeutung als Gründer einer objektiven Religionsbetrachtung.«[17]

Burckhardts Vorbehalte hinsichtlich der Ergebnisse bezogen sich vor allem auf Herodots Verfahren, die ägyptischen und die griechischen Götter miteinander in Beziehung zu setzen; die *interpretatio Graeca* ist in diesem Punkt augenscheinlich. Wenn man mit einem modernen Kritiker die Geschichte der vergleichenden Religionswissenschaft seit dem 19. Jahrhundert bis in die Gegenwart dadurch bestimmt sieht, daß fremde Religionen jeweils mit den Kategorien der eigenen Kultur erfaßt worden sind, schrumpft allerdings die Differenz zwischen der vorwissenschaftlichen Naivität Herodots und der wissenschaftlichen Raffinesse neuerer Zeit.[18] Die Skepsis gegenüber vielem, was ihm als einheimische Tradition vermittelt wurde, hat Herodot immer wieder selbst betont. Das gilt besonders für seine Wiedergabe der Ursprungsmythen und Gründungslegenden der verschiedenen Völkerschaften.[19] Gewiß muß man auch vielem, was auf eigenen Erkundungen beruht, mit Vorbehalt begegnen. Die Position Voltaires, die auf Autopsie gründenden Aussagen Herodots zu akzeptieren, die auf Hörensagen beruhenden dagegen zu verwerfen, wird man heute nicht mehr ungebrochen teilen können.[20] Bei dem, was Reisenden, Missionaren, Kolonialbeamten und professionellen Ethnologen in den letzten Jahrhunderten alles an Mißverständnissen, Fehldeutungen, unzulässigen Schlußfolgerungen, Projektionen eigener Denkmuster und Wertvorstellungen unterlaufen ist, bedarf dies kaum weiterer Ausführungen. Worauf man bei Herodot speziell hinweisen sollte, ist allerdings, daß er bei seinen Reisen, etwa in Ägypten, auf Dolmetscher angewiesen war[21], daß er sich in manchen Gegenden vermutlich nicht auf Aussagen von Einheimischen, sondern auf die der dort ansässigen Griechen verlassen hat (so in Nordafrika)[22], und daß es schließlich, worauf er selbst wiederholt verwies (z. B. 4, 195, 2), über manche Randgebiete der Zivilisation überhaupt keinerlei zuverlässige Informationen gab. Hinzu kommen selbstredend Fehler aufgrund unzulässiger Verallgemeinerung – so könnten zum Beispiel die Aussagen über eine allgemeine Verpflichtung babylonischer Frauen zur Prostitution aus Informationen über die Tempelprostitution entstanden sein[23] – oder auch aufgrund eines Mangels an geeignetem ethnographischen Vergleichsmaterial, der ihn zum Beispiel schamanische Praktiken bei den Skythen mißverstehen ließ.[24] Generell gilt, daß er ganz von seinen Quellen abhängig ist und ihm die Möglichkeit einer kritischen Überprüfung weitgehend fehlt.[25] Bei seinen methodischen Prinzipien und Möglichkeiten kann er, wenn es nur darüber Berichte gibt, auch sagenhafte Völkerschaften wie die Hyperboreer[26] nicht einfach ignorieren, so sehr ihm deren Existenz auch zweifelhaft ist (4, 32–36).

Herodots wissenschaftliches Ethos, seine methodische Umsicht wie gleichermaßen die Problematik seiner Interpretationsmodelle lassen sich an seinen Darlegungen über die Bewohner von Kolchis, einer Landschaft am östlichen Südufer des Schwarzen Meeres, verdeutlichen (2, 104–106).[27] Herodot vermutet in ihnen Abkömmlinge von

Ägyptern. Der Tradition, daß sie aus dem Heer des sagenhaften Königs Sesostris aus der dritten Dynastie (im 20. oder 19. Jahrhundert v. Chr.) stammen, der Feldzüge nach Thrakien und Skythien unternommen haben soll, wird gegenüber den eigenen Beobachtungen und Überlegungen nur geringes Gewicht beigelegt. Herodot gründet seine These vielmehr auf verschiedene, voneinander unabhängige Argumente. Erstens stellt er fest, daß die Kolcher dunkelfarbig und krausköpfig seien, fügt jedoch zugleich hinzu, daß man darauf, da dies andere Völker schließlich auch seien, nicht allzu viel geben könne. Für gewichtiger hält er zweitens kulturelle Ähnlichkeiten. Exemplifiziert wird dies zum einen daran, daß die Kolcher auf die gleiche Weise wie die Ägypter ihre Leinwand herstellen. Zum andern und vor allem aber daran, daß sie beide die Beschneidung praktizieren und daß alle anderen asiatischen Völker, bei denen dieser Brauch ebenfalls herrsche, diesen entweder auf die Übernahme von den Ägyptern zurückführten oder (im Falle eines den Kolchern benachbarten Volkes, das ihn erst kürzlich eingeführt habe) auf die Kolcher selbst. Drittens verweist Herodot noch auf Ähnlichkeiten in Lebensweise und Sprache. Rätselhaft bleibt beim ersten Argument, daß ein – einmal unterstelltes – negroides Aussehen der Kolcher eine Verwandtschaft mit den Ägyptern belegen solle. Der Hinweis auf Ähnlichkeiten der Sprache dürfte wohl auf Mißverständnissen bzw. unzulässigen Verallgemeinerungen, vielleicht aufgrund zufällig ähnlich klingender einzelner Worte, beruhen. Das ändert aber nichts daran, daß es sich insgesamt um eine bemerkenswert umsichtige Argumentation handelt, die »ein sprechendes Beispiel seiner ernstlichen Nachforschung« abgibt, wie Jacob Burckhardt geschrieben hat.[28] Ob sich sagen läßt, daß sich »der Methoden..., die Herodot hier anwendet..., auch heute ein wissenschaftlicher Ethnologe nicht zu schämen (braucht)«[29], hängt wesentlich davon ab, wie abstrakt man seinen methodischen Ansatz charakterisiert. Mit Sicherheit kann man aber sagen, daß Herodot mit seiner Art der Argumentation jeden Vergleich mit den zahlreichen Autoren des 17. Jahrhunderts (darunter so bedeutenden Geistern wie Hugo Grotius) aushält, die aufgrund viel willkürlicher herangezogener, vermeintlicher Entsprechungen die Herkunft der amerikanischen Indianer zu beweisen suchten[30] (vgl. S. 52).
Der Respekt vor Herodots wissenschaftlichem Ethos wächst noch, wenn man auf die spätere Rezeption speziell unserer Stelle schaut.[31] Herodots Feststellung über die äußere Ähnlichkeit von Kolchern und Ägyptern wurde – losgelöst von ihrem ursprünglichen Kontext und

ungeachtet der von Herodot selbst ausgedrückten Vorbehalte – seit dem späten 18. Jahrhundert Gegenstand aktueller Kontroversen. Auslöser war wahrscheinlich Volneys Reisebericht über Ägypten (und Syrien) aus dem Jahre 1787, den im Vergleich zu manchen phantasievollen Vorgängern der Wille zu exakter Beschreibung auszeichnete.[32] Hier wurde Herodots Aussage über den negroiden Charakter der Ägypter aufgenommen und durch den Hinweis auf die entsprechenden Züge der Sphinx untermauert.[33] Die kombinierte Autorität Herodots und des zeitgenössischen Philosophen-Reisenden etablierte diese »Tatsache«, auf die zahlreiche Autoren dann bis in die Mitte des 19. Jahrhunderts Bezug nahmen. Da seit der Überwindung des biblizistischen Geschichtsbildes, die einherging mit der Aufwertung Herodots, Ägypten als ein Ursprung der Kultur anerkannt war[34], konnte man nun daraus weiter die Kulturfähigkeit der Neger herleiten und dieses Argument wiederum in der amerikanischen Diskussion über die Sklaverei im abolitionistischen Sinne verwenden. Die Befürworter der Sklaverei beriefen sich dagegen dann natürlich auf Stellen bei Herodot, die die scheußlichen Praktiken anderer vermeintlicher Neger belegten. Unmittelbare Konsequenzen für die Sklavenfrage hatten auch zeitgenössische Erklärungsversuche für die Unterschiede der menschlichen Rassen. Herodot ist hier vor allem als Kronzeuge dafür herangezogen worden, daß die Hautfarbe klimatisch bedingt sei; deshalb seien die Ägypter dunkelhäutig, und schließlich sehe man daran, daß es in der Gegend von Kolchis keine negroide Bevölkerung mehr gebe, daß längerfristig unter anderen klimatischen Bedingungen sich auch die Hautfarbe verändere – schöne Aussichten für die amerikanischen Neger.[35]

Herodots Vorurteilsfreiheit und sein Bemühen um objektive Beobachtung, sei sie nun auch mit manchmal gespielter, manchmal tatsächlicher Naivität gepaart, ist allerdings nur eine Seite. Denn auf der anderen Seite arbeitet er natürlich auch mit bestimmten Deutungsmustern und Interpretationsschemata, in die er seine Daten einfügt und die im Zusammenhang stehen mit verschiedenen Elementen zeitgenössischer Sozialtheorie.

Da ist besonders das Konzept der »verkehrten Welt«. Der auffälligste Anwendungsfall liegt bei Herodot in seiner Einleitung zur Beschreibung Ägyptens vor: Sitten und Bräuche der Ägypter stehen größtenteils im Gegensatz zu denen der übrigen Völker (2, 35, 2). Es folgt ein Katalog von eineinhalb Dutzend Phänomenen, an denen dies dargelegt wird. Zum Teil betrifft dies die Rollenvertauschung zwischen

Männern und Frauen: Bei den Ägyptern gehen die Frauen auf den Markt (und die Männer sitzen zu Hause am Webstuhl), tragen die Lasten auf der Schulter (die Männer dagegen auf dem Kopf), urinieren im Stehen (und die Männer im Sitzen), hier gibt es keine weiblichen Priesterinnen, hier sind die Töchter (und nicht die Söhne) zur Fürsorge gegenüber ihren alten Eltern verpflichtet.

Zum anderen entsprechen sie Umkehrversionen gegenüber diversen kulturellen »Normalfällen«: Der Katalog geht von der Art des Webens über Kleidungs- und Trauersitten, das Verhältnis zu Tieren, die Sitte der Beschneidung bis hin zur Schrift. Es ist also offensichtlich, wie hier einige Beobachtungen zu einem allgemeinen Umkehrschema ausgeweitet werden, das auf alle denkbaren Kulturphänomene Anwendung findet.

Ein andersgeartetes Polarisierungsmodell begegnet im Zusammenhang mit den Skythen. Deren ausführliche Beschreibung verdankt sich anscheinend der Möglichkeit der Entgegensetzung zu den Ägyptern.[36] Es sind die jeweils spezifischen geographisch-klimatischen Bedingungen, durch die sich die Skythen von fast allen anderen Völkern unterscheiden (4, 28) und dadurch – wie schon in einer zeitgenössischen Schrift über die Umwelt aus dem hippokratischen Korpus[37] – als Extremfall der Auswirkung einer kalten Klimazone erscheinen. Eine weitere Polarität ergibt sich daraus, daß sich die Ägypter für das älteste Volk halten (2, 2), während die Skythen sich ihrerseits für das jüngste halten (4, 5, 1). Andererseits entsprechen sich beide wiederum darin, daß sie sich extrem resistent gegenüber der Übernahme fremder Sitten zeigen.[38]

Das Modell der verkehrten Welt begegnet aber auch bei Beobachtungen zu einzelnen Sitten bei diversen Völkerschaften. Herodot kennt ein breites Spektrum der Rollenverschiebung zwischen den Geschlechtern.[39] Bei den Auseern kämpfen beim Athena-Fest jährlich (in einer Art Virginitäts-Test) die Mädchen mit Steinen und Knüppeln gegeneinander (4, 180, 2). Bei den Thrakern besteht im Gegensatz zur strikten Kontrolle über die Ehefrauen sexuelle Freizügigkeit für die jungen Mädchen, die sich nach Belieben ihre Partner suchen (5, 6). Von den Issedonen heißt es pauschal, daß die Frauen bei ihnen die gleichen Rechte hätten wie die Männer (4, 26, 2). Von der Norm abweichende Rollenverteilungen begegnen auch in bezug auf die Kriegsführung: Bei den libyschen Zaueken ziehen die Frauen mit in den Krieg und lenken die Kriegswagen (4, 193); bei den Sauromaten (die aus der Verbindung skythischer Männer mit den Amazonen hervorge-

gangen sein sollen) reiten die Frauen, ziehen – allerdings zusammen
mit den Männern – in den Krieg und tragen die gleiche Kleidung wie
die Männer; eine Jungfrau darf erst heiraten, wenn sie einen Feind im
Kampf getötet hat (4, 116–117). Herodots Darstellung der Sauromaten ist insofern auffällig unterschieden von anderen Varianten der
Zähmung der Amazonen, als hier die skythischen Jugendlichen den
Rollentausch durchmachen müssen und dann in den abhängigen Status sinken.[40]

Herodot hat – von den großen Länder- und Völkerbeschreibungen
wie bei den Ägyptern und Skythen abgesehen – bei den vielen, nur
kurz erwähnten, kleineren Völkerschaften jeweils nur einzelne, besonders aus dem Üblichen herausfallende Sitten hervorgehoben: daß
zum Beispiel bei den Nasamonen die Toten in aufrechter Haltung
bestattet werden (4, 190) oder sich bei den Lykiern die Namensfolge
nach der Mutter richtet (1, 173, 4). Aber diese Einzelbeobachtungen –
was immer empirisch hinter ihnen stehen mag – werden nicht in ein
Gesamtbild der Gesellschaft eingefügt; so wird eben nicht bei den
Lykiern ein komplexes »Mutterrecht« postuliert, wie es in der Neuzeit der Fall sein sollte (vgl. S. 67 u. 104 f.).

Allerdings zeigt sich bei Herodot gerade im Hinblick auf Völker an
der Peripherie der griechisch-vorderasiatischen Kulturwelt die Annahme, daß sich bestimmte primitive Sitten mit ihren materiellen Le-
bensbedingungen in Zusammenhang bringen lassen. Herodot hat bei
solchen Völkern jeweils ihre Ernährungs- und Lebensweise notiert[41]:
ob sie von Gras, Wurzeln, wilden Früchten oder Baumfrüchten leben[42], ob sie rohes Fleisch oder rohen Fisch essen[43], ob sie unter Bäu-
men oder in Höhlen leben[44]. Davon werden von Milch und Fleisch
sich ernährende und in Zelten wohnende Viehzüchternomaden, wie
u. a. die Skythen, abgesetzt.[45] Bei den Skythen wiederum ist deutlich
zu unterscheiden zwischen den nomadisierenden und den ackerbauenden Stämmen.[46]

Oberflächlich betrachtet gleichermaßen extreme Sitten lassen sich dif-
ferenzieren im Zusammenhang mit dem allgemeinen zivilisatorischen
Niveau der Völkerschaft.[47] Eine völlig ungeregelte Promiskuität mit
Geschlechtsverkehr in der Öffentlichkeit – wie bei den Tieren – wird
nur für solche kaukasische und indische Stämme festgestellt, für die
auch ihre primitive Ernährungsweise konstatiert worden war.[48] Bei
den nomadisierenden Massageten (die auch eine erste Form der Religion in der Anbetung der Sonne kennen) findet sich – trotz der Einrichtung der Ehe – zwar eine allgemeine sexuelle Freizügigkeit, doch

ist der Mann, der zu einer Frau geht, gehalten, seinen Köcher außen an den Wagen zu hängen (1, 216, 1); eine ähnliche Sitte wird von den Nasamonen berichtet (4, 172, 2). Es liegt hier also eine kulturelle Normierung vor, die zugleich die Tierhaftigkeit des öffentlichen Geschlechtsverkehrs (4, 180, 5) aufhebt.[49]

Differenziert werden auch Erscheinungsformen des Kannibalismus dargestellt[50]: Das Volk der »Menschenfresser« kennt keinerlei Recht und Sitte (4, 106); bestimmte, rohes Fleisch essende indische Nomadenstämme töten die kranken und alten Mitglieder der Gemeinschaft und essen sie (3, 99); bei den Massageten findet dies dann schon als ein von den Angehörigen vollzogener Kultakt statt: »Wird aber ein Mann doch zu alt, dann kommen die Angehörigen zusammen und schlachten ihn mit anderen Opfertieren, sie kochen das Fleisch und essen es. Darin sehen sie ein hohes Glück. Denn wenn jemand an einer Krankheit stirbt, verspeisen sie ihn nicht, sondern begraben ihn« (1, 216, 2). Ähnlich halten es die Issedonen, denen ein besonders rechtliches Denken zugeschrieben wird (4, 26). Von Menschenopfern berichtet Herodot in bezug auf Gefangene, so bei den Taurern (4, 103). Bei den Skythen wiederum ergibt sich die grausame Behandlung ihrer Gefangenen aus der Notwendigkeit der Gewinnung von Stutenmilch, für die geblendete Sklaven eingesetzt werden (4, 2).

Herodot kennt also zweifellos Differenzierungen des zivilisatorischen Niveaus unterhalb der Seßhaftigkeit von Ackerbauern, die sich in seinem Nachdruck auf der Ernährungsweise (mit der Dichotomie des Rohen und des Gekochten) und auf dem unterschiedlichen Ausmaß kultureller Normierung des Verhaltens ausweisen. Hier wird ein ganzes Spektrum von Möglichkeiten vorgestellt. Problematisch ist jedoch, ihm ein Schema der Abfolge von Kulturstufen im Sinne der Folge Jäger und Sammler, Viehzüchternomaden, primitive Ackerbauern bis zur Hochkultur zu unterstellen[51]; und zwar schon deshalb, weil die von Herodot immer wieder nachdrücklich betonte Grenzlinie die zwischen Nomaden und seßhaften Ackerbauern ist. Mit diesem Schema werden die Randkulturen der Ökumene klassifiziert, ob es die Skythen (1, 15; 1, 73, 3; 6, 84, 2), die Inder (3, 98, 3) oder die nordafrikanischen Stämme sind (4, 186, 191). Die Charakterisierung von Nomaden als Fleischesser und Milchtrinker erstreckt sich über die Differenzierung der Kulturniveaus zwischen den keinerlei Normen kennenden Menschenfressern bis zu den Massageten und Skythen hinweg. Es ist offensichtlich ein Denkmuster mit langer Tradition, da es sich schon in der Darstellung der Kyklopen im neunten

Gesang der *Odyssee* findet.[52] Ein weiterer Einwand gegen die Unterstellung des Kulturstufenschemas in der oben genannten Form ist, daß es doch eine Assoziation mit einem Ablaufschema im Sinne eines – wie auch immer gearteten – evolutionistischen Modells impliziert, das für Herodot unangemessen ist. An Fragen der Kulturentstehung und den Bedingungen und Möglichkeiten gesellschaftlicher Entwicklung auf ein höheres Zivilisationsniveau zeigt er sich nicht interessiert; darauf ist noch zurückzukommen.

Zunächst soll über den Zusammenhang zwischen Herodots Darstellungen und zeitgenössischen wie auch einigen späteren gesellschaftstheoretischen Erörterungen gesprochen werden. Dazu einige ganz konkrete Beispiele. Die Anlehnung an die hippokratische Theorie, die im Klima einen wesentlich die Gesellschaftsordnung prägenden Faktor sieht, ist oben schon erwähnt worden. Herodots Formulierung über die Menschenfresser (4, 106), die als roheste von allen Menschen weder Recht (*dike*) noch Gesetz und Sitte (*nomos*) kennen, hat ihr Pendant in der Theorie des Protagoras, daß eine stabile Vergesellschaftung des Menschen Recht und wechselseitigen Respekt (*dike* und *aidos*) erfordere.[53] Herodots Feststellung zur Rollenumkehr in Ägypten, wo die Männer zu Hause weben und die Frauen den lebensnotwendigen Bedarf besorgen, wird im letzten Stück des Sophokles, *Oedipus auf Kolonos*, zitiert (337 ff.). Ein Traktat eines unbekannten Sophisten aus dem frühen 4. Jahrhundert über antithetische Argumentationen (*dissoi logoi*) führt für die unterschiedlichen Ansichten der Völker über das Schickliche und das Unschickliche verschiedene Beispiele an, die sich schon bei Herodot finden[54]: Bei den Thrakern lassen sich Mädchen tätowieren, obwohl man eigentlich nur Verbrecher so brandmarkt (vgl. Herodot 5, 6); die Skythen skalpieren ihre Feinde und benutzen deren Schädel als Trinkgefäße (Herodot 4, 64–65); es fehlen auch nicht die Beispiele von der Opferung der Eltern bei den Massageten oder der Prostitution der lydischen Mädchen oder der webenden Männer und aushäusigen Frauen in Ägypten. Der auch angeführte Fall der Perser, die mit ihren Müttern, Töchtern und Schwestern verkehren, greift auf die weitverbreitete Vorstellung zurück, daß bei den Barbaren weder Gesetz noch Sitte den Inzest verböten (vgl. Euripides, *Andromache* 173 ff.[55]).

Der ethnographische Diskurs thematisiert somit Alternativen zur eigenen Gesellschaftsordnung, wie dies auf strukturell ähnliche Weise auch in anderen Diskussionszusammenhängen geschieht. Die Erfahrung der Relativität des Rechts und der Vielfalt der Sitten führt zur

Problematik des Wertrelativismus, wirft die Frage nach dem Geltungsgrund der sozialen Normen auf, die in ihrer Varietät und Veränderbarkeit in Konflikt gesehen werden zu einer invarianten Natur. Neben dieser Diskussion über das Verhältnis zwischen *nomos* und *physis*, wie sie seit der Mitte des 5. Jahrhunderts in der Sophistik geführt wurde[56], begegnet auch die Idee der ungeschriebenen Gesetze als fundamentaler sittlicher Normen, die im Regelfall vom positiven Recht zwar respektiert werden, in bestimmten Extremsituationen aber doch mit ihm kollidieren können (so der Konflikt in der *Antigone* des Sophokles von 442).[57] Inhaltlich werden Verpflichtungen religiöser Natur, wie die Bestattungspflicht gegenüber Verwandten (*Antigone*) oder auch das Inzestverbot (Xenophon, *Memorabilien* 4, 4, 22) genannt. Hier liegt also ein Pendant zu dem besonderen Interesse der Ethnographie an der Schilderung von Begräbnissitten und Sexualmoral vor.

Die Amazonensage hatte in den zahlreichen Versionen, die sie seit Homer erfahren hatte[58], immer wieder ein Volk barbarischer, kriegerischer Frauen an der Peripherie der Welt vor Augen geführt, das schließlich besiegt und in der Ehe gezähmt wird.[59] In der attischen Tragödie[60] und Komödie[61] gehören Bemerkungen über die Sitten der Barbaren zum Repertoire. In der Tragödie begegnet die Figur der kaum zivilisierten, grausamen und beherrschenden Frau.[62] Utopische Modelle entwerfen das Bild der politischen Herrschaft der Frau; die *Ekklesiazusen* des Aristophanes von 388 setzen gewiß eine Tradition solcher Überlegungen schon voraus, die sich dann in der Komödie verspotten lassen. Herodots Erläuterung (4, 104) der allgemeinen Frauengemeinschaft bei den Agathyrsen, die Verwandtschaft und Verschwägerung aller untereinander schließe Neid und Zwietracht aus, nimmt partiell die Begründung vorweg, die Platon später für die Frauen- und Kindergemeinschaft in seinem Idealstaat gegeben hat (*Politeia*, 457c ff.)[63], auch wenn es nach Platons Vorstellung keine ungeregelte Promiskuität, sondern behördlich gelenkte Paarung geben soll. (Daß in diesen Fällen von Frauengemeinschaft und nicht, wie es genausogut heißen könnte, von Männergemeinschaft die Rede ist, zeigt natürlich, daß auch dieses Umkehrdenken noch der männlichen, d. h. »normalen« Perspektive verhaftet war.[64]) Die Berichte von den kriegerischen Frauen der Sauromaten belegen für Platon die Möglichkeit einer militärischen Ausbildung von Frauen (*Gesetze* 804e). Im späten 4. Jahrhundert berufen sich die Kyniker und frühen Stoiker wie Diogenes und Zenon für ihre Befürwortung der Aufhebung zivilisatorischer Zwänge auf die Beispiele aus der Ethnographie[65], die zeigten, daß es weder gegen Inzest[66], allgemeine Promiskuität[67], öffentlichen Geschlechtsverkehr[68] noch gegen Kannibalismus[69] Regeln der Natur, sondern eben nur – ignorierbare – gesellschaftliche Konventionen gebe.[70]

Eine deutliche Distanz trennt jedoch Herodot von zeitgenössischen und späteren Theorien über die Entwicklung der Gesellschaft, sei es in Form der allgemeinen Zivilisationstheorie, sei es in Form ihrer Applikation auf die Frühgeschichte eines Volkes. Herodot zeigt, wie schon angedeutet, bei allen Differenzierungen hinsichtlich des Kulturniveaus diverser Völkerschaften kein Bewußtsein davon, daß diese für unterschiedliche Stufen eines allgemeinen Entwicklungsprozesses stehen könnten bzw. daß das ethnographische Material Aufschluß über die Ursprünge und Gesetze der Zivilisationsentwicklung geben könnte. Was ihn beim Vergleich zwischen verschiedenen Gesellschaften interessiert, ist der Ursprung einer einzelnen Erfindung oder Einrichtung, die jeweils einem klar identifizierbaren, sei es individuellen, sei es kollektiven Urheber zugeschrieben wird[71]: Glaukos von Chios, der das Eisenlöten erfand (1, 25, 2); die Lyder, die als erste Geld geprägt haben (1, 94, 1). Von solchen ersten Erfindern werden die Einrichtungen dann von anderen übernommen. So seien die Griechen in vielem den Ägyptern (2, 50; 2, 64, 1), in manchem auch den Libyern gefolgt (4, 189); hingegen seien die Perser von allen Völkern am meisten geneigt, fremde Sitten zu übernehmen, von den Medern die Tracht, von den Ägyptern den Brustpanzer, von den Griechen die Päderastie (1, 135). Mit der Möglichkeit unabhängiger Entwicklungen rechnet Herodot nicht. Sein diffusionistisches Modell verleitet ihn auch dazu, die Behauptung der Abhängigkeit gelegentlich schlichtweg auf ein chronologisches Argument zu gründen, so hinsichtlich der Feste, Umzüge und Opferdarbietungen, die die Griechen deshalb von den Ägyptern übernommen haben müßten, weil die ägyptischen weitaus älter seien (2, 58).[72]

Die Theorien, wie sie Ende des 5. Jahrhunderts Protagoras oder wohl auch Demokrit[73] über die Entstehung der Zivilisation, die Überwindung der Schwächen des Mängelwesens Mensch durch die Entwicklung des Feuers und der Werkzeuge und schließlich durch den Übergang zum Ackerbau und zur städtischen Siedlung, entwickelt haben[74], zeigen, so sehr ihre Konstruktionen auch durch die Kenntnis ethnographischer Materialien beeinflußt sein könnten, keinen unmittelbaren Rekurs auf solche Materialien. Die Einfügung typischer Motive für den unzivilisierten Zustand, wie des Essens rohen

Fleisches oder gar des Kannibalismus[75], begegnen wieder in den Kulturentstehungstheorien seit dem späten 4. Jahrhundert als Belege für die Überwindung des tierähnlichen Zustands des Urmenschen.[76]

Schon Ende des 5. Jahrhunderts, im Geschichtswerk des Thukydides, wurde ein Konzept der fortschreitenden Entwicklung der materiellen Kultur[77] eingesetzt, um die Frühgeschichte der Griechen zu rekonstruieren. Thukydides gewinnt für seine »Archäologie« aus einer allgemeinen Theorie der Gesellschaftsentwicklung die Kriterien, um die Mythen über die Vergangenheit nicht nur als unzulässig beiseite zu schieben, sondern auch, um mit »genialer Divination«[78] eine Art »conjectural history« (wie man das in der Aufklärung nennen sollte)[79] an ihre Stelle zu setzen.[80] Thukydides operiert hier mit einem Verfahren, das im allgemeinen seit E. B. Tylor (*Primitive Culture*, 1871)[81] als Identifizierung von *survivals* bezeichnet wird.[82] Die Verhältnisse eines zivilisatorisch rückständigen Volkes gelten als Indizien für den früheren Zustand, den auch die höherrangige Kultur durchlaufen hatte, oder obsolet und anachronistisch gewordene Institutionen dieser höherrangigen Kultur sind Überreste eines früheren Zivilisationszustandes.[83] So schließt Thukydides von den Zuständen bei den Barbaren und einigen randständigen Griechenstämmen seiner eigenen Zeit auf die Verhältnisse bei den frühen Griechen (1, 5–6). Es ließen sich nach seiner Auffassung viele Beispiele dafür finden, »wie das alte Hellenentum nach gleicher Sitte lebte wie die heutigen Barbaren« (1, 6, 5). Das gleiche Verfahren findet sich später auch bei Platon[84] und besonders bei Aristoteles, der für die Frühzeit der Griechen Zustände wie bei den Barbaren der Gegenwart annimmt.[85]

Herodots Ethnographie ist durch die Interpretationsmuster der zeitgenössischen Reflexion über die eigene wie fremde Gesellschaften genauso geprägt, wie sie ihrerseits bestimmten Richtungen der Sozialtheorie das (vermeintlich) empirische Material lieferte. Wie weit sich die so bewirkten Schematisierungen auf verläßliche Kerne von Informationen zurückführen lassen, etwa durch das Heranziehen von zuverlässig überlieferten ethnographischen Parallelen aus späterer Zeit, die jedenfalls die Möglichkeit bestimmter kultureller Muster empirisch belegen[86], oder durch archäologische Zeugnisse[87], ist eine in vielen Fällen offene Frage, die jedoch hier im Detail nicht weiter erörtert zu werden braucht. Es genügt die Feststellung, daß Herodot jedenfalls nicht hingeht, um mit der allgemeinen Theorie

der Zivilisationsentwicklung eine Frühzeit zu rekonstruieren, über
die es in seiner Sicht keine zuverlässigen Informationen gab. Das änderte sich, wie schon erwähnt, bereits im Prinzip mit der »Archäologie« im Geschichtswerk des Thukydides, auch wenn dieses als Ganzes eine auf Zeugenbefragung beruhende Zeitgeschichte darstellt.
Die Tendenzen zur Konstruktion nahmen im Laufe des 4. Jahrhunderts v. Chr. und dann in der hellenistischen Epoche jedoch noch weiter zu. Einerseits wurde in den Philosophenschulen sowohl die
Sammlung von Daten wie auch ihre theoretische Verarbeitung systematisch angegangen. So wurde von Aristoteles und seiner Schule eine
umfassende Sammlung der Gesetze und Sitten der Barbaren (*nomima
barbarika*) neben derjenigen der »Verfassungen« der griechischen
Poleis durchgeführt.[88] Die Kulturentstehungslehren wurden weiter-
entwickelt: Bei Aristoteles (*Politik* 1256a 30ff.) und seinem Schüler
Dikaiarch findet sich das Schema der Abfolge von Jägern und
Sammlern, Hirten, Ackerbauern.[89] Theorien über den Ursprung
von Götterglaube[90], Sprache, Familie und Eigentum prägen andere
Kulturentstehungslehren, besonders die Epikurs.[91] Zugleich wird
ein Spannungsverhältnis zwischen zivilisatorischem Fortschritt
einerseits und sittlichem Niedergang andererseits thematisiert, das
der Figur des »edlen Wilden«[92] – zunächst vor allem verkörpert von
den Skythen und ihrem großen Weisen Anacharsis[93] – Raum gibt.
Auf der anderen Seite greift die Geschichtswissenschaft räumlich und
zeitlich über die von Herodot und – mutatis mutandis – Thukydides
vorgegebenen Muster hinaus, die sich mit Hilfe von Autopsie und
Zeugenbefragung bewältigen ließen.[94] Wer wie Ephoros eine Universalgeschichte der Griechen von den Zeiten der dorischen Wanderung
bis auf die eigene Zeit (340 v. Chr.) oder wie Timaios die Geschichte
des gesamten griechischen Westens von den ältesten Zeiten bis in die
Gegenwart (Mitte des 3. Jahrhunderts v. Chr.) behandelt und dabei
auch noch den Ursprüngen der verschiedenen Stämme und Städte
gerecht werden will, ist notwendig nicht nur auf die Kombination aus
älteren schriftlichen Darstellungen und möglichen Sammlungen antiquarischer Daten wie Magistratslisten oder Tempelchroniken etc. angewiesen, sondern für die älteren Zeiten eben auch auf den Rückgriff
auf Gründungslegenden und/oder generalisierte Annahmen über den
Ursprung der Zivilisation[95]; dies um so mehr, als auch die antiquarischen Forschungen sich von Anfang an auf ätiologische Sagen einlas-
sen mußten.[96] Ein Muster einer auf theoretischen Prämissen basierenden spekulativen Rekonstruktion dürfte Dikaiarchs Darstellung der

altgriechischen Verhältnisse gewesen sein[97], deren übliche Charakterisierung als »Kulturgeschichte« ihren konjekturalen Charakter leicht verdeckt.

Die Verbindung von Mythologie, Kulturentstehungslehre und ethnographischem Material zeigt sich deutlich an den Frühgeschichten von Ägypten und Indien, wie sie nach Vorlagen aus hellenistischer Zeit in den Geschichtswerken des Diodor (1. Jahrhundert v. Chr.) und Arrian (2. Jahrhundert n. Chr.) vorliegen.[98] Alexander (und später den Römern) kann auch zugeschrieben werden, die von ihnen unterworfenen Barbaren zivilisiert zu haben[99], sei es, daß diese zur Aufgabe ihrer scheußlichen Sitten gebracht werden[100], sei es, daß sie aus dem Nomadentum in die Seßhaftigkeit überführt werden.[101] Auch ethnographische Utopien, Reiseromane[102] (wahrscheinlich aus der Zeit des 3. Jahrhunderts v. Chr.) wie des Hekataios von Abdera über die Hyperboreer (2, 47) oder des Jambulos über die Sonneninsel (2, 55–60) werden in das Geschichtswerk des Diodor integriert.

Durch Stereotype wird auch die Erfassung neuer Erfahrungsräume in der Gegenwart beeinträchtigt. Die Alexander-Historiker versuchen sämtlich, Indien über den Leisten der ökologisch-klimatischen Theorie zu schlagen und die Parallelen zum vom Nil abhängigen Ägypten zu ziehen.[103] Indien ist auch das Land, in dem sich alle griechischen Fabelwesen und Monster wiederfinden, deren Fortexistenz in Mittelalter und früher Neuzeit dann über Autoren wie den älteren Plinius oder Solinus gewährleistet wurde.[104] Die Ausdehnung des Erfahrungsraums im Hellenismus und später im Römerreich begünstigt Wandermotive: Die Amazonen werden als Repräsentanten einer verkehrten Welt jetzt nicht mehr allein nördlich der Skythen gesucht, sondern auch in Libyen gesichtet[105]; bei diversen barbarischen Stämmen begegnet die Inversion der Geschlechterrollen[106]; die Germanen treten schließlich auch die Nachfolge der Skythen in der Rolle der edlen Wilden an.[107]

Kannibalismus (nicht nur bei den skythischen »Menschenfressern«[108]) und tierhafte Promiskuität wird bei den jeweils als höchst primitiv geltenden Stämmen entdeckt.[109] Aus der Praxis des Menschenopfers bei nördlichen Stämmen[110] wird auf eine noch primitivere, vorausliegende Stufe eines ursprünglichen Kannibalismus zurückgeschlossen[111]; bei ihnen oder auch den zivilisierten Römern können bestimmte Riten[112] oder auch die Gladiatorenspiele[113] als Ersatzhandlungen für ursprüngliche Menschenopfer gelten.[114]

An den Berichten über Menschenopfer, Kannibalismus und sexuelle

Ausschweifungen – bei Römern wie Barbaren gleichermaßen – zeigen später die christlichen Apologeten ein besonderes Interesse[115]; denn diese Vorwürfe, die schon im Falle von Geheimgesellschaften und Verschwörungen[116] (so bei der Catilinas[117]) topisch geworden waren, wurden, nachdem sie (speziell in Alexandria) eine Rolle in antijüdischer Agitation gespielt hatten[118], Kernbestand der Verdächtigungen gegen die Zusammenkünfte der Christen.[119] Die Eucharistie galt als Inszenierung eines rituellen (Kinds-)Mords, dem das Trinken des Bluts des Opfers sowie die Sexualorgie der Brüder und Schwestern folgte. Die Christen gaben diesen Vorwurf schließlich an gnostische Sekten bzw. – auf Dauer – an die Juden weiter.[120] Auf die bedeutsame Rolle, die dieser Themenkomplex für die Einschätzung und Behandlung der neu entdeckten »Wilden« Amerikas spielen sollte, ist im nächsten Kapitel zurückzukommen.

Das alles heißt nun nicht, daß die Ethnographie gänzlich fiktiv geworden oder zur Sammlung von Kuriositäten[121] verkommen wäre, wie sie der ältere Plinius (dessen Leistung und Bedeutung keinesfalls darauf reduziert werden soll) aus der Literatur vorgenommen hat. Daneben gibt es auch die um Nüchternheit im Faktischen bemühten Darstellungen eines Poseidonios[122] oder Strabo[123], bei denen neben der (vergleichsweise) kritischen Literaturauswertung wieder die Autopsie von Bedeutung wird. Aber das Beispiel Herodots lehrt, daß auch Autopsie und – wenn man das einmal so übertragend sagen darf – Feldforschung nicht vor aprioristischen Konstruktionen schützen, und dies noch weniger in einer Zeit, in der allgemeine Theorien der Kulturdeutung ein fest etabliertes und schulmäßig tradiertes Denkmuster darstellten. Das ethnographische Interesse des stoischen Philosophen Poseidonios zum Beispiel ist nicht von seinem Interesse an einer allgemeinen Kulturtheorie zu trennen.[124] Bei den so folgenreichen Darstellungen germanischer Verhältnisse durch Caesar und Tacitus, die – hierin liegt ein neues Element im Vergleich zur ethnographischen Tradition – Fragen des Bodeneigentums eine besondere Aufmerksamkeit widmen, ist das Verhältnis von authentischer Information, Transportierung von Topoi und spezifischen aktuellen Argumentationsabsichten besonders intrikat.[125] Auf Einzelheiten wird im Zusammenhang mit der Rezeptionsgeschichte noch zurückzukommen sein.

Hier ging es zunächst nur darum, einen Eindruck von der Komplexität von Empirie und Theorie, Autopsie und Tradierung literarischer Topoi, Verständnis fremder Kulturen und Ethnozentrismus zu vermitteln, die in einem von Autor zu Autor oder auch von Passage zu Passage jeweils neu zu bestimmenden Mischungsverhältnis die »Daten« produziert haben, die man in der Rezeptionsgeschichte so lange als authentische Feststellungen dessen, wie es eigentlich gewesen, verstanden hat.

Altertum und Neue Welt

>»Die Tugenden der Urmenschen (waren) sinnlich, aus Religion und Unmenschlichkeit gemischt. Aus dieser Moral des abergläubischen und wilden Heidentums stammte die Sitte, den Göttern Menschenopfer darzubringen; wir treffen sie bei allen Urvölkern des Altertums, und die Spanier fanden sie vor zwei Jahrhunderten in Amerika vor.«
>Vico, *Die neue Wissenschaft*, Übers. E. Auerbach 106

Herodots umsichtige Methode der Ethnographie hat in der Antike, wie oben dargelegt, nur bedingt Nachahmung gefunden. In späteren Darstellungen treten die Elemente einer phantasiereichen, auf Monster, Kuriositäten und Fabelwesen konzentrierten Betrachtung deutlich hervor. Das gilt speziell für Werke wie Plinius' *Naturgeschichte*, den Auszug des Solinus (3. Jahrhundert n. Chr.) aus Plinius' Werk oder später für das lexikographische Werk des Isidor von Sevilla (erstes Drittel des 7. Jahrhunderts). Gerade diese Kompilationen prägten entscheidend das mittelalterliche Weltbild.[1] Spätere Erfahrungen fremdartiger Kulturen wurden mit ethnographischen Stereotypen und Wandermotiven aus der antiken Tradition verarbeitet. Das gilt schon für die Sicht des Fernen Ostens, der seit dem 13. Jahrhundert – beginnend mit den Berichten der Franziskaner-Missionare von ihrer Mongolei-Expedition und dann mit dem Erlebnisbericht Marco Polos – den Europäern als faszinierend fremde Welt erschien.[2] Hier wurden – bei allem Bemühen um Nüchternheit – antike Vorstellungen über die Skythen auf die Mongolen übertragen, wenn nicht von den Berichterstattern selbst, dann von den Rezipienten[3]; oder Marco Polo, der die Pygmäen[4] als Phantasiegestalten abtat, konnte nicht umhin, auch von Amazonen zu berichten.[5]

Die sogenannte Entdeckung Amerikas durch Kolumbus und die nachfolgende Etablierung europäischer Kolonialherrschaft bedeutete eine viel tiefergehende Konfrontation der Europäer mit einer anderen Kulturwelt, als sie sie je zuvor erfahren hatten. Denn nun wurden eine

Vielzahl von Völkern und Millionen von Menschen zum unmittelbaren Objekt stetiger Ausbeutung, Beherrschung und Missionierung. Kontinuierliche Beobachtung und Beschreibung durch Europäer wurde dadurch erst ermöglicht und erforderlich. Moderne Ethnographie und Anthropologie sind unmittelbar mit der europäischen Expansion verknüpft.[6]

In unserem Zusammenhang geht es um die Frage, welche Rolle für die Sicht auf die Neue Welt die Tatsache spielt, daß die europäische Kultur in der Zeit der beginnenden europäischen Expansion so stark durch die griechisch-römische Antike geprägt war bzw. sich gerade in dieser Epoche – die ja eben auch die der »Renaissance« war – so bewußt durch den Rückgriff auf diese Tradition definierte. Schon die Expedition des Kolumbus selbst beruhte auf der Wiederaufnahme der Erkenntnisse antiker Wissenschaft: der Kugelgestalt der Erde einerseits, der fehlerhaften Berechnung des Erdumfangs durch Eratosthenes andererseits, die überhaupt erst eine Westroute nach Indien denkbar machte bzw. dann Kolumbus in dem falschen Glauben ließ, tatsächlich in Indien gelandet zu sein.[7] Die Frage ist naturgemäß weder neu noch einfach zu beantworten. Auf der einen Seite implizierte die Renaissance jene intellektuelle Distanzierung von der eigenen, als selbstverständlich hingenommenen Kultur, die Voraussetzung für die Erfassung einer fremdartigen Kultur ist; auf der anderen Seite bot die antike Tradition Muster der Verarbeitung von Fremdkultur an, die diese wiederum in gewissen Hinsichten als vertraut erscheinen ließ. Erfahrung und aus der Autorität der »Alten« gespeiste Erwartung gerieten in ein Spannungsverhältnis; und es hat, wie neuere Interpretationen besonders betonen, relativ lange gedauert, bis der Vorrang der Erfahrung etabliert werden konnte.[8]

Die folgenden Ausführungen können keine umfassende und systematische Untersuchung der Frage bieten, welche Rolle die antike Tradition für die Wahrnehmung der »Neuen« Welt gespielt hat; sie können nur – ohne irgendwelche Originalitätsansprüche zu erheben – auf einige wichtige Aspekte aufmerksam machen: Wie die Erfahrung der fremden Kultur von vornherein durch die vorgegebenen Muster beeinflußt war; wie sich die Erhebung ethnographischer »Daten« (von welcher Dignität auch immer) unmittelbar in den Streit um die Kolonialherrschaft und ihre Praxis umsetzte; und wie sich schließlich längerfristig aus diesen politischen Instrumentalisierungen eine vergleichende Ethnologie entwickelte, in deren Rahmen die Antike eine veränderte Funktion bekam.

Die europäischen Entdecker und Eroberer verfügten über Vorstellungs- und Erklärungsmuster, die die Überraschung durch andersartige Verhältnisse reduzieren konnten. Die Indianer waren je nach Erfahrung und Argumentationsabsicht unter das Muster des guten Wilden wie unter das des tierähnlichen Primitiven zu subsumieren. Das Fehlen von Privateigentum, in dem man bei ihnen die Ursache ihrer inneren Harmonie identifizieren zu können glaubte, konnte (in Kombination mit antiken Vorgaben wie Platons Staatsentwürfen oder Jambulos' Sonneninsel) zum Gegenentwurf zur eigenen Gesellschaft beitragen, so in der *Utopia* des Thomas Morus (1516) und später der *Sonneninsel* des Campanella (1602). Oder es galt als Beleg für das Fehlen entwickelter politisch-sozialer Strukturen. Die die Europäer so faszinierende Nacktheit der Indianer(-frauen) konnte ebensogut als Ausweis einer paradiesischen Unschuld wie als Beleg für eine hemmungslose Sexualität gelten.

Bereits im Bericht des Kolumbus über seine Reisen begegnet eine Kombination beider Muster. Er trifft zunächst auf die Arawak auf Hispaniola (Haiti) als die friedlichen, unschuldigen Nackten; er begegnet zwar nicht den »Ungeheuern in Menschengestalt, wie sie manche erwartet hatten« (zumal in Indien, an dessen Küsten sich man ja glaubte), wohl aber einem »Volk, das überall als sehr wild betrachtet wird und das Menschenfleisch verzehrt«.[9] Gemeint waren die Kariben auf den Kleinen Antillen – deren Assoziation mit der Menschenfresserei so fest wurde, daß aus ihrem Namen die Bezeichnung »Kannibalen« abgeleitet ist. Allerdings hat Kolumbus diese Erkenntnis über die Kariben nicht unmittelbar gewonnen, sondern aus seinen Unterredungen mit den Arawak (als Dolmetscher hatte er sich übrigens einen Spezialisten für Hebräisch und Aramäisch mitgenommen), die unter den Beutezügen der Kariben litten.[10] Zahllose Berichte über kannibalische Stämme folgen bis heute diesem Muster, daß sie auf Nachrichten vom Hörensagen beruhen.[11] Bei der ersten Begegnung mit den Kariben wurde dann deren aus der Sicht der Entdecker feindseliges Verhalten auch als Beleg für die ihnen unterstellten kannibalischen Praktiken genommen. Der Kannibalismus blieb (zusammen mit der Nacktheit) bei allen Darstellungen – und gerade auch solchen bildlicher Art[12] – im 16. Jahrhundert ein Thema von überragender Bedeutung[13]; hieran mag auch eine gewisse Fixierung durch zeitgenössische Kontroversen über den Charakter der Eucharistie mitgewirkt haben.[14]

Auch andere Elemente einer aufs Spektakuläre fixierten ethnographischen Tradition kehren wieder; Berichte über Riesenvölker[15] ebenso wie (wiederum mit Kolumbus beginnend) solche über Völker von kriegerischen Frauen, deren Verhältnisse sich dann gegebenenfalls aus den antiken Sagen über die Amazonen (die so auch dem großen Strom den Namen geben) herleiten ließen.[16]

Der Rückgriff auf Elemente einer spektakulären und fiktiven Ethnographie präfigurierte somit in bestimmtem Maße auch die Wahrnehmung der Neuen Welt – das europäische Afrikabild des 15. bis 18. Jahrhunderts, in dem die gleichen Motive ebenfalls von erheblicher Bedeutung sind, bietet eine aufschlußreiche Parallele.[17]

Ethnographie und Kolonialismus

Die Reise- und Erfahrungsberichte, aber auch die ersten umfassenden Völker- und Länderkunden, die sich – wie das Werk von Fernández de Oviedo – am Vorbild von Plinius' *Naturgeschichte* orientierten[18], lieferten zugleich (und auch gezielt) die Materialien für die zeitgenössischen Kontroversen über die Methoden der Kolonialherrschaft.[19] Schon die ersten Berichte über die friedvollen Indianer waren entsprechend instrumentalisiert worden. In der Bulle des Papstes Alexander VI., die 1493 den Spaniern die Herrschaft als päpstliches »Lehen« über die neu zu erobernden Gebiete zugleich mit einem Missionsauftrag übertrug, wird aus dem Bericht des Kolumbus die Möglichkeit, die Indianer zum christlichen Glauben zu bekehren, hergeleitet: Den Berichten über die friedlichen Nackten, die kein Fleisch essen, könne zugleich entnommen werden, daß sie einen monotheistischen Glauben hätten, der sie zur Bekehrung zum katholischen Glauben wie zur Unterweisung in guten Sitten geeignet erscheinen lasse.[20]

In der Legitimierung der spanischen Herrschaft durch den Missionsauftrag war zugleich beschlossen, daß die Indianer als Menschen zu gelten hatten (auch wenn die spanischen Siedler das oft anders sahen) und auch nicht versklavt werden durften. Von dieser Regel wurde aber bereits 1503 die bezeichnende Ausnahme gemacht, daß die Kariben wegen ihrer kannibalischen Praktiken und wegen der Ablehnung der christlichen Mission zu Sklaven gemacht werden konnten.[21]

In den Jahren von 1510 bis zur Mitte des Jahrhunderts gab es eine ausgiebige Diskussion unter Theologen und Juristen über die Rechtmäßigkeit der spanischen Herrschaft und die angemessenen Methoden der Behandlung der Indianer, die vor allem durch die massive

Kritik der Dominikaner ausgelöst wurde, die in der Praxis der Kolonialherrschaft einen eklatanten Widerspruch zu ihrer Legitimation durch den Missionsauftrag anprangerten.[22] Indem sie die Rechte der Indianer gegen die brutalen Ausbeutungspraktiken und vor allem das Zwangsarbeitssystem (*encomienda*) geltend machten, suchten sie gewiß zugleich die Macht- und Einflußmöglichkeiten der Kirche zu sichern.[23] Diese Diskussion, in der wesentliche Grundlagen des modernen Völkerrechts gelegt wurden, kann hier natürlich nicht umfassend dargestellt werden. Ich muß mich im wesentlichen auf die Punkte konzentrieren, in denen ethnographische »Daten« über die Indianer in der Verbindung mit Rechtsfiguren, die aus der Antike übernommen wurden, eine spezifische Brisanz bekamen.

Gerechter Krieg, Sklaven von Natur und Barbaren

Es geht um die Doktrin vom gerechten Krieg, die aus der römischen Tradition in die Lehre der Kirche übernommen worden ist (und von dort sowohl das moderne Völkerrecht wie die Auffassungen der großen christlichen Konfessionen bis in unser Jahrhundert nachhaltig geprägt hat).[24] Für ein angemessenes Verständnis der spanischen Diskussion ist es erforderlich, den antiken Traditionsbestand samt bestimmter Modifikationen im Kirchenrecht des Hochmittelalters äußerst knapp zu rekapitulieren.

Der Kern der Tradition stammt aus dem römischen Verständnis des *bellum iustum*.[25] Es geht inhaltlich um die Rechtsgründe für die Eröffnung eines Krieges – die Verteidigung gegen einen Angriff auf das eigene Territorium bedurfte niemals einer besonderen Rechtfertigung, und Vorstellungen über eine rechtliche Begrenzung der Kriegsführung selbst sind damit nicht verbunden. Die Behauptung von Rechtsgründen war schon in den älteren sakralrechtlichen Formen der Kriegseröffnung (durch ein bestimmtes Gremium von Priestern, die Fetialen) impliziert gewesen. Sie trat dann in der Zeit der römischen Weltherrschaft, als man sich vor allem auch gegenüber den Griechen rechtfertigen wollte, deren kulturelle Überlegenheit man ja anerkannt hatte, mit der Betonung inhaltlicher Gerechtigkeitspostulate in den Vordergrund, wie man sie namentlich bei Cicero (im Anschluß an stoische Lehren) formuliert findet.[26] Dem entspricht, daß der Kriegsgegner dann als Rechtsbrecher erscheint, der einer Bestrafung unterzogen werden soll. Ciceros Lehre vom gerechten Krieg ist von der Kirche aufgenommen worden, nachdem sie ihre ursprünglich pazifistische Position hatte fallenlassen, aber auch die in der konstantinischen Ära gehegten eschatologischen Erwartungen vom Friedensreich auf Erden nicht eingelöst sah. Ambrosius und vor allem Augustin (der unter dem Schock der Eroberung Roms durch die Westgoten 410 das Römische Reich von heilsgeschichtlichen Anforderungen entlastet und die Funktion des Staates in einer Ordnungssicherung gesehen hatte, die dem Chaos zu wehren hatte, dem eine sündhafte Welt sonst verfallen würde) haben in der Verbindung von Ciceros Lehre mit den alttestamentlichen Traditionen über die Kriege Israels eine christliche Doktrin des gerechten Krieges geschaffen.[27] Die verstreuten Äußerungen Augustins sind in den Kompilationen des kanonischen Rechts (*Decretum Gratiani* von 1140) und von Thomas von Aquin sowie in der jeweiligen Kommentarliteratur systematisiert worden. Die entscheidenden Kriterien sind demnach die Kriegserklärung durch die dazu legitimierte staatliche Autorität, die gerechten Gründe und schließlich die rechte, auf die Wiederherstellung der Rechtsordnung orientierte Gesinnung (*auctoritas principis; iusta causa; recta intentio*[28]).

Die *bellum-iustum*-Doktrin bleibt grundsätzlich eine Lehre vom Recht der Kriegseröffnung; es geht weiterhin nicht bzw. höchstens sekundär um Normen, die der Hegung des Krieges dienen. Dem Sieger im gerechten Krieg fällt im Prinzip die volle Verfügungsgewalt über Leben und Eigentum der besiegten Völker zu (ohne daß eine Unterscheidung zwischen Kombattanten und Nichtkombattanten getroffen würde).[29] Höchstens läßt sich, so in Ansätzen schon bei Augustin, aus dem Zweck der Wiederherstellung des Friedens und der Bestrafung der Rechtsbrecher eine Art Übermaßverbot herleiten; eine Umsetzung in Beschränkungen der Kriegsführung – bezüglich der Zeitdauer, der Differenzierung von Personengruppen und der Verwendung von Waffen – beginnt erst in kirchlichen Rechtsentwicklungen des Hochmittelalters.[30]

Die Crux der Sache liegt natürlich in der einseitigen Behauptung der Rechtsverletzung bzw. in der Möglichkeit, daß bei entsprechenden internationalen Verflechtungen eine Großmacht praktisch immer einen legitimen Rechtstitel wie den der Verteidigung ihrer Verbündeten geltend machen konnte. Ciceros Feststellung, Rom habe allein durch die Verteidigung seiner Verbündeten die Welt erobert, charakterisiert den Sachverhalt in unübertreffbarer Weise.[31]

Grundsätzlich war in der *bellum-iustum*-Doktrin die Ebenbürtigkeit von Kriegsgegnern impliziert. Doch gab es schon seit der Antike parallel zu den Vorstellungen vom gerechten Krieg auch die Muster einer Ausgrenzung bestimmter Feinde, gegenüber denen Reziprozität nicht gelten sollte und gegen die Kriege eo ipso als gerecht angesehen werden konnten. (Die folgenden Bemerkungen betreffen bestimmte Denkmöglichkeiten, die sich in den Quellen niedergeschlagen haben – insofern auch zur Rezeption bereitlagen; es sind keine Aussagen zur antiken Völkerrechtspraxis, in der – speziell bei den Römern – auf die formalen Rechtstitel stets Wert gelegt wurde.)

Hier kommt in vielfältiger Weise die Kategorie des Barbaren ins Spiel, die jeweils die Dichotomie zwischen der eigenen Kultur und der einer andersartigen Außenwelt (wie differenziert auch immer in sich selbst) thematisierte.[32] Von den Griechen, die selbst auch die Römer dazu gezählt hatten, wurde sie von den Römern als den neuen Trägern einer einheitlichen mittelmeerischen Zivilisation übernommen; schließlich ging sie ein in die Opposition von Christen und Heiden. Damit war jeweils auch unter bestimmten Gesichtspunkten die Möglichkeit impliziert, aus der vermeintlichen zivilisatorischen Überlegenheit Herrschaftsansprüche gegenüber der unzivilisierten Außenwelt abzuleiten.

Der ursprüngliche Barbarenbegriff der Griechen[33], der (nach einem bei vielen Völkern verbreiteten Muster) die eigene Kultur gegen die gesamte Außenwelt abgrenzte, hatte sich aufgrund der Erfahrungen der Perserkriege im Laufe des 5. Jahrhunderts deutlich verschärft. Die von den Perserkönigen aufgebotenen Heere erschienen den Griechen als Massen willenloser Sklaven, die von den um ihre Freiheit kämpfenden Griechen (eben deshalb) besiegt worden waren.[34] Hieraus konnte sich ein Überlegenheitsgefühl aufgrund der eigenen spezifisch politischen Strukturen entwickeln, das auch Hochkulturen wie die der Perser in diesem Punkt als barbarisch-rückständig klassifizieren ließ. Aus der Knechtsnatur der Barbaren wurde dann auch abgeleitet, daß die Griechen über sie herrschen sollten.[35] Die Erfahrungen des Peloponnesischen Krieges förderten den Ruf, daß Griechen keine Griechen versklaven sollten[36], der in der Idee, daß die Barbaren die natürlichen Feinde seien[37], sein Pendant hatte und schließlich auch in der Propagierung eines panhellenischen Eroberungszuges nach Osten im Zeitalter der makedonischen Großmachtbildung eine Chance der Umsetzung zu finden schien.[38]

Vor diesem Hintergrund und dem von Debatten über die Rechtsnatur der Sklaverei (im Sinne des *nomos-physis*-Gegensatzes) sind Äußerungen bei Aristoteles im ersten Buch der *Politik* zu sehen, die die Existenz von Sklaven von Natur postulieren.[39] (Die Deutung dieser Aussagen ist notorisch schwierig, weil die Diskussionszusammenhänge, in denen Aristoteles sich bewegt, für uns im einzelnen nicht mehr rekonstruierbar sind. Die folgenden Bemerkungen bieten nur einige Anhaltspunkte zur Einschätzung des Rezeptionsvorgangs.) Aristoteles behauptet, daß es Menschen gebe, die so ausschließlich auf den Gebrauch ihrer Körperkräfte angelegt und so begrenzt mit Vernunft begabt seien, daß sie zu ihrem eigenen Nutzen einem Herrn als Sklaven zugeordnet werden sollten; das sei ihnen genauso zuträglich wie den Tieren die Zähmung.[40] Allerdings ist laut Aristoteles die Natur nicht durchgängig erfolgreich in ihrem Bestreben gewesen, die Bestimmungen dieser Sklaven von Natur auch in ihrer körperlichen Erscheinung durch eindeutige Merkmale kenntlich zu machen.[41] Empirisch sieht Aristoteles die Existenz von Sklaven von Natur in den Barbaren verkörpert[42], denen diese Eigenart aber vor allem deshalb zukomme, weil es ihnen an jenen politischen Strukturen mangele, die eine Gemeinschaft der Freien und Gleichen erst ermöglichen.[43] Wie sich die theoretische Deduktion der Sklaven aus dem Naturbegriff mit den eher konventionellen Aussagen über die Sklavennatur der Barbaren in Übereinstimmung bringen läßt, ob zum Beispiel Aristoteles unterstellen würde, daß sämtliche Barbaren die Kriterien des natürlichen Sklaven erfüllten, läßt sich nicht eindeutig entscheiden; der Wirkung haben die Ambivalenzen und Inkonsistenzen der aristotelischen Theorie jedoch keinen Abbruch getan – im Gegenteil. Hier ist zunächst nur festzuhalten, daß Aristoteles, abgesehen von der Charakterisierung der bei den Barbaren bestehenden politischen Gewaltverhältnisse, seine (wie auch immer zu verstehende) Gleichsetzung von Sklaven und Barbaren nicht an irgendwelchen ethnographischen Daten (welcher Dignität auch immer) über die Lebensweise der Barbaren anbindet. Ergänzt sei auch, daß der Antike ein auf genetischen Kriterien aufbauendes Rassenkonzept weitgehend unbekannt geblieben ist.[44]

Soweit die Überlieferungslage ein eindeutiges Urteil zuläßt, wird man sagen können, daß Aristoteles' Theorie vom natürlichen Sklaven in der Antike im allgemeinen keine Nachfolge gefunden hat. Es hat sich eher die These durchgesetzt, daß alle Menschen von Natur aus frei seien.[45] Das bedeutet nun aber nicht, daß deshalb die Institution Sklaverei abgelehnt worden wäre. Für die römischen Juristen war Sklaverei Bestandteil des Völkerrechts bzw. des bei allen Völkern gleichermaßen geltenden Rechts (*ius gentium*), das in diesem und nur in diesem Punkt vom Naturrecht (*ius naturale*) abwich, ohne daß dadurch seine Geltung beeinträchtigt worden wäre.[46] Als unbestrittener Bestandteil des *ius gentium* ist die Sklaverei auch im Christentum akzeptiert worden. Nach kanonischem Recht galt allerdings, daß zwischen Christen dieser Teil des *ius gentium* keine Anwendung finden solle; Kriegsgefangene dürften nur zur Erzielung eines Lösegeldes festgesetzt werden.[47] Das ist strukturell eine dem Postulat der Nichtversklavung von Griechen vergleichbare Einschränkung.

Ebenfalls bei Aristoteles gibt es schon die Andeutung einer Legitimierungsstrategie für eine zivilisatorisch überlegene Herrschaft über ein anderes Volk, die, ohne daß dieses Volk versklavt würde, zum Besten der Unterworfenen ausfallen soll.[48] Deutlicheres findet sich im römischen Selbstverständnis vom segensreichen Wirken der römischen Weltherrschaft, deren Handhabung sich dann danach richten soll, ob die Objekte der Herrschaft sich dem Angebot römischer Pazifikation freiwillig unterwerfen oder nicht.[49]

In der Spätantike trat mit den Bedrohungen des Reiches von außen das Bild der gewalttätigen, grausam-hinterlistigen Barbaren wieder hervor; der Krieg gegen sie verwischte sich ideologisch mitunter mit den Vorstellungen von einem Kampf gegen Räuber, bei dem grundsätzlich die Ebenbürtigkeit der Kontrahenten bestritten wurde[50], weshalb man sich zum Beispiel an Abmachungen nicht gebunden glaubte.[51] Schon aus Eigeninteresse hat man in der Praxis diese Konsequenz gegenüber den Barbaren nicht gezogen. Auch einen spezifischen Rechtstitel für einen gerechten Krieg gegen Barbaren als Barbaren wird man daraus nicht unmittelbar herzuleiten haben; dies allein schon deshalb nicht, weil sich die Gerechtigkeit der Verteidigung gegen die barbarischen Angriffe von außen von selbst verstand.

Eine weitere Variante folgte aus den christlichen Adaptierungen des *bellum-iustum*-Konzepts durch die Aufnahme spezifischer Begründungen für religiöse Kriege. Zum einen ergab sich aus der alttestamentlichen Überlieferung, daß auf ausdrücklichen Befehl Gottes Kriege gegen die Heiden auch zur Bestrafung ihres Götzendienstes und ihrer Sünden geführt werden konnten;[52] zum anderen wurde eine Doktrin der Bekämpfung von Häretikern mit staatlich-militärischen Mitteln entwickelt.[53] Eine unmittelbare Rechtfertigung eines Krieges gegen Heiden hat aber Augustin daraus nicht entwickelt.

Weiterreichende Rechtstitel gegenüber Barbaren bzw. Heiden – die Begriffe waren nun weitgehend deckungsgleich geworden – sind in den kirchlichen Legitimierungen der Kreuzzüge seit der Mitte des 13. Jahrhunderts entwickelt worden. Sofern man den Anspruch nicht auf vermeintliche Rechtstitel in der Kontinuität zu den herkömmlichen gerechten Gründen suchte – etwa die Rückeroberung von Gebieten geltend machte, die ehemals zum Römischen Reich gezählt hatten –, entfaltete man erstmals Rechtsfiguren, die den gerechten Krieg am Heidentum der Feinde selbst festmachten. Dazu gehörten zum einen die Postulierung eines (dem Papst zustehenden) Bestrafungsrechts gegenüber den Heiden für ihre Sünden (besonders die widernatürliche Unzucht) und ihren Götzendienst, ferner ein Recht auf friedliche Verkündigung des christlichen Glaubens, dessen Verletzung dann allerdings einen Kriegsgrund hergab. In beiden Fällen wurde dies selbstredend einseitig konstruiert: Weder war eine Bestrafung der Sünden der christlichen Nationen vorgesehen, noch konnte man etwa den Ungläubigen ein Recht zur Verkündigung des Unglaubens konzedieren. Eine Extremposition stellte sicherlich jene Auffassung dar, daß heidnischen Herrschern eo ipso keine Legitimität zukomme, somit ihren Staaten auch keine Souveränitätsrechte zuzuschreiben seien.[54]

Seit der Aristoteles-Rezeption des 13. Jahrhunderts lag auch die Figur des Sklaven von Natur wieder vor. Thomas von Aquin und andere rezipierten die Idee, doch blieb dies eine weitgehend theoretische Fortschreibung, für die sich zunächst keine praktische Verwendung anzubieten schien.[55]

Die spanischen Kontroversen über die Kolonialherrschaft

Die innerspanischen Kontroversen des 16. Jahrhunderts über die angemessene Behandlung der Indianer verliehen den in der Kreuzzugsdiskussion und der Aristoteles-Rezeption entwickelten neuen Konzeptionen eine spezifische Brisanz.

Die spanische Diskussion des 16. Jahrhunderts ist auf hohem theoretischen Niveau und mit großem sittlichen Ernst geführt worden (wenngleich dies den betroffenen Indianern nur begrenzt genutzt hat), und in ihr sind wesentliche Fundamente des modernen Völkerrechts (auf die dann Grotius und andere aufbauen konnten) gelegt worden. Vorauszuschicken ist, daß in der Diskussion der Theologen und Juristen durchweg von *den* »Indianern« und *den* »Barbaren« die Rede war – ungeachtet der Vielfalt von Kulturen, denen man sich zunehmend

konfrontiert sah; und ferner, daß die gesamte Diskussion die Rechts-
form der Sklaverei kraft Völkergewohnheitsrecht unberührt ließ. In
der unbestrittenen Geltung dieses Instituts des *ius gentium* lag schließlich auch die Rechtfertigung für den (infolge der Dezimierung der
Indianer durch Krieg, Zwangsarbeit und Seuchen bald ökonomisch
notwendig werdenden) Import von Negersklaven nach Lateiname-
rika[56], die grundsätzlich als Sklaven galten, die aus gerechten Kriegen
stammten.[57]

Im folgenden werden aus einer komplexen Diskussion die Elemente
herausgegriffen, die unmittelbar für unsere Fragestellung relevant
sind. Die Verknüpfung von ethnographischem Befund und Rechtsbe-
hauptung soll in einer idealtypischen Weise auf drei Grundmöglich-
keiten reduziert werden.

1. Die Indianer als Sklaven von Natur

Das Modell des natürlichen Sklaven, das seit der Aristoteles-Rezeption des 13. Jahrhunderts wieder verfügbar war, ist auf die Indianer
erstmals von dem in Paris lehrenden (schottischen) Theologen John
Major 1510 angewendet worden – im Rahmen einer Erörterung des
Weltherrschaftsanspruchs der Christen. Major argumentierte, daß die
Indianer wie wilde Tiere lebten. Was von Ptolemaeus (der Amerika
noch nicht kennen konnte) allgemein für die Äquatorialzone unterstellt worden sei, habe sich jetzt durch Erfahrung bewahrheitet. Wer
diese Gegend als erster entdecke, habe das Recht, über die dortige
Bevölkerung zu herrschen, denn auf diese treffe zu, was Aristoteles
über die Sklaven von Natur entwickelt habe.[58]

Majors Argument wurde rasch in Spanien aufgegriffen, seitdem dort,
ausgelöst durch die massive Kritik der Dominikaner, eine Diskussion
über die Kolonialpolitik in Gang gekommen war – so 1512 in der von
der Krone veranstalteten Anhörung von Experten in Burgos. Die
grundsätzliche Attraktivität des Arguments lag darin, daß die Herrschaft der Spanier nicht auf problematische Rechtstitel (wie die Übertragung durch den Papst) gegründet zu werden brauchte, sondern nun
aus der Eigenart der Beherrschten selbst hergeleitet werden konnte,
und daß es zugleich das bestehende *encomienda*-System zu rechtfertigen schien.[59] Da die Existenz von natürlichen Sklaven grundsätzlich
aus der Autorität »des Philosophen« (Aristoteles) hergeleitet werden
konnte, bestand die Beweispflicht für die Verwender des Arguments
darin, die Zuordnung der Indianer zu dieser Kategorie auf der Basis
»verläßlicher Berichte«[60] zu belegen. An der Schwierigkeit, physi-

sche Merkmale geltend zu machen, hatte sich gegenüber Aristoteles insofern nichts Grundsätzliches geändert, als im Zeichen der weiterhin geltenden Klima- und Umwelttheorie[61] die Hautfarbe kein Kriterium abgab.[62] (Das änderte sich erst im späten 18. Jahrhundert auf der Basis eines nun naturwissenschaftlichen Rassenbegriffs.[63]) Der Nachweis war deshalb auf der Ebene der Institutionen und Sitten zu erbringen. Eine Argumentationsstrategie bestand darin, die Primitivität der Indianer im Fehlen solch grundlegender sozialer Institutionen wie Privateigentum, Familie und Religion zu sehen und auch in einer durchweg vegetarischen Ernährungsweise den Rückstand gegenüber der zivilisierten Lebensform festzumachen.[64] Die Elemente des Bildes vom naiv-friedlichen »Guten Wilden« wurden zum Argument für seinen Status als eines der Obhut eines Herrn bedürftigen natürlichen Sklaven. Die andere Variante bestand darin, das Gegenbild des aggressiven Wilden heranzuziehen und hier vor allem die Praxis des Kannibalismus bzw. (und zunehmend nach der Einnahme des Aztekenreichs) der Menschenopfer zu betonen. Kannibalismus und Menschenopfer wurden zugleich zumeist in Verbindung mit Götzendienst und Sodomie (gemeint war Homosexualität) zum Argument gemacht.[65]

Die Theorie über den natürlichen Sklaven erhielt nach 1540 noch einmal erheblichen Aufschwung in der Diskussion über die »neuen Gesetze«, mit denen zunächst (1542) das *encomienda*-System aufgehoben, dann aber gut zwei Jahre später nach den Protesten der Siedler wieder eingeführt wurde. Diese Diskussion kulminierte in der großen Debatte zwischen Juan Ginés de Sepúlveda und Bartolomé de las Casas vor dem Indienrat in Valladolid 1550. Sepúlveda, der als Aristoteles-Übersetzer hervorgetreten war, qualifizierte die Indianer wegen ihres Unverstandes als natürliche Sklaven im aristotelischen Sinne. Für die Tatsachen berief er sich vor allem auf die Darstellung in Oviedos ethnographischem Werk. Allerdings scheint er dieser Charakterisierung der Indianer ebenfalls nicht eine Konsequenz der Versklavung in einem vollen Rechtssinne abgewonnen zu haben, sondern »nur« die Rechtfertigung des Zwangsarbeitssystems. Als Modell für die spanische Herrschaft über die Indianer schwebte ihm die Variante einer zugunsten der Unterworfenen betriebenen wohlwollenden Herrschaft vor, wie sie ebenfalls schon bei Aristoteles angelegt gewesen war, und er folgte auch dem römischen Vorbild, die Behandlung der Unterlegenen davon abhängig zu machen, ob sie sich freiwillig unterwarfen oder Widerstand zu leisten versuchten. Sepúlveda diskutierte aber auch die Titel, die den Spaniern einen gerechten Krieg gegen die Indianer ermöglichten, und zählte unter anderem Götzendienst, Kannibalismus und Menschenopfer als Sünden wider die Natur hinzu und schloß damit an bestimmte Positionen an, wie sie seit dem 13. Jahrhundert in der Kirche entwickelt worden waren.[66]

2. Die Theorie des gerechten Krieges

Die Spanier traten den Indianern beim ersten Kontakt mit der Verlesung einer Proklamation entgegen, die eine Kapitulationsaufforderung enthielt, deren Nichtbefolgung dann den gerechten Krieg begründen sollte (*requerimiento*).[67] Dies schien bereits die Legitimität ihres Herrschaftstitels in Amerika vorauszusetzen (und dies konnte nur auf der Basis eines christlichen Weltherrschaftsanspruchs begründet sein), konnte aber auch als Einforderung des Rechts auf friedliche Mission konstruiert werden, dessen Verweigerung Sanktionen nach sich zieht.[68] (In der späteren Phase hat Cortés seinen Kriegszug in Mexiko unter anderem mit dem klassischen Argument als gerechten Krieg begründet, daß er spanische Bundesgenossen gegen die Übergriffe der Azteken zu verteidigen hätte.[69])

Die verschiedenen Möglichkeiten der Anwendung der *bellum-iustum*-Kategorie auf die spanischen Eroberungen in Mexiko hat in beispielhafter Weise Francisco de Vitoria, Theologe an der Universität Salamanca (und Mitglied des Dominikanerordens), in seinen 1539 gehaltenen Vorlesungen *Über die kürzlich entdeckten Inder* und *Über das Recht der Spanier zum Krieg gegen die Barbaren* entfaltet, in denen er in scholastischer Manier Pro- und Contra-Argumente gegenüberstellt.[70] Er unterzieht die offiziellen Behauptungen der Rechtmäßigkeit der spanischen Eroberungen einer schonungslosen Kritik. Er stellt zunächst fest, daß die »indischen Barbaren« zum Zeitpunkt des Eintreffens der Spanier rechtmäßige Eigentümer ihres Landes waren. Dieser Eigentumstitel könne ihnen weder wegen ihres Unglaubens, ihrer Todsünden, noch wegen eines Mangels an Vernunft bestritten werden. Sie erfüllten nämlich mit ihrer inneren Ordnung jene Mindestanforderungen, die an eine staatlich verfaßte Gemeinschaft zu stellen seien, wie sie Vitoria im deutlichen Anschluß an Aristoteles[71], wenngleich ohne ihn ausdrücklich zu nennen, so charakterisiert:

> Es ist offenbar, daß sie eine gewisse Ordnung in ihren Angelegenheiten haben. Sie bilden Völkerschaften, in denen Ordnung herrscht, sie kennen die Einrichtung der Ehe, sie haben Richter, Herren, Gesetze, Handwerker, Geldausleiher, was alles den Gebrauch der Vernunft vor-

aussetzt. Sie haben sogar eine Art Religion. Sie irren sich nicht in Dingen, die für alle ersichtlich sind, was ein Zeichen des Gebrauchs der Vernunft ist. Gott und die Natur lassen nicht einen großen Teil der Menschen ohne diese Fähigkeiten. Das Wichtigste im Menschen ist aber die Vernunft. Unnütz aber wäre eine Fähigkeit, wenn sie nicht einem vernünftigen Handeln diente. Während vieler tausend Jahre haben die Inder ohne ihre Schuld außerhalb des Heiles gestanden, da sie in Sünde geboren und nicht getauft waren, sowie nicht die nötige Vernunft hatten, um das zum Heile Notwendige zu finden. Wenn sie danach geistlos und dumm scheinen mögen, so glaube ich, daß das von der schlechten und barbarischen Erziehung herkommt, da man ja auch bei uns viele Angehörige des Bauernstandes sieht, die sich nicht viel von den wilden Tieren unterscheiden.[72]

Schließlich könne man ihnen ihr Eigentumsrecht auch nicht deshalb bestreiten, weil sie Sklaven von Natur seien. Vitoria will sich nicht festlegen, inwieweit die Indianer tatsächlich dieses Kriterium erfüllen könnten, er macht jedoch in jedem Fall deutlich, daß damit bei Aristoteles keine Sklaverei im Rechtssinne, sondern nur ein fürsorglich-patriarchalisches Abhängigkeitsverhältnis hergeleitet werde:

> Aristoteles wollte nicht, daß alle, die geringeren Geistes sind, ihrer Güter beraubt und in Sklaverei zurückversetzt und als Sklaven verkauft würden. Er wollte vielmehr lehren, daß die Natur in ihnen die Notwendigkeit geschaffen habe, daß sie von anderen regiert und beherrscht werden, und daß es für sie gut sei, anderen unterworfen zu sein; ebenso wie es für die Kinder gut ist, vor der Volljährigkeit den Eltern, und für die Frau, dem Manne untergeben zu sein.[73]

Mit diesem Vergleich war zugleich auch impliziert, wie dies dann später Vitorias Schüler deutlich formulierten, daß zu einer bestimmten Zeit die Indianer auch aus diesem Vormundschaftsverhältnis zu entlassen seien.[74]

Vitoria erwähnt auch, daß man bei der zivilisatorischen Rückständigkeit der Indianer eine Schutzherrschaft über sie für angemessen halten könne, will sich aber darauf nicht eindeutig, vor allem nicht im Sinne eines Rechtstitels festlegen.

> Ich vermag zwar nicht einen *weiteren Rechtstitel* hinzuzufügen, aber es mag noch der Titel zur Diskussion gestellt werden, der von einigen als rechtmäßig angesehen wird. Ich meinerseits wage nicht, ihn anzuerkennen, aber auch nicht gänzlich abzulehnen. Dieser Rechtstitel lautet: Die genannten Barbaren seien, wie bereits gesagt, nicht vollständig ohne Vernunft, aber sie unterschieden sich so wenig von den vernunftlosen Wesen, daß sie anscheinend nach unseren humanen und staats-

bürgerlichen Anschauungen nicht geeignet seien, einen legitimen Staat zu gründen und zu verwalten. Daher hätten sie keine angemessenen Gesetze und keine Obrigkeiten, ja sie seien nicht einmal ausreichend geeignet, um ihre Familienangelegenheiten zu regeln. Es fehle ihnen auch die Kenntnis der Wissenschaften und Künste, und zwar nicht nur der freien, sondern auch der mechanischen, sorgsamer Ackerbau, Handwerk und viele andere einzelne für den menschlichen Nutzen notwendige Dinge. Man könne daher sagen, daß in ihrem Interesse die spanischen Fürsten die Verwaltung der Barbaren übernehmen und für ihre Städte Präfekten und Verwalter einsetzen sowie ihnen neue Herren geben könnten, vorausgesetzt, daß es für sie vorteilhaft wäre.[75]

Seine Bewertung des Zivilisationsniveaus der Indianer in bezug auf Staatlichkeit, Recht, Religion und Ökonomie hat somit eine charakteristische Ambivalenz, die auch sonst seine Argumentation auszeichnet. Dies liegt in diesem Fall nicht nur an der scholastischen Argumentationsweise, die sich nicht auf die Ebene der Tatsachenbehauptungen begibt, sondern auch daran, daß die tatsächlichen Verhältnisse bei den Indianern, zumal nach der Einnahme des Aztekenreiches (und des Inkareiches), so vielschichtig erschienen, daß die Funktionalität des Barbarenbegriffs in Zweifel geraten mußte. Neben die primitiv-friedlichen oder primitiv-aggressiven Inselbewohner war nun mit den Azteken ein Volk getreten, das tatsächlich über Städte und über politisch-soziale Institutionen verfügte, das andererseits aber auch irritierende Rückständigkeiten in bestimmten Kulturtechniken (wie dem Ackerbau) aufwies und das zudem besonders mit seiner Praxis der Menschenopfer verstörte.

Grundsätzlich hatte Vitoria jedoch festgestellt, daß die Indianer als rechtmäßige Herren ihrer Personen und Güter zu gelten hätten. Damit stellte sich natürlich die Frage, auf welche Rechte dann die Spanier eine Herrschaft über sie überhaupt gründen könnten. Vitoria zerpflückt gängige Behauptungen. Der Kaiser ist nicht Herr der Welt, noch weniger ist es der Papst; ein Recht des Entdeckers kann nicht geltend gemacht werden, wenn – wie gezeigt – die Indianer rechtmäßige Herren waren. Es gibt kein Recht zur gewaltsamen Durchsetzung des christlichen Glaubens; auch die Übertretung der Naturgesetze durch die Indianer – vom Götzendienst bis zu widernatürlicher Unzucht und Inzest – kann kein Recht auf ihre Unterwerfung begründen; schließlich kann man sich auch nicht auf einen besonderen Befehl Gottes in diesem Fall berufen.

Eine Unterwerfung der Indianer ist nur dann gerechtfertigt, wenn sie das Ergebnis eines gerechten Krieges darstellt. Vitoria hält an einer engen Auslegung der augustinisch-thomistischen Doktrin fest, wie sie seit der Diskussion um die Kreuzzüge wohl immer noch die Mehrheitsposition gegenüber einem – auch auf die fehlende Staatlichkeit der Heiden gegründeten – Anspruch auf christliche Weltherrschaft darstellte. Unter Berufung auf Augustin, Thomas und »alle Doktoren« stellt er fest, daß eine *iusta causa* eine vorausgegangene *iniuria* zur Bedingung habe, was als konkrete Verletzung des Rechts einer Partei anzusehen ist.[76]

Die Rechtstitel, die er für eine Bekriegung der Eingeborenen als begründet ansieht, leitet er aus Verstößen der Indianer gegen das *ius gentium* her, dessen Prinzipien ihnen als vernunftbegabte Wesen einsichtig sein müssen und an dessen Regeln sie sich als Glieder der damit konstituierten universalen Gemeinschaft halten müssen: Wenn die Barbaren die Spanier von den Rechten, die ihnen nach dem *ius gentium* zustehen, ausschließen, dann fügen sie ihnen Unrecht (*iniuria*) zu. Wenn es zur Aufrechterhaltung ihres Rechts notwendig ist, Krieg zu führen, dann können die Spanier dies erlaubterweise tun.[77]

Ius gentium wird im Anschluß an den römischen Juristen Gaius als das definiert, was als die natürliche Vernunft bei allen Völkern konstituiert ist.[78] Vitorias Begriff geht jedoch erheblich weiter als der des römischen Rechts und über alles in der Antike Denkbare hinaus, da *ius gentium* nicht nur Prinzipien universaler Gerechtigkeit meint, die bei allen Völkern Geltung haben, oder sich auf übliche Praktiken des internationalen Verkehrs bezieht, sondern es für Vitoria eine Gemeinschaft von universaler Ausdehnung konstituiert, die gleichsam als eine *res publica* gilt, deren Regeln als positives Recht gelten.[79] Aus dem Postulat einer *naturalis societas et communicatio* werden bei Vitoria umfassende Rechte auf Freizügigkeit abgeleitet, die am Anfang der Welt bestanden haben sollen und auch nicht durch die Bildung von Staaten aufgehoben worden seien. Konkret wird dies als umfassende Berechtigung auf Einwanderung und Niederlassung, freien Durchzug[80], Handelsfreiheit und Ausschöpfung der natürlichen Ressourcen des Landes verstanden. (In der weiteren Völkerrechtsdiskussion des 16. und 17. Jahrhunderts sind diese »Rechte« zum Teil zu begründen versucht, zum Teil – wegen der Kollision mit dem Souveränitätsprinzip – eingegrenzt worden; an der Tatsache, daß am Beginn des modernen Völkerrechts aus einer christlichen Idee der Völkergemeinschaft Postulate abgeleitet werden, die in der antiken Tradition keinen prinzipiellen Anhalt finden konnten, ändert dies jedoch nichts.) Wenn die

Indianer die Spanier an der friedlichen Realisierung dieser Rechte ge-
hindert haben sollten – ob die Voraussetzung der Friedfertigkeit realiter gegeben war, läßt Vitoria offen –, dann hätten sie den Spaniern
jedoch Gründe für einen gerechten Krieg geliefert.[81]

Allerdings konzediert Vitoria, daß die Indianer aus Furcht und Un-
wissen die Absichten der Spanier mißverstanden haben könnten und
sich deshalb ebenfalls zum Angriff berechtigt hätten fühlen können,
so daß subjektiv ein von beiden Seiten gerechter Krieg vorliege, und er
leitet daraus umfassende Gebote der Verhältnismäßigkeit hinsichtlich
der Kriegführung wie der Wahrnehmung der Siegerrechte ab.[82]

Neben seiner grundsätzlichen Einbeziehung der Indianer in eine universale Völkerrechtsgemeinschaft, die jedoch unter den gegebenen
Umständen gerade den Spaniern Titel für den gerechten Krieg eröff-
nen mußte, steht bei Vitoria aber auch ein spezifisch christliches Son-
derrecht, nämlich das Recht auf friedliche Mission, bei dem Reziprozität grundsätzlich ausgeschlossen war.[83] Und die ethnographische
Komponente kommt bei ihm nochmals auf höchst ambivalente Weise
ins Spiel. Er lehnt zwar die These ab, die Christen seien berechtigt,
die Sünden der Heiden wider die Natur zu bestrafen. Doch konzipiert
er auf der anderen Seite eine Möglichkeit, gegen Kannibalismus und
Menschenopfer zwar nicht im Zuge einer Bestrafungsaktion, wohl
aber in einer vom Gebot der Nächstenliebe abgeleiteten Intervention
einzuschreiten:

> Noch ein anderer Titel kann in der *Tyrannei der Herren* selbst bei den
> Barbaren oder in ihren tyrannischen Gesetzen gesehen werden, welche
> den Unschuldigen Unrecht zufügen, z. B. weil sie unschuldige Men-
> schen als Opfer darbringen oder Nichtverurteilte töten, um ihr Fleisch
> zu essen. Ich sage auch, daß ohne die Autorität des Papstes die Spanier
> die Barbaren von jedem ruchlosen Brauch oder jeder ruchlosen Ge-
> wohnheit abhalten könnten, weil sie die Unschuldigen vor dem unge-
> rechten Tode bewahren können. Dies folgt daraus, weil »Gott jeden
> beauftragt hat, für seinen Nächsten zu sorgen«, und alle diese sind un-
> sere Nächsten. Daher kann jeder Beliebige sie vor solcher Tyrannis und
> Unterdrückung befreien. Am meisten kommt dies aber den Fürsten zu.
> In den Sprüchen Salomonis wird dasselbe festgestellt: »Errette, die
> zum Tode geführt werden, und zögere nicht, die zu befreien, die dem
> Untergang geweiht sind.« Das bezieht sich nicht nur auf diejenigen, die
> gegenwärtig zu Tode geführt werden, sondern sie können auch die Bar-
> baren zwingen, von einem solchen Brauche abzulassen.[84]

Kannibalismus und Menschenopfer fungieren hier also als Begründung eines Interventionsrechts aus humanitären Gründen, das aber eben eindeutig und spezifisch auf die besonderen Praktiken der Indianer abgestellt war. Auch hier hinterläßt Vitorias Theorie insofern einen zwiespältigen Eindruck, als die Argumentation mit dem zivilisatorischen Niveau der Indianer und mit ihren Sitten und Gebräuchen quasi durch die Hintertür erneut eine völkerrechtliche Dignität erfährt, die mit der grundsätzlichen Einbeziehung der Indianer in eine universale Völkerrechtsgemeinschaft in einem spezifischen Spannungsverhältnis steht.[85]

3. Die Apologie der Indianer

Die Fürsprecher für die Rechte der Indianer, allen voran der unermüdlich die Grausamkeiten der Spanier anprangernde Las Casas, konnten und wollten die Legitimität der spanischen Herrschaft nicht unmittelbar in Zweifel ziehen.[86] Sie suchten die Rechtstitel und die daraus abzuleitenden Folgen jedoch möglichst eng zu fassen und zudem die tatsächlichen Verhältnisse bei den Indianern selbst in einem möglichst günstigen Licht erscheinen zu lassen, wobei Las Casas seine Kenntnisse aufgrund jahrzehntelanger Augenzeugenschaft im Vergleich zu den aus zweiter Hand urteilenden Juristen und Theologen betonte.[87] Las Casas kennt nur einen legitimen Rechtstitel, und das ist der der Übertragung des Landes durch den Papst. Er nimmt damit eine grundsätzlich theokratische Position ein, wie sie zum Beispiel von Vitoria nicht geteilt wurde. Indem er diesen Übertragungsakt durch den Papst jedoch gleichzeitig und unmittelbar strikt an den Missionsauftrag bindet und zugleich immer wieder besonders herausstellt, daß die Verkündigung des Evangeliums mit ausschließlich friedlichen Mitteln, ohne jede Form der Androhung oder gar Anwendung von Zwangsmaßnahmen zu erfolgen habe, werden zugleich die aus diesem Rechtstitel abzuleitenden Konsequenzen für die Herrschaftspraxis eingegrenzt. Las Casas erkennt grundsätzlich an, daß es Gründe zu einem gerechten Krieg gegen die Indianer geben könne, baut jedoch eine Vielzahl von Kautelen gegenüber einer Wahrnehmung dieses Rechtes ein, damit in der Folge der Missionsauftrag nicht gefährdet erscheine. Wie alle anderen Teilnehmer an der öffentlichen Diskussion[88] unterstellt auch er, daß es bei den Indianern Kannibalismus und Menschenopfer gebe, wenngleich er auch darauf hinweist, daß viele Nachrichten auf Berichten vom Hörensagen beruhten.[89] Er akzeptiert auch im Prinzip, daß es im Sinne Vitorias ein Interventionsrecht zum

Schutz Unschuldiger vor diesen Praktiken geben müsse. Da die Wahrnehmung dieses Rechts jedoch bei den Indianern wiederum Opfer
unter gleichfalls Unschuldigen fordern müßte, plädiert er auch hier für
größtmögliche Zurückhaltung, um die Bekehrungschancen nicht zu
gefährden.[90]

Las Casas kommt aber auch zu einer wesentlich neuen Einschätzung
des Barbarenstatus der Indianer als Antwort auf die Theorie von der
natürlichen Sklaverei und zu einer differenzierten Bewertung von Kannibalismus und Menschenopfer im Hinblick auf ihre Aussagefähigkeit
über das zivilisatorische Niveau der Indianer. Er entwickelt somit im
Kontext seines apologetischen Interesses Ansätze für einen Kulturvergleich, der zugleich auch die Antike in neuem Licht erscheinen läßt.

Neue Möglichkeiten des Kulturvergleichs

In seiner Auseinandersetzung mit Sepúlveda und der Theorie der natürlichen Sklaverei hat Las Casas zu einer bemerkenswerten Differenzierung des Barbarenbegriffs gefunden, von der er ausgab, daß sie sich
auf die Ausführungen bei Aristoteles und Thomas von Aquin selbst
stützen könne.[91]

Las Casas unterscheidet vier Kategorien. Zum ersten einen weitgefaß-
ten, quasi metaphorischen Sprachgebrauch, der alle wilden, grausamen, außer Kontrolle geratenen Menschen umfaßt – damit keine spezifische Gruppe von Menschen meint, sondern alle, denen in einer
bestimmten Situation ein grausames, eben deshalb barbarisches Verfahren attestiert werden kann. Das konnte neben den sprichwört-
lichen Skythen eben auch für Griechen und Römer gleicherweise gelten, und vor solchen Rückfällen in bestimmtes Verhalten waren selbst
Christen grundsätzlich nicht gefeit.

Die zweite Kategorie von Barbaren meint alle diejenigen, die einen
bestimmten Grad von Zivilisation nicht erreicht haben, der sich vor
allem in einer Schriftkultur und in bestimmten staatlichen Strukturen
ausweist. Darunter fallen auch die Indianer.

Die dritte Gruppe entspricht den Barbaren im Sinne der natürlichen
Sklaven des Aristoteles, die zu keiner Form von Gemeinschaftsbildung fähig sind. Doch seien diese nur äußerst selten in der Realität
anzutreffen, und man könne Gott nicht unterstellen, einen ganzen
Kontinent mit solchen Fehlentwicklungen der Natur bestückt zu haben.

Die vierte Gruppe bilden schließlich die Barbaren im Sinne von Heiden im Gegensatz zu Christen. Der gemeinsame Zug, der alle Heiden auszeichnet, ist die unbeschadet aller zivilisatorischen Errungenschaften bestehende Anfälligkeit für Laster. Das lasse sich am Beispiel der Römer zeigen, die einerseits alle anderen Nationen beherrscht hätten, andererseits fürchterliche Laster und verabscheuungswürdige Praktiken aufzuweisen gehabt hätten, wie sich zumal in ihren Opferpraktiken und Riten wie den Gladiatorenspielen, aber auch den obszönen Theateraufführungen zeige; Las Casas knüpft hier an die einschlägige Kritik der Kirchenväter an.[92]

Indem die Indianer mit Griechen und Römern in eine Kategorie geraten, sei es als Heiden, sei es bezüglich ihres Niveaus der politischen Gemeinschaftsbildung, ergeben sich für Las Casas Möglichkeiten des Kulturvergleichs, der auch die großen Anstößigkeiten der indianischen Zivilisation in einem anderen Licht erscheinen läßt.

Schließlich kannte doch auch die antike Überlieferung eine Fülle von Beispielen für Kannibalismus und Menschenopfer; und dies nicht nur bestimmte Randvölker betreffend (wie die Beispiele unter anderem bei Herodot oder Strabo – bei diesem pikanterweise zu den antiken »Spaniern« – zeigen[93]), sondern auch bei den Römern selbst, die wenigstens in einem bestimmten Fall ein öffentliches Menschenopfer vollzogen hatten.[94] Einschlägig waren hier vor allem auch die Zeugnisse der Kirchenväter, auf die Las Casas zurückgreifen konnte.[95] Entscheidend ist zudem, daß auch in der antiken Überlieferung schon ein deutlicher Unterschied zwischen Kannibalismus und ritueller Opferung als einer in Gesetz und Sitte verankerten religiösen Praxis gemacht wird. Das hatten die Römer nach dem Zeugnis Plutarchs (*Moralia* 283 F–284 C, vgl. auch *Marcellus* 3, 4) anerkannt, es war aber auch von christlichen Autoren wie Clemens, Eusebius oder Laktanz als geläufige Vorstellung übernommen worden.[96] Die Menschenopfer der Indianer waren so gesehen auch ein Ausweis einer bestimmten Stufe der religiösen Entwicklung, die zugleich in gewisser Weise eine Disposition für ihre Hinführung zum Christentum einbeschloß. Christlicher Missionsgedanke und antike Kulturentstehungslehre erfuhren eine spezifische Amalgamierung.[97]

Wenn die Menschenopfer erst ihres monströsen Charakters[98] beraubt waren, dann ergab sich auch die Möglichkeit des relativierenden Vergleichs mit den (Un-)Sitten der christlichen Nationen selbst. Auffällige Beispiele dafür bilden der Bericht des Jean de Lery über seinen Brasilienaufenthalt 1556 bis 1558[99] und Michel de Montaignes Essay über die Kannibalen (1580), für den Lery wohl auch eine Quelle war. Das Verzehren der Leichen von Feinden wird hier als extreme Form der Rache erklärt, für die sich Parallelen auch in einzelnen Exzessen der französischen Religionskriege der eigenen Zeit gefunden hätten. Und Montaigne relativiert den Kannibalismus weiter mit dem Hinweis, daß im Gegensatz zu den aus der Antike bekannten skythischen Menschenfressern die Indianer eben nicht habituell, als Bestandteil regulärer Ernährung, Menschenfleisch verzehrten:

> Man erstaunt über die Hartnäckigkeit in ihren Gefechten, die sich niemals ohne Blut und Mord endigen. Denn von Furcht und Flucht haben sie keinen Begriff. Ein jeder trägt zum Siegeszeichen den Kopf des Feindes, den er getötet hat, und befestigt solchen am Eingange seiner Wohnung. Nachdem sie eine ziemliche Zeitlang ihren Gefangenen sehr gut behandelt und ihm alle Bequemlichkeit verschafft haben, die sie nur ersinnen können, beruft derjenige, in dessen Gewalt er ist, eine große Versammlung von seinen Bekannten zusammen. Er bindet an den einen Arm des Gefangenen einen Strick, an dessen anderm Ende er ihn festhält, aber so weit von sich entfernt, daß er von ihm nichts befürchten dürfe, und gibt dem liebsten unter seinen Freunden den andern Arm auf dieselbige Art zu halten: und diese beiden richten ihn in Gegenwart der ganzen Versammlung mit ihren Schwertern hin. Ist das geschehen, so rösten sie ihn und essen ihn in Gemeinschaft und schicken ihren abwesenden Freunden davon ihre Portionen. Dies tun sie nicht, wie man denkt, aus Hunger, wie wohl ehedem die Skythen, sondern es geschieht, um eine heftige Rache anzudeuten. ... Es tut mir nicht leid, daß wir die barbarischen Greuel bemerken, die bei einem solchen Verfahren verübt werden, wohl aber ärgert es mich, daß, da wir so richtig über ihre Fehler urteilen, wir über die unsrigen so blind sind. Ich denke, es sei weit ärgere Barbarei dabei, einen Menschen lebendig zu fressen als tot zu fressen; einen Körper durch Qualen und Martern zu zerfleischen, der noch alle seine Gefühle hat, ihn bei langsamem Feuer zu braten, durch Hunde und Schweine zerreißen lassen (wie wir dergleichen nicht etwa bloß gelesen, sondern noch erst kürzlich gesehen haben, und das dazu nicht etwa unter alten Erbfeinden, sondern unter Nachbarn und Bürgern eines und desselben Staates; und was das ärgste ist, unter dem Vorwande der Religion und der Rechtgläubigkeit!), als ihn zu braten und zu verzehren, wenn er des Lebens beraubt ist. Chrysippos und Zenon, Stifter der stoischen Sekte, haben allerdings gemeint, es sei nichts Böses dabei, wenn man sich des Fleisches toter Menschen zu allerlei Notdurft bediene und auch zur Nahrung gebrauche, wie unsre Vorfahren in der Stadt Alesia taten, als sie von Cäsar

belagert war, da sie sich entschlossen, die Hungersnot während der Belagerung durch die Leiber der Alten, der Weiber und andrer Personen auszuhalten, die zur Wehr nicht zu gebrauchen waren.[100]

Die Verhältnisse bei den Indianern erforderten jedoch auch ein weitergehendes Verständnis durch die Einordnung in eine Theorie der Kulturentwicklung und durch ihre Lokalisierung in einer welthistorischen Konzeption. Entscheidende Schritte in dieser Richtung liegen in der Naturgeschichte der Neuen Welt des Jesuiten José de Acosta von 1590 vor, einer umfassenden Landes- und Völkerkunde von Spanisch-Amerika, die sich bewußt in die ethnographische Tradition eines Herodot und Plinius einordnete[101] und zugleich für jenen Typus von Missionarsliteratur steht, die in der Kenntnis der Sprache, Sitten und Glaubensvorstellung der Eingeborenen die notwendige Voraussetzung erfolgreicher Christianisierung sieht.[101a]

Bei Acosta zeigt sich zumindestens implizit die Übernahme eines bestimmten Schemas der Kulturentwicklung. Er differenziert für die Bereiche der staatlichen Strukturen, der Religionsentwicklung und der Sprachkultur, unterstellt dabei aber jeweils eine Parallelität der Entwicklung. Siedlung in befestigten Orten und Städten ist sowohl Voraussetzung für die Entwicklung staatlicher Strukturen wie einer anthropomorphen Gottesvorstellung wie auch der Annäherung an Schriftlichkeit. Hier werden wohl Etappen der Entwicklung unterstellt, die grundsätzlich von allen Völkern zu durchlaufen seien. Es handelt sich offensichtlich um einen Rückgriff auf antike Kulturentstehungstheorien, in deren Kontext ja auch schon die Idee formuliert worden war, daß die rezenten Barbaren für die Vergangenheit der eigenen Hochkultur stehen konnten. Der Rückgriff auf die Kulturentstehungstheorien erhellt auch daraus, daß für die zivilisatorische Entwicklung der Übergang vom Nomadentum zur Seßhaftigkeit so stark betont wurde, obwohl ja die Indianer keine Anzeichen von Nomadentum boten.[102]

In Verbindung mit einer bestimmten Theorie über die Herkunft der Indianer ergab sich für Acosta die Möglichkeit, die zivilisatorische Rückständigkeit der Indianer erklären zu können. Die Frage nach dem Ursprung der Indianer war, seitdem Amerika als eigenständiger Kontinent erkannt war (Magellans Expeditionen 1519–21), grundsätzlich ein Problem. Intensiver ist die Frage aber erst seit der Mitte des 16. Jahrhunderts diskutiert worden, nachdem die Debatte über die Natur der Indianer abgeflaut war.[103] Nach dem Schöpfungsbericht und der Sintflutlegende kam nur eine Abkunft von einem der Söhne

Noahs und eine Herkunft aus dem eurasischen Raum in Frage. Acosta
kam zu dem Schluß, daß weder die Zahl der Indianer noch Art und
Umfang der amerikanischen Fauna (auch alle Tiere mußten ja auf die
Exemplare in Noahs Arche zurückgehen) mit einer Einwanderung auf
dem Seeweg erklärbar sei, da diese beim Stand der Seefahrt nur in
Einzelfällen denkbar gewesen sei. Er postulierte deshalb – ohne
Kenntnis der geographischen Verhältnisse bei der heute sogenannten
Beringstraße – eine Einwanderung über eine Art Landbrücke im Nor-
den Amerikas und Asiens.[104]
Die Einwanderer waren Nomaden oder durch die Umstände, die sie
zur Wanderung zwangen, in den Zustand des Nomadismus zurückge-
worfene Volksgruppen. Ihre langen Wanderungen, bevor sie feste
Siedlungsplätze erreichten, bedingten ihre Rückständigkeit gegenüber den Asiaten, mit denen sie gleichwohl bestimmte Übereinstimmungen in manchen Sitten zeigen konnten. Der zeitlich differenzierte
Übergang zur Seßhaftigkeit wiederum war für die unterschiedlichen
Zivilisationsniveaus bei den verschiedenen indianischen Völkern verantwortlich.[105]
Acosta war sich bewußt, daß die Übereinstimmung von Kulturphäno-
menen nur dann als Beleg für eine genetische Abkunft gelten konnte,
wenn sie sich auf genügend spezifische Merkmale bezog, und er war
sich weiter bewußt, daß beim Fehlen einer zuverlässigen Überlieferung seine Erklärung ein theoretisches Konstrukt, eine Art konjek-
turaler Geschichte war.[106] Es ist dieses methodische Bewußtsein, das
seine Erklärung (abgesehen davon, daß sie – bei allerdings dramatisch
veränderten Zeitannahmen – modernen Erkenntnissen entspricht)
von den geläufigen Erklärungen über die Herkunft der Indianer ab-
hob, die im 17. Jahrhundert so zahlreiche Gelehrte, nun auch außerhalb Spaniens, beschäftigte. (Hugo Grotius ist aus heutiger Sicht der
bekannteste.) Hier stützte man sich entweder auf Mythen – die verlorenen Stämme Israels nach der Verschleppung durch die Assyrer, Platons Atlantis-Mythos[107] oder die Tradition über eine karthagische
Ansiedlung, deren Bewohner im Streit von der Mutterstadt verstoßen
worden seien – oder auf Erklärungen, die aufgrund vermeintlicher
Entsprechungen in der Sprache, in bestimmten Sitten (vom Kannibalismus[108] bis zur Beschneidung) oder in der Religion eine Identifizierung der Indianer mit Ägyptern, Äthiopiern, Phöniziern, Pelasgern,
Juden, Skythen, Tataren, Chinesen, Skandinaviern oder Friesen her-
beizuführen suchten.[109]
Die Möglichkeiten des Vergleichs zwischen antiken und Indianerkul-

turen, wie sie im Prinzip durch Acosta eröffnet worden waren, werden erstmals umfassend vorgeführt im Werk des französischen Jesuiten Joseph-François Lafitau, *Mœurs des sauvages ameriquains comparées aux mœurs des premiers temps* (1724).[110]
Lafitau bietet eine ausgiebige Beschreibung der Gesellschaftsordnung der Irokesen und Huronen am St. Louis-Strom in Französisch-Kanada – ein »Kompendium der Ethik und Poetik der Wilden« (Herder).[111] Die detaillierte Darstellung von Religion, Recht, staatlichen Strukturen, Ehe und Verwandtschaftssystem sowie Sitten der Irokesen dient bei ihm letztlich vornehmlich dazu, das alte Klischee vom religions-, recht- und sittenlosen Indianer zu bekämpfen, das in der Aufklärungszeit insofern eine neue Rolle bekommen hatte, als zeitgenössische Reiseberichte wie auch antike Ethnographie in dem Sinne von Religionskritikern (wie Bayle) herangezogen wurden, daß diese nun die Existenz von Völkern ohne jede Religion beweisen sollten.[112] Entsprechend nimmt die Darstellung der religiösen Vorstellungen der Indianer bei Lafitau den größten Raum ein, damit gegenüber den »Gottesleugnern« der Beweis von der Notwendigkeit und Wirklichkeit der Religion durch die »allgemeine Übereinstimmung aller Völker in Ansehung der Erkenntnis eines höchsten Wesens und desselben Verehrung« erbracht werden kann.[113]
Lafitaus Buch gilt als ein Pionierwerk der modernen Ethnologie.[114] Zum einen, weil seine detaillierten Schilderungen auf genauen Beobachtungen während eines mehr als fünfjährigen Aufenthalts auf einer Missionsstation beruhen und weil er die Bedeutung von Autopsie und Sprachkenntnissen nachhaltig unterstrichen hat; insofern repräsentiert er schon eine auf »Feldforschung« basierende Ethnologie. Zum anderen liegt seine wissenschaftsgeschichtliche Bedeutung natürlich auch darin begründet, daß er mit seinen Aussagen in der Sache zu Phänomenen wie dem klassifikatorischen Verwandtschaftssystem (bei dem mehrere Typen von Verwandten unter den je gleichen Bezeichnungen erfaßt werden), zur Rolle der Clans, zur Bedeutung von Matrilinearität oder zur Funktion von Altersklassen und Initiationsriten zentrale Themen der Anthropologie des 19. Jahrhunderts – und zumal solche, die Morgan dann eben wiederum an den Irokesen neu entdecken sollte – antizipiert hatte. Seine grundsätzlich diffusionistische Position ließ sich für Lafitau nur belegen, wenn er höchst spezifische Sitten heranzog, deren Außergewöhnlichkeit sich dann durch die letztlich gemeinsame Herkunft erkläre: So schlossen sich ihm Nachrichten über die Couvade (Männerkindbett), bestimmte Formen des

Transvestismus in ekstatischen Kulten oder ein Bestattungsritus, bei dem die Männer, in Häute eingenäht, an Bäume gehängt wurden, zusammen, für die sich jeweils sowohl Belege in der antiken Tradition über die Randvölker wie in den Berichten über die zeitgenössischen Indianer finden ließen.[115]

Für unseren Kontext liegt die Pionierleistung Lafitaus darin begründet, daß er die Befunde aus der antiken Überlieferung und aus der zeitgenössischen Ethnographie zur jeweils wechselseitigen Kontrolle einsetzt und daß er vor allem auch die Chance nutzt, den reicheren neuzeitlichen Erfahrungsschatz zur Erhellung und gegebenenfalls Korrektur der häufig spärlichen antiken Nachrichten einzusetzen:

> Ich begnügte mich nicht bloß damit, die Gemütsbeschaffenheiten der Wilden kennenzulernen, und mich von ihren Gewohnheiten und Gebräuchen zu unterrichten; sondern ich habe mir insbesondere angelegen sein lassen, hierinnen Fußstapfen des entfernten Altertums anzutreffen; daher bin ich diejenigen ältesten Schriftsteller, die von den Sitten, Gesetzen und Gebräuchen der ihnen einigermaßen bekannten Völker gehandelt haben, sorgfältig durchgegangen: zwischen beiderlei Sitten habe ich eine Vergleichung angestellt. Und ich versichere, daß, wie die alten Schriftsteller mir, einige glückliche Mutmaßungen in Ansehung der Wilden zu wagen, einiges Licht gegeben, so sind mir auch die Gewohnheiten der Wilden dazu beförderlich gewesen, vieles, was die Alten in ihren Schriften anführen, desto leichter zu verstehen, und manche Stelle deutlicher zu erörtern. Vielleicht bin ich durch Bekanntmachung dieser gegenwärtigen Abhandlungen so glücklich, daß ich denjenigen, die in den alten Schriftstellern weit belesener sind, einige Entdeckungen an die Hand gebe, die sie weiter und gründlicher werden erforschen können. Ja vielleicht entdecke ich die Ader eines Bergwerkes, die unter ihren Händen reiche Ausbeute geben kann. Ich wünsche, daß sie noch mehr sehen mögen, als ich zu tun imstande gewesen, und manchen Sachen, die ich gleichsam nur im Vorbeigehen berühre, eine genauere Gestalt und den gehörigen Umfang zu geben sich bemühen wollen.[116]

Indem Lafitau zeigt, auf welchen Mechanismen der Selbsttäuschung und Projektion in modernen Berichten die Nachrichten über Amazonen und Fabelwesen beruhen, entzieht er zugleich den antiken Berichten, die auf ähnlichen Verfahren basieren, die Grundlage. Die wechselseitige Stabilisierung von Fiktionen entfällt.

Seine Beobachtungen zur matrilinearen Erb- und Namensfolge und zur politischen Rolle der Frauen bei den Irokesen geben ihm Kriterien zur Hand, um auch die antiken Nachrichten über die Namensfolge nach der Mutter bei den Lykiern (zit. S. 104) und über die dort angeblich herrschende Gynaikokratie (Frauenherrschaft) einordnen und gewichten zu können.[117]

So zukunftsweisend diese Methodik Lafitaus auch ist, so darf doch nicht übersehen werden, daß Lafitau die theoretische Fundierung für sein Verfahren auf eher traditionelle Weise herstellt, indem er nämlich eine Abkunft der Indianer von asiatischen Völkern unterstellt. Im einzelnen lehnt sich seine Hypothese von der Einwanderung über eine Landbrücke wohl an Acosta an. Auch Lafitau unterstellt ökonomische Zwänge für die frühen Wanderungen, und er unterscheidet ebenfalls deutlich zwischen nomadischen und ackerbauenden Stämmen und glaubt, daß sich diese ursprüngliche Trennung noch in den Unterschieden zwischen den Indianervölkern wiederfinden lasse. Der Großteil der Amerikaner stamme von den frühen, noch im barbarischen Zustand befindlichen Bewohnern der griechischen Antike ab.

Auf der einen Seite ist für Lafitau die Möglichkeit des Vergleichs immer noch durch die Einordnung der Indianer in einer von der biblischen Chronologie festgelegten Vorstellung von Universalgeschichte verbürgt – was ihm dann später den Spott Voltaires eintrug.[118] Allerdings zeigen sich auf der anderen Seite auch schon bei Lafitau Rückwirkungen des neuen intellektuellen Klimas: Seine Einstellung gegenüber den antiken Quellen zeigt schon eine Skepsis gegenüber der antiken Tradition[119], und gelegentlich blitzen auch schon Vorbehalte gegenüber der historischen Zuverlässigkeit der biblischen Überlieferung auf.[120] Weiterreichende Konsequenzen aus Lafitaus »einfacher Wahrheit, daß auch die Griechen einmal Wilde gewesen waren«[121], wurden dann in der Sozialtheorie der Aufklärung gezogen, für die Lafitaus Buch weiterhin eine unerschöpfliche Quelle empirischer Information darstellte.[122]

Die Antike und der Fortschritt der Zivilisation

Die Entdeckungen, welche unsre europäischen Seefahrer in fernen Meeren und auf entlegenen Küsten gemacht haben, geben uns ein ebenso lehrreiches als unterhaltendes Schauspiel. Sie zeigen uns Völkerschaften, die auf den mannigfaltigsten Stufen der Bildung um uns herum gelagert sind, wie Kinder verschiedenen Alters um einen Erwachsenen herumstehen und durch ihr Beispiel ihm in Erinnerung bringen, was er selbst vormals gewesen, und wovon er ausgegangen ist. Eine weise Hand scheint uns diese rohen Völkerstämme bis auf den Zeitpunkt aufgespart zu haben, wo wir in unsrer eignen Kultur weit genug würden fortgeschritten sein, um von dieser Entdeckung eine nützliche Anwendung auf uns selbst zu machen und den verlornen Anfang unseres Geschlechts aus diesem Spiegel wieder herzustellen. Wie beschämend und traurig aber ist das Bild, das uns diese Völker von unserer Kindheit geben! Und doch ist es nicht einmal die erste Stufe mehr, auf der wir sie erblicken. Der Mensch fing noch verächtlicher an. Wir finden jene doch schon als Völker, als politische Körper: aber der Mensch mußte sich erst durch eine außerordentliche Anstrengung zur politischen Gesellschaft erheben.

Schiller, *Was heißt und zu welchem Ende*
studiert man Universalgeschichte?
Werke, hg. v. B. v. Wiese, IX, 39 f.

Der Diskurs über die Indianer hat nicht nur entscheidend die Anfänge des europäischen Völkerrechts geprägt, sondern hat auch – zumal er sich auf vielfältige Weise nach der Etablierung französischer und englischer Herrschaft in Nordamerika fortsetzte – erhebliche Rückwirkungen auf die Entwicklung der gesamten politischen Theorie bis in die Epoche der Revolution gehabt.

So fand die Diskussion über den Naturzustand und die Ursprünge von Staat, Eigentum, Familie und Religion vor dem Hintergrund des

Wissens um die – sei es tierähnlichen, sei es kindlich-unschuldigen – »Wilden« statt. »In the beginning all the world was America«, heißt es bei John Locke.[1] Im Laufe des 18. Jahrhunderts traten in der französischen und zumal in der schottischen Sozialphilosophie Interpretationsmodelle hervor, die die »Alten« und die »Wilden« in einen neuen universalhistorischen Zusammenhang stellten. Voraussetzung war die Erschütterung bisheriger kultureller Selbstverständlichkeiten. Das gilt zunächst für die Chronologie der Universalgeschichte.[2] Die auf einem Gerüst heilsgeschichtlicher Daten ruhende Chronologie, die Eusebius im 4. Jahrhundert etabliert hatte, wurde 1583 durch den großen Gelehrten Scaliger überprüft und unter stärkerer Berücksichtigung von Daten der Profangeschichte korrigiert.[3] In den nächsten einneinhalb Jahrhunderten gab es eine Vielzahl von neuen Berechnungen. Isaac La Peyrère hat 1655 mit seiner These über die Praeadamiten eine radikale Konsequenz aus seinen Beobachtungen gezogen, daß die überlieferten Chronologien der Chaldäer, Ägypter oder Äthiopier genauso wenig mit dem bisherigen Schema zu vereinbaren waren, wie die Völker der neuen Welt dort hineinpaßten.[4] Er reduzierte folglich die Patriarchengeschichte des Alten Testaments auf eine Frühgeschichte des Volkes Israel; Adam galt ihm somit als Stammvater der Juden, nicht der Menschheit. Die Chinamission brachte seit dem 16. Jahrhundert die Kunde von einer weiteren Tradition mit sich, die für sich eine längere Existenz beanspruchte, als sich mit der christlichen Chronologie vereinbaren ließ.[5] Das 18. Jahrhundert sah schließlich (speziell in der deutschen protestantischen Kirchengeschichtsschreibung) eine Zurücknahme heilsgeschichtlicher zugunsten immanenter Erklärungen.

Alles das bedeutet selbstredend nicht, daß die bisherigen Denkschemata radikal aufgegeben oder auch nur in einer stetig fortschreitenden Entwicklung überwunden worden wären. La Peyrère stellte eine große Ausnahme dar, auch wenn er Anstöße für die Bibelkritik lieferte; Bossuet hat 1681 noch einmal das biblizistische Geschichtsbild zu erneuern versucht[6]; es gab, letztlich bis ins 19. Jahrhundert, eine Vielzahl von Harmonisierungsstrategien (ob nun aus innerem Bedürfnis oder aus Vorsicht vor kirchlichen und staatlichen Autoritäten), die die neuen Erkenntnisse den traditionellen Vorgaben zu akkomodieren suchten. Bei der Vielfalt von religionspolitischen, konfessionellen, nationalen und disziplinären Diskursen war die Gleichzeitigkeit des Ungleichzeitigen der Regelfall.

Auch die Autorität der antiken Überlieferung erlitt Einbußen. Zwar gewannen Teile von ihr im Zuge der Chronologie-Debatte neues Gewicht – z. B. Herodot als Autorität für Ägypten – doch kam es insgesamt zu einer Infragestellung des unbestrittenen Vorrangs der antiken Tradition. In der sogenannten »Querelle des Anciens et des Modernes« entwickelten die »Modernisten« im letzten Drittel des 17. Jahrhunderts in Frankreich (von dort griff die Diskussion dann später auf ganz Europa über) ein neues Selbstbewußtsein, das zunächst die Leistungen der eigenen Zeit in Literatur und Kunst denen der Antike als mindestens ebenbürtig an die Seite stellte und schließlich ein generelles Fortschrittsbewußtsein induzierte.[7] Der (an den antiken Skeptizismus anschließende) sogenannte Pyrrhonismus wertete die Autorität der Überlieferung im Vergleich zu rationaler Kritik und Rekonstruktion ab.[8]

Diese Erschütterungen bisheriger Selbstverständlichkeiten fanden im Laufe des 18. Jahrhunderts in neuen Konzepten zur Erfassung der gesellschaftlichen Totalität ihr Pendant, die ihrerseits den fundamentalen Strukturwandel zu einer kommerziellen, in einem neuen Sinne bürgerlichen Gesellschaft reflektierten. Innerhalb dieser veränderten Rahmenbedingungen entfaltete sich eine neue universalhistorische Perspektive auf Antike und Neue Welt zugleich.

Fontenelle und Vico: Die neue Sicht der Frühzeit

Einer der Protagonisten der französischen »Modernisten«, Fontenelle, deutet in seiner Abhandlung *De l'origine des fables*[9] (1724 publiziert, aber wohl gut drei Jahrzehnte vorher geschrieben) die Möglichkeit an, die Distanz zur Antike in neue Deutungen umzusetzen.[10] Fontenelle begnügt sich nicht mit einer rationalistischen Verwerfung der antiken Mythen. Er versucht sie vielmehr durch den Vergleich mit denen der Indianer (speziell nennt er die Inkas) zu verstehen, die in vielem ähnliche bis gleiche Züge zeigten. Der Mythos repräsentiert dabei für ihn die jeweils ursprüngliche Mentalität des Volkes. Wenn die Griechen bei all dem *esprit*, den sie später entwickelt hätten, am Anfang auch nicht verständiger gewesen seien als die amerikanischen Barbaren, dann bedeute dies, daß die Indianer, die von den Spaniern in einer noch frühen Phase ihrer Entwicklung angetroffen worden seien, bei ungestörter Entwicklung schließlich auf einem dem der Griechen entsprechenden Rationalitätsniveau angelangt sein würden.[11]

Hinter dieser Argumentation lassen sich ungeachtet ihrer Fragwürdigkeit im konkreten Fall zwei bedeutsame Implikationen erkennen:
zum einen, daß der Mythos zum Zeugnis der frühen Gesellschaftsentwicklung wird, zum anderen, daß eine Gleichförmigkeit des Zivilisationsprozesses unterstellt wird, der nur bei unterschiedlichen Gesellschaften zeitversetzt abläuft und bei dem die rezenten Wilden
eine frühere Stufe repräsentieren als die entfalteten antiken Kulturen.

Entsprechungen zu Fontenelles Überlegungen finden sich in mehr
expliziter Form in Giambattista Vicos *Scienza Nuova* (1725, letzte
Fassung 1744). Es handelt sich um eine einzigartige geschichtstheo-
retische Konstruktion, deren eigentlicher Ausgangspunkt noch die
Debatte um die Begründung eines Naturrechts, die Auseinandersetzung mit Grotius, Selden und Pufendorf gewesen ist.[12] In Vicos
Werk fallen sowohl irritierend traditionalistische Elemente auf, wie
die mit viel Rabulistik betriebene Rettung der christlichen Chronologie[13], als auch zahllose Ideen, die von späteren Beobachtern als
Antizipationen grundlegender Erkenntnisse verstanden werden
konnten.[14] Vico bietet eine einzigartige Mischung aus axiomatischen Setzungen und empirischen Belegen, um seine Theorie vom
Ablauf der Geschichte zu untermauern, welche die Menschen auto-
nom machen, auf Grund der Entwicklung ihres eigenen Geistes zunehmend in ihren Gesetzmäßigkeiten erkennen, gleichwohl jedoch
nicht steuern können.[15]

Am Anfang steht ein tierähnlicher Zustand der in Wäldern lebenden
Riesen – Vico folgt hier vor allem der Kulturentstehungslehre bei Lu-
krez (1. Jh. v. Chr.)[16], die ihrerseits auf ältere griechische Vorlagen
(Epikur) zurückgeht.

Für den Entwicklungsgang zur Zivilisation unterscheidet Vico drei
Stadien, die Zeit der Götter, die der Heroen (die zugleich ein barbarisches Stadium ist) und schließlich die der Menschen, wobei sich diese
(bei Herodot entlehnten)[17] Unterscheidungen an den Vorstellungen
orientieren, die die Menschen über die Urheber ihrer Geschicke entwickelten. Diese Abfolge wird jedoch nicht als irreversibler Fort-
schrittsprozeß konstruiert, sondern in einen Zyklus gesetzt, der die
Möglichkeit der Wiederkehr zumindest barbarischer Zustände (wie
nach dem Untergang des Römischen Reiches) einschließt.[18]

Die ältesten Phasen lassen sich aus den Mythen, den Götter- und He-
roengeschichten erkennen. Homer, dessen Rang seit den »Que-
relles« umstritten war[19], bekommt bei Vico als Erblasser von »zwei

großen Schatzkammern für Entdeckungen über das natürliche Recht der griechischen Stämme, als sie noch Barbaren waren«[20] eine neue Bedeutung.[21] Niederschlag der barbarischen Zustände findet Vico weiter in den Berichten des Tacitus über die Germanen, im Prinzip aber auch in den zeitgenössischen Darstellungen über die Indianer:

> Tacitus berichtet in den Sitten der alten Germanen, daß sie die Ursprünge ihrer Geschichten in Versen aufbewahrten; in den Anmerkungen hierzu berichtet Lipsius dasselbe von den Amerikanern. Das Beispiel dieser beiden Völker, von denen das erste sehr spät den Römern bekannt wurde, das zweite vor zwei Jahrhunderten von den Europäern entdeckt worden ist, gibt uns allen Anlaß zu der Vermutung, daß es sich mit allen anderen Barbarenvölkern, antiken und modernen, ebenso verhalte; fest steht es für die Perser unter den alten Völkern und für die Chinesen unter den neu entdeckten.[22]

Daß Vico aus den Verhältnissen bei den Germanen und den Indianern auf diejenigen bei sämtlichen Barbaren glaubt schließen zu können, folgt für ihn aus deren jeweils isolierter Entwicklung: Den barbarischen, von allen anderen Nationen der Welt abgeschlossenen Völkern, wie es die alten Germanen und die amerikanischen Stämme waren, sei nachgewiesen worden, daß sie die Anfänge ihrer Geschichte in Versen bewahrten.[23]

Der Rückgriff auf die rezenten »Wilden« und die Kulturen des Fernen Ostens bleibt bei Vico im allgemeinen recht pauschal; für die Details einer nunmehr umfänglichen Literatur hat er sich kaum interessiert; seine spezifischen Quellenkenntnisse besaß er in der antiken Überlieferung, speziell im römischen Recht.[24] Die Erweiterung des Gesichtsfeldes durch Neue Welt und Fernen Osten hatte jedoch eine bedeutende Konsequenz darin gefunden, daß Vico aus Entsprechungen kultureller Verhältnisse in unterschiedlichen Kulturen nun gerade die Überwindung der diffusionistischen Grundannahme herleitet und den Beweis sah, daß die Zivilisationsentwicklung in sämtlichen Gesellschaften jeweils notwendig die gleichen Stadien durchlaufen müsse.[25] Damit war die Möglichkeit der Rekonstruktion durch Analogieschluß gegeben. Die Anwendungschancen für dieses Verfahren wuchsen um so mehr, als nach Vicos Zyklentheorie die Nachfolgestaaten des Römischen Reiches erneut einen (partiell allerdings durch die Existenz des Christentums abgemilderten) Zustand der Barbarei repräsentierten.[26] Die frühmittelalterliche Geschichte, vor allem die Kenntnis der staatlichen und rechtlichen Institutionen (die von einer durchaus reichen juristisch-antiquarischen Forschung bereitgestellt wurde), konnte nun auch zur Erläuterung der römischen Frühzeit herangezogen werden. Die Anfänge des Feudalismus erhellten so das römische Bodenrecht und die Institution der Klientel.

Die römische Geschichte gab für Vico das Muster ab für die Überwindung der Barbarei und das Erreichen der eigentlich humanen Gesellschaftsstufe. Er war sich bewußt, daß erst mit dem späten 3. Jahrhundert v. Chr. eine zuverlässige historiographische Überlieferung einsetzt.[27] Deshalb griff er auf die (im Grunde schon von den römischen Antiquaren gehandhabte) Methode zurück, aus Rechtsinstitutionen und Sprachformen – die sozusagen als *survivals* angesehen wurden[28] – die vorausgegangenen Stadien zu rekonstruieren. Mit seinen Vorstellungen über eine Gesetzmäßigkeit der gesellschaftlichen Entwicklung verfügte er jedoch zugleich auch über Maßstäbe, die ihn die Überlieferung kritisch sortieren ließen:[29] Wenn feststeht, daß die Entwicklung des Rechts von strengen zu milden Formen sich vollzieht oder vom starren Formalismus zur flexibleren Anwendung gemäß Billigkeitserwägungen, dann ist damit zugleich ein Kriterium gegeben, um auch gegen das Zeugnis der Überlieferung innerhalb der Zwölf Tafeln jüngere und ältere Bestände zu unterscheiden; mit der Unterstellung einer Entwicklungslogik läßt sich die Geschichte des Patrizier-Plebejer-Gegensatzes verstehen oder die Entstehung von Staatlichkeit aus der väterlichen Gewalt.[30]

So schwer durchschaubar Vico auch im einzelnen verfährt und wie willkürlich seine Schlußfolgerungen oft erscheinen[30a] – an dem axiomatischen Charakter seiner Prämissen hat er keinen Zweifel gelassen. Das unterscheidet ihn von vielen späteren Historikern, die wissentlich oder unwissentlich seinen methodischen Vorgaben folgten. Vicos Stärke lag darin, daß er auf den einzelnen Zivilisationsstufen jeweils die Verhältnisse in Staat, Recht, Familie, Religion, Sprache, Literatur und Mentalität gleichermaßen zu thematisieren versuchte; eigentümlich ausgespart blieb dagegen der Bereich der Ökonomie.[31] Dieser wurde jedoch in den Stufentheorien des 18. Jahrhunderts erfaßt.

Subsistenzweisen und gesellschaftlicher Fortschritt

Wie im ersten Kapitel oben erwähnt, sind schon in der antiken Ethnographie und Kulturtheorie die Unterschiede in der Lebensweise von Sammlern und Jägern, Viehzüchternomaden und Ackerbauern ak-

zentuiert worden. Nur hatte man im Regelfall – trotz der entsprechenden Ansätze bei Aristoteles und Dikaiarch – daraus keine feste Stufen-
folge hergeleitet. In der Rezeptionsgeschichte stellte sich zunächst
einem solchen Verständnis auch die biblische Überlieferung entgegen, die schließlich Kain, den Bauern, und Abel, den Hirten, zeit-
gleich nebeneinander präsentierte.[32]

Eine erste deutliche Formulierung eines Ablaufschemas findet sich in
einer um 1751 geschriebenen (jedoch erst posthum 1808 publizierten)
Skizze der welthistorischen Entwicklung von A. R. J. Turgot (die dessen Antwort auf Bossuet darstellte).[33]

Laut Turgot stehen die Indianer auf der niedrigsten Stufe der Sammler und Jäger. Über die ganze Welt verteilt fänden sich Völker, die auf
unterschiedlichen Entwicklungsstufen stünden; in deren räumlichem
Nebeneinander spiegele sich das gesamte Spektrum der zivilisatorischen Entwicklung wider: Das Volk, das als erstes mehr Kenntnisse
erworben habe, habe die nächsten Schritte um so leichter machen und
damit seinen Vorsprung gegenüber den relativ zurückbleibenden oder
gar auf dem Niveau der Barbarei verharrenden anderen Völkern ver-
größern können.

> Ein Blick über die Erde führt uns, selbst heute, die ganze Geschichte
> der menschlichen Gattung vor Augen, indem sie uns Spuren aller Ent-
> wicklungsschritte und Überreste aller Stufen zeigt, durch die sie von
> der Barbarei der amerikanischen Völker, wie sie dort noch anzutreffen
> ist, zu der Zivilisation der am meisten aufgeklärten Nationen Europas
> fortgeschritten ist. Wohlgemerkt, unsere Vorfahren und die Pelasger,
> die den Griechen vorausgingen, waren wie die Wilden Amerikas.[34]

Als Erklärung für diese Unterschiedlichkeit der Entwicklung hält
Turgot Montesquieus Klima-Theorie für unzulänglich. Das Stehen-
bleiben der Indianer auf der niedrigsten Stufe erklärt er damit, daß es
an einer Tierwelt gefehlt habe, die zur Domestikation geeignet gewesen sei. Auf den nächsten Stufen der Entwicklung wird das Tempo
des Fortschritts jeweils danach bestimmt, wie der erzielte Surplus zu
sozialer Differenzierung beiträgt und wie die politischen Strukturen
diesen Prozeß bzw. den Fortschritt von Wissenschaft und Bildung fördern oder (wie im orientalischen Despotismus) hemmen. Für die konkrete Entwicklung einer bestimmten Gesellschaft hängt wiederum
auch viel von den Beziehungen zur Außenwelt ab, namentlich von
ihrer Fähigkeit, sich (trotz Arbeitsteilung und Orientierung an fried-
lichem Erwerb) der Angriffe räuberischer Nomaden erwehren zu
können.

Die Strukturierung des Geschichtsverlaufs nach dem Kriterium der Subsistenzweise läßt sich grundsätzlich sowohl unter fortschrittsoptimistischen wie unter zivilisationskritischen Vorzeichen vollziehen; Condorcet (1795, posthum) und Rousseau (1755, *Discours sur l'inégalité*) können für beide Möglichkeiten stehen.[35]

Ein unmittelbarer Bezug zu genuin historischen Fragestellungen ergab sich aus den geschichtsphilosophischen und sozialtheoretischen Ideen der schottischen Aufklärung in der zweiten Hälfte des 18. Jahrhunderts. Ihr spezifisches Interesse an den Bedingungen des Fortschritts der Zivilisation war durch die Erfahrungen im eigenen Land geprägt: In Schottland selbst hatte man mit den Highlands ein »soziologisches Museum vor Edinburghs Hintertür«[36] einerseits, erste kommerzialisierte Zonen andererseits; im Vergleich zu England, mit dem man seit 1707 staatsrechtlich vereint war, war man sich der Rückständigkeit der industriellen Entwicklung ebenso bewußt wie des Vorsprungs im Wissenschafts- und Bildungssystem; die Diversität von Sprache (Adam Ferguson z. B. war gälischer Muttersprache), Recht, Kirchensystem und vielem anderen kam hinzu. Für unsere Zwecke lassen sich die Grundpositionen der (anachronistisch so zu bezeichnenden) Sozialtheoretiker Adam Smith, Adam Ferguson, John Millar u. a. sowie der Historiker wie William Robertson (und David Hume) als Gemeingut verstehen, wenngleich es im einzelnen zwischen den Autoren beachtliche Unterschiede gibt.[37]

Sie konstruieren ein Modell der Gattungsgeschichte des Menschen, die verstanden wird als Fortschreiten von »rudeness to civilization«.[38] Es soll sich um eine empirisch fundierte Darstellung, insofern um eine »natural history«[39] handeln. Man distanziert sich sowohl von den Naturzustands- und Vertragstheorien des 17. Jahrhunderts, die von der Fiktion des isolierten Einzelmenschen ausgegangen waren, wie auch von Rousseaus Idealisierung eines Naturzustandes, dessen Überwindung eine Verfallsgeschichte zur Folge hat. Montesquieu gilt (auch wenn er im wesentlichen nur statische Typologien anbot) wegen seines Empirismus als vorbildlich.

Allerdings gilt als ausgemacht, daß sich gerade für die frühen Stufen der Entwicklung nicht die tatsächlichen Verläufe rekonstruieren, sondern nur hypothetische Annahmen machen lassen; insofern handelt es sich um eine *Conjectural History*, wie Dugald Stewart (der letzte Repräsentant der schottischen Schule, Biograph von Robertson und A. Smith) in bezug auf Smith bemerkte:

Bei der Untersuchung der Menschheitsgeschichte wie auch bei der von Phänomenen der gegenständlichen Welt ist es oftmals wichtig, daß wir, wann immer der Prozeß, der ein Ereignis *bewirkt hat*, nicht nachweisbar ist, zeigen können, wie natürliche Ursachen das Ereignis *bewirkt haben könnten* . . . Für diese Art philosophischer Forschung, der ein angemessener Name in unserer Sprache fehlt, nehme ich mir die Freiheit, den Begriff *Theoretical* oder *Conjectural History* einzuführen, der in seiner Bedeutung der *Natural History* Mr. Hume's sehr nahe kommt bzw. auch dem entspricht, was französische Autoren *Histoire Raisonnée* genannt haben.[40]

Die Gattungsgeschichte sollte nach dem Kriterium der Subsistenzweisen gegliedert werden: »In every enquiry concerning the operations of men when united together in society the first object of attention should be their mode of subsistence«.[41] Adam Smith hat eine Typologie »Age of Hunters, age of shepherds, age of agriculture, age of commerce« vorgeschlagen, die sich zumindest in der Substanz auch bei den anderen Autoren wiederfinden läßt.[42]

Mit dem Nachdruck auf die Subsistenzweise war keine einseitig ökonomische Geschichtsbetrachtung intendiert, sondern es sollte gerade der Zusammenhang zwischen Subsistenz, Recht, staatlichen Strukturen, Religion und Sprache thematisiert werden. Die Abfolge der Stufen wurde im Sinne eines Fortschritts der materiellen Zivilisation verstanden. Zugleich wurden aber auch die Gefahren und Kosten, die damit verbunden sein konnten, ins Auge gefaßt (besonders bei Ferguson). Der Fortschritt ergibt sich prozeßhaft aus der Akkumulation von Nebenwirkungen intentionalen Handelns, ist also, wie dies schon Vico gesehen hatte, von den Menschen zwar produziert, aber nicht gesteuert (»the result of human action, but not the execution of any human design«[43]), bedarf deshalb auch nicht der jeweils ersten Erfinder, auf die die antiken Kulturentstehungslehren so fixiert waren[44], bzw. der großen Gesetzgebergestalten (wie Lykurg in Sparta), die die politische Theorie hervorgehoben hatte.[45] Es gibt auch keine automatische Abfolge für eine je spezifische Gesellschaft. Gewiß stellt sich der Übergang von der Jäger- zur Hirtengesellschaft im Regelfall naturwüchsig ein (wenn dem nicht – wie in Amerika – ein Mangel an domestizierbaren Tieren im Wege steht). Dieser Übergang ist fundamental, weil sich nun Eigentumsvorstellungen herausbilden, die soziale Differenzierung und Arbeitsteilung ermöglichen, zugleich aber auch den Aufbau eines Staatsapparats zur Sicherung dieser Strukturen erforderlich machen.[46] Nach Überwindung dieser Schwelle – bei Ferguson als Übergang von der Wildheit (*savagery*) zur Barbarei ver-

standen – ist eine Vielzahl von Faktoren dafür bestimmend, wie sich
der weitere Fortgang gestaltet, und es muß auch mit Regressionen, sei
es auf Grund interner Korrumpierungserscheinungen, sei es wegen
Interventionen von außen, gerechnet werden.
Die Konzipierung eines Stufenschemas überwand endgültig eine ein-
fache Dichotomie von Kulturwelt und Barbarei. Es wurde deutlich
zwischen den Stufen der Wildheit (repräsentiert von den Indianern)
und der Barbarei (wie man sie aus den Berichten klassischer Autoren
kannte) unterschieden. Zur Rekonstruktion dieser Stufen bedarf es
für die schottischen Theoretiker neben einer Ausschöpfung der antiken Überlieferung vor allem der Auswertung der Berichte über die
zeitgenössischen Wilden, speziell für die erste Stufe der Jägergesell-
schaft, für die die antike Tradition keine zuverlässige Information be-
reitstellt. William Robertson hat dies so formuliert:

> Wir müssen den Menschen in den wechselnden Umständen betrach-
> ten, in denen er sich befindet, wenn wir zu einer umfassenden Ge-
> schichte des menschlichen Geistes... gelangen wollen. Wir müssen
> ihm in seinem Durchschreiten der verschiedenen Gesellschaftsstufen
> von den Anfängen des sozialen Lebens bis zu seiner Reife und seinem
> Niedergang folgen... Die Philosophen und Historiker des antiken
> Griechenlands und Roms... hatten nur eine begrenzte Sicht, da sie
> kaum Gelegenheit hatten, den Menschen in seinem frühesten und rohe-
> sten Zustand zu beobachten. In all den Teilen der Welt, mit denen sie
> bereits vertraut waren, hatten die Gesellschaften und Völker beacht-
> liche Entwicklungsschritte hinter sich gebracht, bevor sie Objekt der
> Beobachtung werden konnten. Die Skythen und Germanen, die rohe-
> sten Völker überhaupt, von denen uns ein antiker Autor Authentisches
> überliefert hat, besaßen Herden und hatten Eigentum in diversen For-
> men entwickelt; ihnen kann im Vergleich zum primitiven Zustand der
> Menschheit ein erheblicher Grad an Zivilisation zugeschrieben wer-
> den. Die Entdeckung der Neuen Welt hat jedoch das Beobachtungsfeld
> erweitert und uns Völker auf einem Entwicklungsstand präsentiert, der
> weit unter dem liegt, der jemals auf unserem Kontinent beobachtet
> worden ist. In Amerika erscheint der Mensch in dem primitivsten Zu-
> stand, den wir uns überhaupt vorstellen können.[47]

Robertson wie auch die anderen schottischen Autoren stützen sich für
ihre Aussagen auf einige umfassende Standardwerke, namentlich Lafitaus Buch von 1724 und de Charlevoix' *Histoire et description générale de
la Nouvelle – France* von 1744; insofern lassen sich aus späterer Sicht die
Grenzen des von ihnen so betonten Empirismus erkennen.[48]

Die antike Überlieferung über die Frühzeit der eigenen Gesellschaft ist in ihrer Sicht mit Skepsis zu betrachten: Sie spiegelt nur die Anschauungen der Gesellschaft zum Zeitpunkt ihrer Fixierung wider, doch hat die Dichtung immerhin den Vorteil, daß sich in ihr ein Kollektivbewußtsein niederschlägt. Ferguson, der dies in dem Teil seines Essays mit dem Titel *Of the History of Rude Nations* ausführt, verweist allerdings auch auf die Methode des Thukydides, »in the customs of barbarious nations... to study the more ancient manners of Greece«.[49] Für solche Rückschlüsse hat man eine Vielzahl von Materialien zur Verfügung: aus der Antike besonders Homer sowie die Berichte über die rückständigen Völker, namentlich die Caesars und Tacitus' über die Germanen; die Darstellungen des Alten Testaments, die als kulturgeschichtliche Quelle benutzt werden; die bis in die Gegenwart reichenden Nachrichten über die asiatischen Steppenvölker; schließlich die Informationen über die zeitgenössischen Indianer, die nicht mehr im primitiven Zustand verharren, sondern schon lockere politische Verbände gebildet haben (wie die Huronen und Irokesen).

Wenn man annimmt, daß sich unter vergleichbaren gesellschaftlichen Bedingungen ähnliche institutionelle Lösungen für Probleme einstellen, dann ergeben sich im Prinzip eine Vielzahl von Vergleichsmöglichkeiten, die nicht auf die Frage nach den Anfängen der Gesellschaftsbildung beschränkt bleiben müssen. Dies kann auch auf ein besseres Verständnis der Entwicklung politischer Institutionen bezogen werden (wenn z. B. Ferguson die Anfänge der griechischen Ratsversammlungen und des römischen Senats mit der Kriegerversammlung der Irokesen vergleicht[50]).

John Millar zeigt in *Origin of the Distinction of Ranks* (1771, letzte Fassung 1779) eine weitere Möglichkeit der Anwendung der Stufentheorie, indem er sie mit der Entwicklung der Geschlechterbeziehungen, des Status der Frauen und der Institution der Ehe korreliert.[51] Dieser Zusammenhang, der, wie wir gesehen haben, bei Herodot und anderen antiken Autoren implizit angelegt war, wird nun zum zentralen Gegenstand einer Geschichte der Zivilisation. Antike Quellen und zeitgenössische Reiseberichte[52] werden zusammengeführt, um die Entwicklungslogik von Ehe- und Familienstrukturen aufzudecken.

Zu den »effects of poverty and barbarism« zählt jene Freizügigkeit, die durch die antiken Berichte über die lydischen Mädchen oder die babylonischen Frauen oder die Sexualkollektive bei Massageten und Briten genauso belegt ist wie durch zeitgenössische Berichte über die

Indianer und andere Völkerschaften. Es handelt sich um ein Stadium, in dem Frauen in einer weitgehend rechtlosen Position sind.

Das gleiche komparative Verfahren wird angewandt, um die Namensgebung nach der Mutter als Phänomen einer Zeit zu erweisen, in der die Ehe noch eine recht junge Institution war. Für die Antike wird hierfür neben Herodots Aussage über die lykischen Frauen auch die athenische Legende vom König Kekrops angeführt, der die Einehe eingerichtet und die Namensgebung nach der Mutter abgeschafft haben soll.[53]

> So erhielten bei den Lykiern die Kinder den Namen der Mutter... Wenn jemand über seine familiäre Herkunft Auskunft geben sollte, gab er natürlicherweise die Geschlechterfolge nach der mütterlichen Linie an. Das war auch der Brauch bei den frühen Bewohnern Attikas, und dieselbe Sitte herrscht heute noch bei mehreren Eingeborenenstämmen Nordamerikas sowie bei den indischen Völkerschaften an der Küste von Malabar.[54]

In der Zeit vor der Etablierung der Ehe kommt den Frauen oft eine ungewöhnliche politische und auch militärische Mitsprache zu, die aus ihrer Stellung als Haupt einer Familie erwächst. Zahlreiche ethnographische Belege zeigen diese Konstellation. Aus ihr kann sich laut Millar aber auch die Entstehung der Amazonen-Legende herleiten lassen:

> Es ist höchst wahrscheinlich, daß die vielberufenen Überlieferungen über die Amazonen, die in den wildesten Gegenden Skythiens beheimatet waren, und die Erzählungen von einem ähnlichen Volk in bestimmten Regionen Amerikas aus eben solchen Sitten abgeleitet worden sind. Gewiß sind solche Berichte mit sagenhaften Elementen durchsetzt und dürften auch viel an Übertreibung enthalten; aber es ist kaum anzunehmen, daß so viele Autoren sie verbreitet hätten und diese Geschichten überall solch große Beachtung hätten finden können, wenn ihnen jeder Wirklichkeitsbezug abgegangen wäre. In Ländern, in denen die Ehe unbekannt ist..., schwingen sich die Frauen jeweils zum Oberhaupt der Familie auf und erlangen schließlich gleichsam Häuptlingswürden. Das beinhaltet eine Position, die sich auch auf die Leitung von Kriegszügen oder anderen Unternehmungen, unbeschadet der an sich bestehenden physischen Unterlegenheit der Frau, erstrecken kann. Ein Kriegszug unter weiblicher Führung... – dies muß ein so eindrucksvolles Schauspiel abgegeben haben, daß die erstaunten Gegner es wie ein Wunder wahrgenommen haben werden. Daraus mögen dann die Erzählungen über einen »Weiberstaat«... entstanden sein, wie wir sie bei den antiken Autoren finden.[55]

Die Möglichkeiten des epochen- und kulturübergreifenden Strukturvergleichs bleiben nicht auf Fragen nach der Evolution von Institutionen beschränkt. So haben John Millar und vor ihm schon David Hume[56] und Adam Smith[57] die Institution der Sklaverei und andere Formen unfreier Arbeit in ihrem Verhältnis zu den jeweiligen ökonomischen und sozialen Bedingungen sowohl in der Antike wie der eigenen Gegenwart (in der Karibik wie auf dem nordamerikanischen Kontinent) diskutiert; sie brachten in die Diskussion um die Sklaverei ein neues Element, indem sie die Ablehnung nicht allein auf ethische Gründe bzw. die schädlichen Folgen des Instituts für das Gesellschaftsgefüge insgesamt stützten, sondern die ökonomische Effizienz der Sklaverei (wenn nicht besondere Bedingungen der Plantagenwirtschaft vorlagen) im Vergleich zu Formen freier Arbeit nachhaltig in Zweifel zogen.[58]

Hier wie in anderen Punkten zeigt sich eine distanzierte Einstellung zur Antike. Die antike Überlieferung, deren souveräne Beherrschung bei allen Autoren immer wieder beeindruckt, liefert wichtige Bausteine für die Rekonstruktion des allgemeinen Zivilisationsprozesses, es kommt ihr aber keine privilegierte Rolle als Zeugnis einer vorbildlichen Epoche der Menschheitsgeschichte mehr zu. Die politischen und rechtlichen[59] Verhältnisse der Antike bieten immer noch den besten Anschauungsunterricht; an ihnen kann man – wie es Ferguson in seiner *History of the Progress and Termination of the Roman Republic* 1783 versuchte[60] – das Spannungsverhältnis zwischen zivilisatorischer Verfeinerung und bürgerlicher, auf das Gemeinwesen bezogener Tugend diskutieren. Die Distanz zur Antike wird jedoch besonders auffällig, wenn man sich auf die Frage des ökonomischen und technischen Fortschritts konzentriert, der segensreiche Auswirkungen auf die gesamte Gesellschaft habe:

> Die allgemeine Verbreitung von Wohlstand unter den niederen Ständen hat zuerst den Geist der Unabhängigkeit in Europa hervorgebracht und unter einigen Regierungssystemen, speziell dem unsrigen, eine gleichmäßigere Verteilung von Freiheit und Glück bewirkt, als in den am höchsten gerühmten Verfassungen der Antike.[61]

Der technische Fortschritt hatte auch bewirkt, daß man nicht mehr das Überfluten der Zivilisation durch Barbaren befürchten mußte, was Adam Smith anläßlich des Jakobiten-Aufstands von 1745 noch vor Augen stand, als »four or five thousand naked (!) unarmed highlanders took possession of the improved parts of this country without opposition from the unwarlike inhabitants«.[62] Für Dugald Stewart ist (1792) diese Gefahr ausgestanden:

Es läßt sich generell sagen, daß in den späteren Zeitaltern eine Reihe von Ereignissen von welthistorischer Bedeutung stattgefunden haben, die die Bedingungen für die Gattung grundlegend gegenüber denen verändert haben, die für die Völker des Altertums galten. Als Folge davon sind Überlegungen über die Zukunft, die allein auf den Erfahrungen der Vergangenheit basieren, unphilosophisch und wenig überzeugend geworden. Die Veränderungen in der Kriegskunst, die sich aus der Erfindung von Feuerwaffen und der modernen Befestigungstechnik ergeben, haben den zivilisierten Nationen eine Sicherheit gegenüber Einfällen von Barbaren beschert, wie sie sie nie zuvor besessen haben.[63]

Die *conjectural history* der schottischen Aufklärung hatte ein Modell einer Gattungsgeschichte der Menschheit vorgelegt, die nach dem Fortschritt der ökonomischen und technischen Zivilisation strukturiert wurde. Sie rechnete mit quasi-gesetzmäßigen Entwicklungen, die verschiedene Gesellschaften unter vergleichbaren Bedingungen mit verwandten Problemen konfrontierten, die ähnliche Lösungen erforderlich machten. Sie konstruierte aber keinen unilinearen Geschichtsverlauf, der teleologisch auf ein in der Zukunft liegendes Ziel der Gattungsgeschichte ausgerichtet sei. Wenn sich auch die Vorstellung eines unumkehrbar gewordenen technischen Fortschritts anbahnte (vgl. die S. 73 angeführte Auffassung Gibbons), so ist auf jeden Fall für den bisherigen Geschichtsverlauf keine durchgängige Linie des Fortschritts nachzuzeichnen. Gerade am Beispiel der Antike hatte sich gezeigt, wie die ersten Ansätze, von einer Agrargesellschaft zu einer kommerziellen Gesellschaft überzugehen, durch inneren Verfall wie durch den Ansturm nomadischer Völker von außen wieder zunichtegemacht wurden. Die europäische Geschichte hatte somit den Durchgang von der Barbarei zur Zivilisation bereits zweimal mitgemacht. Bei Ferguson heißt es:

Zweimal ist die Menschheit unter solchen Umständen im Verlauf ihrer Geschichte von rohen Anfängen zu den höchsten Stufen der Verfeinerung emporgestiegen. Doch Spuren eines tätigen und ungestümen Geistes hat sie in jedem Zeitalter hinterlassen ... Die Pflasterstraßen und die Ruinen Roms sind unter Staub begraben, der von den Füßen der Barbaren aufgewirbelt wurde. Mit Verachtung traten sie die Verfeinerungen des Luxus nieder und wiesen jene Künste von sich, deren Gebrauch neu zu entdecken und zu schätzen den Nachkommen dieses selben Volkes vorbehalten war. Die Zelte wilder Araber werden sogar noch jetzt zwischen den Ruinen herrlicher Städte aufgeschlagen ... Wie der Begründer Roms mag der Häuptling eines Araberstamms von heute bereits die

Wurzeln einer Pflanze ins Erdreich gesenkt haben, die in einer zukünfti-
gen Epoche blühen wird, oder den Grund zu einem Gebäude gelegt
haben, das seine wahre Größe erst in einem fernen Zeitalter zeigen
wird.[64]

Die Historiker und die Zivilisationstheorie

Die Rekonstruktion des Zivilisationsprozesses beruhte auf einer spezifischen Kombination von Empirismus und rationaler Spekulation.
Dabei war man sich bewußt, daß man auf diese Weise nicht unmittelbar die tatsächlichen Ereigniszusammenhänge nachzeichnete.
Besonders William Robertson, der zum Milieu der schottischen Theoretiker zählte und mit ihren Grundannahmen übereinstimmte, betonte, daß für die Geschichtsschreibung selbst andere Regeln gelten
müßten, wenn sie dem Postulat einer »authentic history«, einer an
Fakten gebundenen und in ihren Belegen überprüfbaren Geschichts-
darstellung, genügen solle. Die neuen Einsichten in gesellschaftliche
Gesetzmäßigkeiten sollten deshalb nicht dazu genutzt werden, die
Frühzeit von Gesellschaften zu erhellen, für die verläßliche Daten
fehlten. Robertsons *History of Scotland* (1759) behandelte vornehmlich
die Zeit von Maria Stuart bis Jakob VI. und ließ sich nicht auf Details
der früheren Zeiten ein. Die Vor- und Frühgeschichte eines Volkes
eigne sich allenfalls für antiquarische Detailuntersuchungen, doch
müsse zugleich vor der Verbindung mit Spekulationen (*conjectures*) ge-
warnt werden.[65] Eine beachtliche Möglichkeit, das neue Wissen über
gesellschaftliche Zusammenhänge anzuwenden, ergab sich jedoch,
wenn dies zur Einordnung und Interpretation von Überlieferung verwendet wurde. Robertson zeigt dies in *A View of the Progress of Society in
Europe from the Subversion of the Roman Empire, to the Beginning of the
Sixteenth Century* (1768), dem Einleitungsband zu seiner *History of the
Reign of the Emperor Charles V* (die eine Darstellung der Genese des
europäischen Staatensystems dieser Zeit gibt).
Hier geht es ihm darum nachzuzeichnen, wie sich Europa aus dem
Chaos, in das es die Barbarenstürme versetzt hatten, zu seiner neuzeit-
lichen Zivilisation erheben konnte:

> In dem dunklen Chaos nach dem allgemeinen Zusammenbruch der
> Völker müssen wir nach den Quellen von Ordnung, den ersten Grund-
> lagen für die Verfassungen und Gesetze suchen, die jetzt in Europa
> gelten… Man muß die großen Schritte kennzeichnen, durch die die
> europäischen Völker von der Barbarei zur Zivilisation (*refinement*) ge-

langten, und die allgemeinen Prinzipien und Vorgänge betonen, die alle
zu dem Grade von Verbesserung ihrer politischen Ordnung und ihrer
Sitten gelangen ließen, den sie zu Beginn der Regierungszeit Karls V.
erreicht hatten.[66]

Da die einfallenden Völker nur lockere Verbände gebildet hätten, in
denen die Krieger auf freiwilliger Basis ihren Häuptlingen folgten,
hätten auch alle Anspruch auf Anteil an den Eroberungen erheben
können. Doch müsse beim Fehlen verläßlicher Nachrichten offen
bleiben, auf welche Art und nach welchen Prinzipien das Land
verteilt worden sei. Das Ergebnis sei dann schließlich das neuartige
Feudalsystem gewesen, das sich bei allen, sonst noch so unterschiedlichen Völkern finden lasse. Diese Übereinstimmung könne zugeschrieben werden dem »similar state of society and of manners to
which they were accustomed in their native countries, and to the similar situation in which they found themselves on taking possession of
their new domains«.[67]

Die wenigen Sätze über die innere Struktur der Germanen zum Zeitpunkt der Landnahme ergänzt Robertson mit einer mehrseitigen
Note, in der er die Bedeutung von Caesars (*Gallischer Krieg* VI. Buch)
und Tacitus' (*Germania*) Feststellungen zu den Germanen herausstellt.[68] (Die Stellen werden im Wortlaut auf S. 91 f. zitiert.) Aus beiden lasse sich ableiten, daß die Germanen sich auf einem Zivilisationsniveau befunden hätten, in dem sie 1. ganz überwiegend von Jagd oder
Weidewirtschaft, kaum jedoch von Ackerbau gelebt hätten; sie 2. über
politische Institutionen von nur beschränkter Macht verfügt hätten;
3. jeder einzelne frei gewesen sei, sich an einem Kriegszug zu beteili-
gen oder nicht; 4. gerade deshalb die Führer um die Werbung von
Klienten bemüht gewesen seien; 5. die Kriminalgerichtsbarkeit nur
punktuell an die Stelle privater Rache und Entschädigung getreten
sei. Robertson stützt sich auf eben jene Aussagen in den antiken Quellen, mit denen Rohdaten der empirischen Befunde (von welcher Qua-
lität auch immer) zu Generalisierungen über das zivilisatorische
Niveau der Germanen veredelt worden sind. Caesars Satz, daß die
Germanen keinen oder kaum Ackerbau betrieben (*agri culturae non
student*) und sich ganz überwiegend von Käse, Milch und Fleisch er-
nährten (*Gallischer Krieg* 6,22), in dem sich die antiken Reflexionen
über die Bedeutung der Subsistenzweise widerspiegeln, bekommt für
Robertson wegen der Übereinstimmung mit den zeitgenössischen
Stufenlehren besonderes Gewicht; die Einzelfeststellungen zum Ak-
kerbau der Germanen bei Caesar und Tacitus werden dieser allgemei-

nen Feststellung nachgeordnet (und nicht zu ihrer kritischen Überprüfung eingesetzt). Mit der Lehre von der Zivilisationsentwicklung
läßt sich auch die Differenz in Aussagen zwischen Caesar und Tacitus
erklären. Laut Robertson ist zu bedenken, daß zwischen ihnen hun-
dert Jahre vergangen seien – »a considerable period in the progress of
national manners, especially if, during that time, those people, who
are rude and unpolished, have had much communication with more
civilized states«[69]; weiter aber auch, daß sie beachtliche Unterschiede
zwischen den einzelnen germanischen Stämmen erkennen ließen.

Dieser Befund läßt sich laut Robertson durch die Informationen, die
über die Eingeborenen Nordamerikas vorliegen, stützen. Er verweist
für seine fünf für die Germanen festgestellten Punkte jeweils auf Belege
bei Charlevoix, die die Übereinstimmung zeigten, auch wenn nicht zu
verkennen sei, daß die Germanen sich in einem weiter fortgeschrittenen Stadium als die meisten amerikanischen Stämme befunden hätten.
Der Vergleich mit den Indianern wird also bei Robertson eingesetzt,
um seinen aus den antiken Quellen erhobenen Befund einer zusätz-
lichen Plausibilitätskontrolle zu unterwerfen, nicht, um aus ihm Einzelheiten zu entnehmen, die in der Überlieferung zu den Germanen
nicht enthalten sind. In der *History of America* (1777) verwirft Robertson
die Theorien des 17. Jahrhunderts über die Herkunft der Indianer:

> Spekulationen (*conjectures and controversy*) sind nicht Sache des Histori-
> kers. Seine Kompetenz beschränkt sich auf das, was als sicher oder
> höchst wahrscheinlich belegt ist... In allen Teilen der Welt ist der Fort-
> schritt des Menschen gleichartig verlaufen; wir können seinen Weg von
> der Primitivität des wilden Lebens bis zum Gewerbefleiß, den Künsten
> und der Eleganz der zivilisierten Gesellschaft (*polished society*) verfolgen.
> Deshalb ist die Ähnlichkeit zwischen den Amerikanern und den barbari-
> schen Nationen unseres Kontinents überhaupt nicht überraschend.
> Wenn Lafitau, Garcia und andere Autoren dies beachtet hätten, hätten
> sie diesen Sachverhalt nicht durch fruchtlose Versuche verdunkelt, eine
> Verwandtschaft zwischen Völkerschaften in der alten und der neuen
> Welt herzustellen, die auf nichts anderem beruhen, als auf Entsprechun-
> gen von Sitten, die notwendige Folge vergleichbarer Bedingungen
> sind.[70]

Die eigentliche Bedeutung der Informationen über die »Amerikaner«
liegt, wie schon erwähnt, darin, daß sie über einen Zivilisationsstand
Auskunft geben, über den es sonst keine empirisch tragfähige Überlieferung gibt.

Eine andere Funktion übernahmen die Zivilisationsstufen in dem Geschichtswerk, das den Verfall der römischen Zivilisation und die Wiederkehr der Barbarei darstellt, Edward Gibbons *History of the Decline and Fall of the Roman Empire* (1776–88). Gibbon wollte hier eine »philosophische Sicht« der Geschichte mit Akkuratesse im Detail verbinden[71], deren Fehlen er (wie Robertson) bei Voltaire kritisierte.[71a] Robertson hat ihm im übrigen im Vorwort seiner *History of America* bescheinigt, daß er den Anspruch auf »authentic history« erfüllt habe, und auf dieses Lob bzw. weiteres Echo auf sein Werk, das ihn an die Seite von Robertson und Hume stellte, ist Gibbon zeitlebens stolz gewesen.[72]

Eine erste Annäherung an die Zivilisationstheorie liegt in den *General Observations on the Fall of the Roman Empire in the West* vor, die Gibbon im Anschluß an sein XXXVIII. Kapitel an das Ende des 3. Bandes (zum Abschluß der Geschichte des Reiches im Westen) stellte.[73] Der Text ist allerdings schon drei bis vier Jahre vor Publikation des ersten Bandes geschrieben worden[74] und bietet eine im Vergleich zur Raffinesse der Erzählung eher enttäuschende Reflexionsübung im Anschluß an die Untergangstopik[74a] in der Tradition von Polybios und Sallust bis Montesquieu. Hier interessiert, wie Gibbon hinsichtlich der Frage, ob sich eine ähnliche Katastrophe wie in Rom im modernen Europa wiederholen könne, zu einer optimistischen Antwort kommt, weil er den Zivilisationsprozeß zumindest in bestimmten Hinsichten für unumkehrbar hält.[74b] Die einstmals barbarischen Gebiete Europas seien mit der Einführung des Ackerbaus zivilisiert worden; der technische Fortschritt bewirke, daß selbst der mit fortschreitender Kommerzialisierung einhergehende Verlust kriegerischer Tugend der Bürger kompensiert werden könne, denn um die durch Kanonen und Befestigungen gestärkte Verteidigung der Europäer überwinden zu können, müßten selbst die Tataren ein technisches Niveau erreichen, das sie aus dem Zustand der Barbarei heraustreten lasse. Generell gelte auch, daß die Fortschritte in bezug auf die Subsistenzweise tief und breit und damit nicht aufhebbar in der gesamten Bevölkerung verankert seien. Der Einfall der Barbaren in Italien habe schließlich nicht die Aufgabe der Landwirtschaft bedingt noch gar zum Kannibalismus der von Homer in der *Odyssee* geschilderten Laestrygonen zurückgeführt.[75]

Für Gibbons historiographische Praxis aufschlußreicher sind die ethnographischen Exkurse, die er in sein Werk an geeigneten Stellen einlegt: zu den Persern (Kap. VIII) und den Germanen (Kap. IX) anläßlich der großen Gefährdung des Römischen Reiches Mitte des

3. Jahrhunderts, zu den Germanen und Briten (Kap. XXV) und vor allem den asiatischen Steppenvölkern (Kap. XXVI) angesichts der von den Hunnen 375 in Gang gesetzten Völkerverschiebungen, die den Druck auf die Grenzen des römischen Reiches bewirkten.

Gibbon bemüht sich hier jeweils darum, ein möglichst umfassendes Bild der gesellschaftlichen Verhältnisse der betreffenden Völker zu zeichnen. Dazu muß er Quellen aus ganz unterschiedlichen Zeiten miteinander kombinieren. Dies schien gerechtfertigt, wenn man – wie in Europa speziell den asiatischen Gesellschaften unterstellt wurde – mit der Konstanz der Verhältnisse über die Jahrhunderte rechnen konnte. Um ein Bild des Sassanidenreichs in Persien (3.–7. Jahrhundert) zu zeichnen, geht er auf die griechischen Darstellungen des Perserreiches zurück, auf mehr synchrone römische Berichte wie auch schließlich auf neuzeitliche Reiseberichte, die er gleichermaßen einer Plausibilitätskontrolle unterzieht:

> Aus Herodot, Xenophon, Herodian, Ammianus, Chardin usw. habe ich solche plausible Darstellungen des persischen Adels übernommen, die entweder für alle Zeiten oder speziell für die der Sassaniden zuzutreffen scheinen.[76]

Kriterium der Wahrscheinlichkeit ist in diesem Fall die Unterstellung einer feudalen Struktur des persischen Adels. Genauso bzw. noch mehr zeitübergreifend verfährt Gibbon im Falle der Steppenvölker. Hier lassen sich die Nachrichten über Skythen und Hunnen bis zu den jüngsten Reiseberichten über die Tataren verbinden. Die Konstanz der Verhältnisse ist dadurch belegt, daß es sich hier um Hirtenvölker handelt. Differenzen zwischen einzelnen Völkerschaften wie Veränderungen in der Zeit schrumpfen soweit, daß man sie vernachlässigen kann:

> Für einzelne wie für die Gesamtheit der nördlichen Hirtenvölker in Europa und in Asien verwende ich durchgehend die Bezeichnung als Skythen bzw. als Tartaren. *Denn* die wilden Stämme der Menschen bewahren eine um so größere Gleichförmigkeit zu sich selbst (über die Zeiten) wie auch untereinander, je näher sie sich am Zustand von Tieren befinden.[77]

Deshalb kann man in späteren Berichten entweder eine Bestätigung antiker Quellen feststellen oder man hat eine Chance, Herodots »curious, though imperfect, portrait of the Scythians« durch die Berichte über die Mongolei und China von den frühesten Missionaren bis zu den jüngsten »honest and intelligent« Reisenden zu ergänzen.[78]

In der Passage zu den Schotten und Pikten liegen Anspielungen auf das zeitgenössische innerbritische Zivilisationsgefälle ebenso nahe wie

eine Bestätigung des Fortschrittsoptimismus. Ammianus Marcellinus
und Hieronymus hatten von dem Stamm der Attacotti berichtet, der
auf Menschenjagd ging und die toten Feinde verzehrte:

> Wenn tatsächlich einst in der Nachbarschaft einer Kultur- und Handels-
> stadt wie Glasgow ein Stamm von Kannibalen gelebt hat, dann können
> wir am Verlauf der schottischen Geschichte die Extreme von wildem
> und zivilisiertem Leben überblicken. Solche Überlegungen führen
> dazu, unsere Gedanken fortzuspinnen und zu der freudigen Hoffnung
> zu kommen, daß eines Tages einmal Neuseeland den Hume der süd-
> lichen Hemisphäre hervorbringen könnte.[79]

Für die Darstellung der Germanen im IX. Kapitel ist Tacitus die wichtigste Autorität für Gibbon. Gerade mit seiner *Germania* erfülle er das
Kriterium, ein »philosophischer Historiker« zu sein:

> Tacitus, der erste Historiker, der eine philosophische Sicht mit der Er-
> hebung von Fakten verband, hat den urspünglichen Zustand von Ein-
> fachheit und Unabhängigkeit der Germanen mit seinem scharfen Blick
> analysiert und mit seinem meisterhaften Stift gezeichnet. Die Präg-
> nanz seiner Beschreibungen hat verdientermaßen den Fleiß zahlloser
> Antiquare ebenso stimuliert wie das Genie und den Scharfsinn der
> philosophischen Historiker unserer eigenen Zeit.[80]

Gibbon hebt aus Caesar und Tacitus die Aussagen zu den Germanen
hervor, die deren Primitivität erkennen lassen: Es handelt sich um Jäger und Hirten, Ackerbau ist ihnen nur in höchst rudimentärer Form
bekannt, die jährliche Neuverteilung des Bodens, die einhergeht mit
der regelmäßigen Aufgabe kultivierten Landes läßt keine Verbesserung der Landwirtschaft erwarten; folglich fehlt es ihnen an Eigentumsvorstellungen als Ferment gesellschaftlichen Fortschritts (»the
possession and the enjoyment of property are the pledges which bind a
civilized people to an improved country«)[81]; sie haben keine Städte,
kennen weder Schrift noch Kunst noch Geld; ihre politischen Strukturen sind locker, die Machtbefugnis ihrer Magistrate eingeschränkt,
die Verbandsbildung entsprechend prekär (»voluntary and fluctua-
ting associations of soldiers, almost of savages«[82]), weshalb sie auch
erst spät eine ernsthafte Gefahr für die Römer wurden. Die Freiheit
der Germanen ist nichts anderes als ein Komplement zu diesen kaum
ausgebildeten politischen Strukturen:

> Ein kriegerisches Volk wie die Germanen, das weder Städte, Literatur,
> Künste und Wissenschaften oder Geld kannte, hat einen gewissen Aus-
> gleich ... in der Freude an seiner Freiheit gefunden. Seine Armut garan-
> tierte seine Freiheit ...[83]

Genauso erklärt sich die Keuschheit der germanischen Frauen, die Tacitus der eigenen Gesellschaft vorhält, schlichtweg aus dem Fehlen jedes »refinement of life«.[84] Gibbon liest Tacitus im Lichte der Zivilisationstheorie; die Übereinstimmung mit quasi-nomologischem Wissen ist es in diesem Fall, die den Befund unangreifbar macht. Wenn Tacitus von den Suionen (in Südschweden) feststellt (*Germania* 44), daß sie einerseits den Reichtum schätzen, andererseits autoritäre politische Strukturen zeigen – ein uneingeschränkt herrschendes Oberhaupt und keinen freien Zugang zu Waffen für die Krieger –, dann erweist sich an der Hervorhebung dieser Ausnahme, daß »the great historian sufficiently acknowledges the general theory of government«.[85]

Im Falle der Germanen bedarf es deshalb auch nicht der Heranziehung ethnographischen Vergleichsmaterials, auch wenn Gibbon in bezug auf die Natur des Landes die Übereinstimmung mit dem Kanada seiner Zeit feststellt.[86] Bezüglich der Germanen, die ja die Vorfahren der meisten europäischen Völker der Moderne darstellen, ergibt sich für Gibbon vielmehr die Notwendigkeit, die wissenschaftlich erhärtete Erkenntnis (»science of philosophy applied to the study of facts«) der fundamentalen Distanz zwischen wilden bzw. barbarischen und zivilisierten Verhältnissen gegenüber diversen Legendenbildungen einzusetzen: gegen Genealogien, die die Germanen mit den Nachkommen Noahs verknüpfen[87], oder gegen die Unterstellung einer protochristlichen Religiosität[88]; und besonders auch gegen den Mythos einer Freiheit in den germanischen Wäldern vor der Etablierung des Feudalismus, wie er zur Abwehr absolutistischer Bestrebungen seit dem späten 16. Jahrhundert in Frankreich, England oder auch Deutschland gepflegt[89] und zuletzt in Montesquieus Lob der englischen Verfassung, die ihre Ursprünge in den von Tacitus beschriebenen Verhältnissen habe, rekapituliert worden war.[90]

Es könnte auch mit dieser Argumentationsabsicht zu tun haben, daß Gibbon nicht zwischen Wildheit und Barbarei (wie z. B. Ferguson oder auch vorher schon Montesquieu[91]) differenziert[92]; ihn interessiert nur – darin stimmt er wieder mit den Ansichten der großen Schotten überein – die fundamentale Grenze des Übergangs zur dauerhaften Landwirtschaft samt den daraus erwachsenden Konsequenzen für die Gesellschaftsordnung. In Gibbons Verfallsgeschichte des Römerreiches ist dies jedoch kein Gegenstand historischer Rekonstruktion und Darstellung.

Die Theorie der Zivilisationsstufen ist auch in der deutschen Spätaufklärung rezipiert worden.[93] Sie findet sich in den geschichtsphilosophischen Entwürfen Iselins, Herders und Kants (die nach Kant als ein Leitfaden a priori die empirische Darstellung nicht überflüssig machen, aber strukturieren soll[94]) wie in den universalhistorischen Schriften der Göttinger Historiker-Schule seit den 1770er Jahren.[95] Die Übernahme war dadurch erleichtert gewesen, daß das Stufenmodell – wie gesehen – nicht notwendig mit der Idee eines irreversiblen Fortschritts verknüpft sein mußte. Gatterer und Schlözer konnten es auch mit der Idee einer zyklischen Rückkehr zur Barbarei (und auch ihrem Festhalten an der von der Bibel vorgegebenen Chronologie) vereinbaren.[96] Was das für die historiographische Praxis (zur antiken Geschichte) hätte bedeuten können, ist eine offene Frage, denn zu einer entsprechenden Umsetzung der neuen Programmatik der Gattungsgeschichte (die in eben dieser Zeit mit der Entwicklung eines naturwissenschaftlichen Konzepts von Menschenrassen eine neue Dimension erhielt[97]) ist es kaum gekommen.

Ein konkreter Anwendungsfall liegt in A. H. L. Heerens *Ideen über die Politik, den Verkehr und den Handel der vornehmsten Völker der alten Welt* vor, deren ersten beiden Teile 1793 und 1796 erstmals erschienen sind. (Es folgten diverse Neuauflagen; der letzte Teil zu den Griechen erschien allerdings erst 1812.[98]) Es handelt sich um eine Länder-, Völker- und Staatskunde der Perser, Phönikier, Babylonier, Skythen, Inder, Karthager, Äthiopier, Ägypter und schließlich Griechen, die inhaltlich (als Sammlung von »Völkergemählden«[99]) in vielem an die Tradition Herodots[100] und Strabos[101] anschloß und in ihrer Grundkonzeption von Montesquieu und dessen Betonung ökologisch-klimatischer Faktoren sowie der neuen Nationalökonomie Adam Smiths beeinflußt war.[102]

Heeren versucht bezüglich des »orientalischen Despotismus« über dieses Erklärungsmodell[103] noch hinauszukommen, indem er betont, daß die asiatischen Staatsgründungen jeweils von Nomaden ausgegangen seien, die auf dieser Zivilisationsstufe keine individuellen Eigentums- und Rechtsvorstellungen gekannt und die nach der Eroberung in einem auf weitere Expansion angelegten Staatsverband ihre militärischen Führungsstrukturen reproduziert hätten.[104] Aber dies bleibt eine aufgesetzte These, die den Unterschied zur europäischen (auf Ackerbau und Städtegründungen basierenden) Staatlichkeit[105] akzentuiert, jedoch keiner wirklichen Überprüfung an empirischem Material ausgesetzt wird.[106] Das gilt im übrigen noch mehr für die These, die Fortexistenz von Polygamie habe mit den politischen Strukturen in einem wechselseitigen Bedingungsverhältnis gestan-

den.[107] Heerens Umgang mit diesen Elementen der Zivilisationstheorie ist auch deshalb enttäuschend, weil er seine Konzeption mit dem
hohen Anspruch vorträgt, einen essentiellen Beitrag zur Staatsfor-
menlehre zu leisten.[108]

B. G. Niebuhr hat in einer Rezension 1813 den letzten Band von Heerens *Ideen* einer scharfen Kritik unterzogen.[109] Grundsätzlich zeigt
Niebuhrs Rezension neue Ansprüche an die historiographische Behandlung der alten Geschichte, denen Heeren nicht gerecht geworden
sei: zum einen die Forderung, den »Nationalgeist« (hier der Griechen)
darzustellen, der sich in Verfassung und Politik manifestiere[110], und
zum anderen neue Maßstäbe der Quellenkritik. Zwar war auch Heeren schon die Frage nach den Überlieferungen, die einer Quelle vor-
ausliegen, geläufig gewesen, doch hatte dies bei ihm noch keine durch-
schlagenden Konsequenzen für die Darstellung gezeitigt.[111] Die
»homerische Frage«, wie sie Friedrich August Wolf 1795 thematisiert
hatte[112], war Heeren selbstredend vertraut[113], aber in seiner eigenen
Darstellung zog er noch keinen deutlichen Trennungsstrich zwischen
der heroischen und der historischen Zeit, wie Niebuhr ihm vorhielt.[114]

Niebuhrs Heeren-Kritik steht auch für den Anfang einer Entwicklung, in deren Folge die universalhistorische Darstellung aus der Geschichtswissenschaft weitgehend eliminiert wurde. Die methodische
Forderung, unmittelbar aus den Quellen zu schöpfen (was entsprechende Sprachkenntnisse erforderte), und die politische Orientierung
am Nationalstaat führten gleichermaßen dazu, daß Alte Geschichte
nun in Form von Nationalgeschichten der Griechen und Römer betrieben wurde und die früher ebenfalls thematisierten Bereiche von
Spezialwissenschaften, von der Orientalistik über die Geographie bis
zur Völkerkunde, behandelt wurden.[115] Da man für die Anfänge der
Nationalgeschichten aber nicht einfach den antiken Legenden folgen
konnte, ergaben sich paradoxerweise neue Bedürfnisse, universalhistorische Vergleiche zur Rekonstruktion eben solcher Nationalgeschichten einzusetzen.

Der Ursprung von Familie, Eigentum und Staat
– im 19. Jahrhundert

Die dritte Weise der reflektierenden Geschichte ist die *kritische*; sie ist anzuführen, weil sie besonders die Art ist, wie in unseren Zeiten in Deutschland die Geschichte behandelt wird. Es ist nicht die Geschichte selbst, welche hier vorgetragen wird, sondern eine Geschichte der Geschichte und eine Beurteilung der geschichtlichen Erzählungen und Untersuchung ihrer Wahrheit und Glaubwürdigkeit. Das Außerordentliche, das hierin liegt und namentlich liegen soll, besteht in dem Scharfsinn des Schriftstellers, der den Erzählungen etwas abdingt, nicht in den Sachen. Die Franzosen haben hierin viel Gründliches und Besonnenes geliefert. Sie haben jedoch solch kritisches Verfahren nicht selbst als ein geschichtliches geltend machen wollen, sondern ihre Beurteilungen in der Form kritischer Abhandlungen verfaßt. Bei uns hat sich die sogenannte höhere Kritik wie der Philologie überhaupt, so auch der Geschichtsbücher bemächtigt. Diese höhere Kritik hat dann die Berechtigung abgeben sollen, allen möglichen unhistorischen Ausgeburten einer eitlen Einbildungskraft Eingang zu verschaffen.

(Hegel, *Vorlesungen über die Philosophie der Geschichte*,
Werke 12, 18)

Die folgenden Ausführungen zum Verhältnis von Althistorie und Sozialanthropologie im 19. Jahrhundert können nur Grundzüge einer komplexen Beziehung nachzuzeichnen versuchen. Es geht um die Wechselwirkung zwischen der Etablierung neuer Standards der Quellenkritik und dem Einsatz sozialwissenschaftlicher Theorien in der Altertumswissenschaft. Eine umfassende Darstellung müßte dies für alle sich im Laufe des 19. Jahrhunderts ausdifferenzierenden Einzeldisziplinen der Altertums- und der historischen Wissenschaften erörtern, namentlich auch für die Bereiche der Mythenforschung, der Sprach-, Religions- und Rechtsgeschichte. Dies kann hier nicht geleistet werden. Es soll nur an einigen Beispielen gezeigt werden, wie eng einerseits die Zusammenhänge zwischen historischen Rekonstruktionen und sozialwissenschaftlichen Theorienbildungen waren und warum andererseits dieses Nahverhältnis gegen Ende des Jahrhunderts in die Krise geriet. Dabei wird auch deutlich werden, daß die inhaltliche und methodische Kontinuität zur Sozialtheorie der Aufklärung weitaus größer war, als es dem Selbstverständnis der historischen Wissenschaften seit dem vorigen Jahrhundert entspricht. Der Evolutionismus, der eine gesetzmäßige Abfolge der Entwicklungsstufen bis zur Zivilisation der Gegenwart unterstellte (die nur von den einzelnen Völkern mit gänzlich unterschiedlichem Tempo durchlaufen würde), stützte sich auf die Vorbilder der Sprach- und der Naturwissenschaft. Für letztere waren vor allem die Geologie und die Paläontologie prägend; der biologische Evolutionismus Darwinscher Provenienz trat erst sekundär hinzu. Die Zeugnisse von frühen Kulturstufen, wie man sie bei den »Primitiven« der eigenen Gegenwart wie in den versteinerten »Überresten« in zivilisierter Gesellschaft erkannte, konnten wiederum auch eingesetzt werden, um sich ein Bild von der Frühzeit der zivilisierten Völker zu verschaffen, aus der bzw. über die keine oder keine glaubwürdige schriftliche Überlieferung vorlag.

Niebuhr, Mommsen und das römische Bodenrecht

Niebuhr und Mommsen markieren zwei entscheidende Stationen des Verwissenschaftlichungsprozesses der Althistorie. Niebuhrs *Römische Geschichte* (= RG im folgenden) von 1811/12 (bzw. die zugrunde liegenden Vorlesungen an der neu eröffneten Berliner Universität) ist von Zeitgenossen wegen ihres Anspruchs, die römische Geschichte überhaupt erst zu rekonstruieren, da man der Überlieferung über die Frühzeit nicht einfach folgen könne, als revolutionär empfunden worden. Mommsen hat zwar grundsätzlich diese Pionierleistung Niebuhrs anerkannt, doch erschienen ihm sowohl die Quellenkritik wie die Rekonstruktionen des Autodidakten Niebuhr als unzulänglich, in gewisser Weise vorwissenschaftlich.[1] Die Radikalisierung der Quellenkritik bei Mommsen bedingte auch, daß er für Aussagen über die römische Frühzeit in höherem Maße auf den Rückgriff auf allgemeine Zivilisationstheorien angewiesen war, als dies bei Niebuhr, der sich hier skeptischer zeigte, der Fall war. Beide ließen sich zudem für die Rekonstruktion des römischen Bodenrechts durch Parallelen in anderen Gesellschaften inspirieren, hier wiederum mit gewissen Unterschieden hinsichtlich der Beweiskraft dieser Analogien.

Niebuhr hat nicht nur die Glaubwürdigkeit der Überlieferung für die römische Königszeit und die frühe Republik in Zweifel gezogen – das hatten in Form von gelehrten Abhandlungen schon Perizonius (1685), Vico und andere getan (die Niebuhr allerdings durchweg ignoriert hatte) –, sondern er wollte eine »Römische Geschichte« vorlegen; die dafür erforderliche Kombination von Untersuchung und Darstellung ist ihm stets ein Problem geblieben und hat auch manche Zeitgenossen verstört. Um eine »Römische Geschichte« von den Anfängen an schreiben zu können, mußte Niebuhr mehr von der Überlieferung zu »retten« versuchen, als bei konsequenter Durchführung der Quellenkritik haltbar gewesen wäre.[2] So entwarf er (ohne sich zunächst seiner Vorläufer Perizonius und Vico bewußt zu sein)[3] die Hypothese, der schriftlichen Überlieferung sei eine Liedertradition vorausgegangen (die besonders die Sichtweise der römischen Plebs widerspiegele) – und speziell für diese Annahme berief er sich auf eine Vielzahl von Parallelen, die die Volksliedforschung seiner Zeit zur Verfügung stellte.[4]

> Perizonius wusste von Heldenliedern nur aus Büchern; dass er noch von lebenden, oder aus dem Munde des Volkes niedergeschriebenen, jemals gehört haben sollte, ist für sein Zeitalter gar nicht denkbar... Für uns waren die Heldenlieder Spaniens, Schottlands und Scandinaviens schon längst Gemeingut; es war unser nationales episches Gedicht schon wieder in die lebendige Litteratur zurückgekehrt; und jetzt, da wir die serbischen, und, den Schwanengesang der hingemordeten Nation, die griechischen Lieder vernehmen; jetzt bedarf es der Antworten auf leere Einreden gar nicht mehr. Wer in dem Epischen der römischen Geschichte die Lieder nicht erkennt, der mag es: er wird immer mehr allein stehen: hier ist Rückgang für Menschenalter unmöglich. (RG 1873, 210f.).

Nimmt man eine Äußerung wie die aus dem Vorwort zur 2. Auflage von RG I (1830) hinzu – »Jede erworbene Kunde über ursprüngliche Institutionen anderer Völker vereinigte sich mit den begonnenen Untersuchungen über verwandte römische« –, dann zeigt sich, daß Niebuhr öfter dazu neigte, der Analogie quasi Beweiskraft zuzuschreiben.[5] (Auch wenn seine Liedertheorie nicht gänzlich ohne Anhalt in den Quellen war.)

Dieses Vergleichsverfahren blieb aber ohne eigentlich theoretische Fundierung. Um vertrackte Probleme der Institutionengeschichte

durch den Vergleich erhellen zu können, glaubte Niebuhr auf empirisch zuverlässige Informationen über entwickelte Rechts- und Ver-
fassungssysteme zurückgreifen zu müssen. Allgemeine Zivilisationstheorien, wie sie z. T. schon in die antiken Quellen eingegangen waren
und dann in der Aufklärung reproduziert worden waren, konnten ihm
nicht weiterhelfen:

> Die Aboriginer werden von Sallust und Virgil als Wilde geschildert,
> welche in Horden, ohne Gesetz, ohne Ackerbau, von der Jagd und
> wilden Früchten lebten. Dies scheint aber nichts anderes als eine Spe-
> culation über den Fortgang der Menschen aus thierischer Rohheit zur
> Cultur zu seyn, dergleichen in dem letztverflossenen halben Jahrhun-
> dert, ohne den Zustand thierischer Sprachlosigkeit zu vergessen, unter
> dem angeblichen Nahmen philosophischer Geschichte, doch vorzüg-
> lich im Ausland, bis zum Ekel wiederholt worden sind. Es wimmelt
> von Citaten aus Reisebeschreibungen bey diesen vorgeblichen beob-
> achtenden Philosophen: aber das haben sie übersehen, daß kein einziges
> Beyspiel von einem wirklich wilden Volk aufzuweisen ist welches frey
> zur Cultur übergegangen wäre, und daß, wo die Cultur von außen auf-
> gedrängt ward, physisches Absterben des Stamms die Folge gewesen
> ist, wie bey den Natticks, den Guaranis, den Stämmen in Neu-Califor-
> nien, und den Missionshottentotten.[6]

Die Rekonstruktion der frühen Menschheitsgeschichte erschien Niebuhr nicht möglich:

> Niemand kann an den Ströhmen der Stämme des jetzigen Menschenge-
> schlechts bis zu ihren Quellen hinaufsteigen; noch weniger die Kluft
> überschauen welche dort die Ordnung zu der wir und die Geschichte
> gehören, von einer früheren trennt (RG I[1],112).

Für Niebuhrs Einsicht in die Eigenarten der römischen Agrarverfassung hat die Beschäftigung mit den zeitgenössischen Verhältnissen in
Indien eine besondere Rolle gespielt.[7] Die Agrarfrage hatte den Ausgangspunkt für seine Beschäftigung mit der römischen Geschichte
dargestellt.[8] Ihm war es darum gegangen, die Ackergesetze der römischen Republik vom Odium eines Eingriffs in das Privateigentum zu
befreien, in das sie im Kontext der Französischen Revolution und der
Agitation für eine *loi agraire* geraten waren. Zugleich sollte dies eine
Entlastung der Bauernbefreiung vom Vorwurf umstürzlerischer Maßnahmen bewirken. (Daß diese Argumentation logisch widersprüch-
lich war, braucht hier nicht weiter zu interessieren.)
Zu der Erkenntnis, daß die römischen *leges agrariae* nur den Teil des
römischen Staatslands (*ager publicus*) betrafen, der (wegen der Über-

schreitung gesetzlicher Höchstgrenzen) von der römischen Aristokratie widerrechtlich okkupiert worden war, hat Niebuhr nach eigenem Bekunden der Vergleich mit den indischen Verhältnissen entscheidend geholfen. Nur so habe er sich einen Reim auf die Rede der Quellen über dauerhafte Besitz- und Pachtverhältnisse machen können:

> Von Besiz und Besizern ist immer die Rede wenn der Nuzung des gemeinen Felds gedacht wird; vom Pachter aber kann nie gesagt werden dass er ein Grundstück besize: Pachtung und Besiz einer Sache sind widersprechende Begriffe.

So war an die Stelle eines zwar falschen aber klaren, verständlichen, in seiner Art fruchtbaren, ein Begriff getreten dem ich jahrelang verzweifelte einen Sinn abzugewinnen: und vielleicht wäre es nie gelungen wenn mir nicht in den Verhältnissen des Grundbesizes und der Grundsteuer in Indien ein lebendiges Bild der römischen Possession, des römischen Vectigal, und dessen Verpachtung, begegnet wäre. In Indien ist der Landesherr alleiniger Eigenthümer des Bodens: kann die Felder welche der Ryot bestellt einziehen wenn es ihm beliebt: dennoch vererbt sie dieser und veräußert sie: er entrichtet einen größeren oder kleineren bestimmten Theil des Ertrags in Früchten: diese Früchte verpachtet oder verkauft der Staat an die Zemindare, sofern er nicht die eines Bezirks oder Grundstücks auf immer an Gotteshäuser und fromme Stiftungen, oder auf Lebenszeit an Angehörige und Diener verliehen hat.

Jenes Verhältniss ist nicht Indien allein eigenthümlich, sondern Spuren desselben finden sich durch ganz Asien: im Alterthum hat es daselbst weit und breit in den bestimmtesten Zügen bestanden: bis in Aegypten wo Pharao alles Land zu Eigenthum hatte, und nur den Kriegern die Steuer erliess. Die Tetrarchen in Syrien waren Zemindare, welche den Fürstenstand usurpirten, wie es durch einen der unglückseligsten Irrthümer welcher jemals Verderben über ein Land gebracht hat, und bey den wohlwollendsten Absichten der Regierung, denen von Bengalen unter Marquis Cornwallis gelungen ist als mediatisirte Fürsten und ausschliessliche Grundeigenthümer anerkannt zu werden (RG 1873, II, 125).

Für die orientalischen Staaten gilt umgekehrt, daß in ihnen das gesamte Eigentum an Grund und Boden in Analogie zum römischen *ager publicus* verstanden werden kann:

> In Indien, wie in der That in ganz Asien und im alten Aegypten, trägt alles Landeigenthum den Charakter des römischen Ager publicus: der Landesherr ist es im strengsten Sinn, und aller Privatbesitz nur darin verschieden ob er seinen Antheil vom Ertrag einfordert, oder erläßt, oder verschenkt. (RG II [1], 352).

Niebuhrs Interesse an Indien geht auf seinen Studienaufenthalt in Großbritannien, speziell in Edinburgh 1798/99 zurück (und ist dann sicherlich durch seine Tätigkeit in der dänischen Ostindienbehörde, 1800–1804, wachgehalten worden). Für die britische Politik in Indien hatte sich in den 1790er Jahren die Frage gestellt, ob man das Hineinwachsen des *zamindar* in die Rolle eines Grundherrn aus fiskalischen wie ökonomischen Gründen akzeptieren bzw. festschreiben sollte (wie dies unter dem von Niebuhr kritisierten Generalgouverneur Lord Cornwallis 1793 geschah) oder ihn wieder auf die ursprüngliche Funktion eines staatlichen Steuereinnehmers reduzieren sollte.[8a] Wie im historischen römischen Fall ging es um die Billigkeit und Zweckmäßigkeit der Restitution ursprünglicher Rechtsverhältnisse gegenüber durch generationenlangen Usus erworbenen Besitzständen, um das Absinken der Bauern auf den Status abhängiger Pächter zu verhindern[8b] – wie sie Niebuhr in beiden Fällen für gegeben hielt. Weiter ließ sich die Parallele zwischen dem indischen *zamindar* und einem römischen Aristokraten, der sich auf dem *ager publicus* festgesetzt hatte, nicht ziehen, denn dieser hatte ja keine staatliche Funktion wie sein indisches Pendant und beherrschte nicht ganze Dorfgemeinschaften; und schließlich war in Rom nicht alles Land Staatsland, sondern es gab daneben Privateigentum am Boden. Niebuhrs Aufmerksamkeit für diese Frage scheint von eben jenem James Grant geweckt worden zu sein, der 1790 eine Untersuchung über die rechtliche Position des *zamindar* (als nur Steuereinnehmer) vorgelegt hatte, wie eine Passage in Niebuhrs Kopenhagener Manuskripten (1804/5) zeigt:

Es wäre ein, alle mühselige‹n› Untersuchungen, die es voraussetzt und erfordert, belohnendes Unternehmen, den Gang der Veränderungen des Landeigentums durch die Geschichte der römischen Kaiser hinab zu verfolgen (über die Stiftung arabischer Kolonien hoffe ich ein andermal zu reden), die Entstehung jener fürstlichen Landgüter aufzusuchen, welche in den Zeiten des Verfalls des Reichs den damals adlig geachteten Familien ungeheure Einkünfte gaben, und den Ursprung der Leibeigenschaft in der mildern Form, welche sie im Mittelalter in Italien und Frankreich trug, aus den Verhältnissen der Römerzeit zwischen dem Gutsherrn und dem Meyer zu entwickeln. Aber diese Untersuchungen gehören in ein weitläufiges Werk, in einen umfassenden »Geist der Gesetze des Landeigentums«, welches zu unternehmen mein gelehrter Freund Mr. Grant zu Redcastle, dessen Untersuchungen die eigentliche Beschaffenheit des Rechts des Landbesitzes in Asien zuerst außer Zweifel gesetzt haben, mich veranlaßt hat. Die gegenwär-

tige Abhandlung ist nur ein kleiner Teil derselben, aber wenn ich sie
‹auch› nicht durch die Ausführung von Materien, die von ihrem eigent-
lichen Gegenstand unabhängig sind, über alles Maß erweitern mag, so
muß die ‹nur› wenige Wahrscheinlichkeit, daß es mir möglich werden
dürfte, jenes Werk in seinem ganzen Umfange auszuführen, es ent-
schuldigen, daß ich mich nicht entschließen kann aufzuhören, ohne
einiges zu erwähnen, woran ich beim Niederschreiben des Vorgehen-
den oft unwillkürlich gedacht habe.[9]

Die zitierte Passage läßt zugleich erkennen, daß Niebuhr sein Interesse an den römischen Agrarverhältnissen im Kontext eines vergleichenden und systematisierenden Ansatzes in der Tradition Montesquieus entwickelt hatte. Ein solches Forschungsinteresse hatte im
übrigen auch der von Göttingen aus organisierten (dänischen) For-
schungsexpedition in den Orient zugrundegelegen, die 1761–67 Niebuhrs Vater Carsten (als schließlich einzigen Überlebenden) nach Arabien, Indien und Persien geführt, und über die er 1772 seine berühmte
Beschreibung Arabiens veröffentlicht hatte. Initiator des Unternehmens
war der Göttinger Orientalist J. D. Michaelis gewesen, der sich von
den Erkenntnissen wissenschaftlich geschulter Beobachter über das
zeitgenössische Arabien neue Möglichkeiten der Auswertung der Bibel als historischer Quelle versprochen hatte.[10] In seinem *Mosaischen
Recht* hat Michaelis 1770 davon gesprochen, es gelte die Überlieferung
über das israelitische Recht mit »den Augen Montesquieus« zu sehen,
und erläutert, daß Zustände bei den immer noch nomadisierenden
Arabern Aufschlüsse über die Frühgeschichte der Israeliten vor ihrem
Übergang zu Ackerbau und Städtegründungen lieferten.[11] Es zeigt
sich also, daß Niebuhr mit seinem komparatistischen Ansatz nicht so
weit von den Erkenntnisinteressen der Aufklärung entfernt war, wie
es einige seiner pronocierten Stellungnahmen suggerieren.[12]

Methodisch läßt sich im übrigen (zumindest aus althistorischer Perspektive) gegen seine Berufung auf die indische Parallele nichts
einwenden; hier hat der Blick auf eine andere Gesellschaft nur eine
heuristische Funktion für die Aufschlüsselung einer schwierigen
Überlieferungslage (deren endgültige Klärung mit schärferen juristi-
schen Kategorien Savigny geleistet hat), doch wird ihm keine Beweiskraft jenseits des Quellenbefunds zugeschrieben.

Niebuhrs Heranziehen der indischen Parallele – er sprach auch verschiedentlich von den Patriziern als Kaste – hat nichts zu tun mit den
neuen Einsichten in die Verwandtschaft des Sanskrit mit den europäischen Sprachen, die nach den Hinweisen von Sir William Jones 1786,

dem Orientalisten und Oberrichter in Bengalen, ein neues Interesse an indischer Kultur begründet hatten.[13] Vor dem Hintergrund des Interesses an physischen Abstammungsgruppen verband sich die Frage nach der Verwandtschaft der Sprachen sehr schnell mit derjenigen nach einer gemeinsamen Herkunft und führte zu einem diffusen Rassenbegriff.[14] Niebuhr hat sich in seinen weitschweifigen Darlegungen zu den Ursprungslegenden der diversen italischen Völkerschaften ausdrücklich von der Annahme distanziert, daß sprachliche Gemeinsamkeiten Beleg für eine gemeinsame Herkunft von Völkerschaften seien[15] (woran sein Rezensent August Wilhelm Schlegel, ein Protagonist der neuen Sprachwissenschaft, selbstredend Anstoß nahm[16]).

Die Anwendung der nunmehr etablierten Sprachwissenschaft läßt sich im 1. Band von Theodor Mommsens *Römischer Geschichte* (= RG)[17] greifen[18], der in erster Auflage 1854, in zweiter 1856 erschien. Mommsen zieht aus seiner Skepsis gegenüber der Überlieferung zur frührömischen Geschichte die Konsequenz, hier überhaupt nur entwicklungs- und strukturgeschichtliche Rekonstruktionen zu geben; so entsteht u. a. ein Bild der Königszeit, ohne daß die Könige überhaupt namentlich genannt werden.[19] Die Frühzeit wird rasch überbrückt, um dann den Prozeß der nationalen Einigung Italiens durch die Römer nachzuzeichnen. Für die Frage nach den Ursprüngen der italischen Völkerschaften gibt er sich erst gar nicht mit den diversen Legenden ab, sondern legt eine Deduktion vor, in der sich die Erkenntnisse der indogermanischen Sprachwissenschaft mit der Theorie der Stufen der Subsistenzweise verbinden.

Italien ist laut Mommsen auffallend arm an Denkmälern der primitiven Epoche; es läßt sich hier keine vorindogermanische Bevölkerung feststellen, die von Jagd und Fischfang gelebt hätte und des Ackerbaus und des Gebrauchs der Metalle unkundig war, wie dies von der »deutschen Altertumsforschung« für England, Frankreich, Norddeutschland und Skandinavien festgestellt worden war und auch für Indien selbst gilt.

> Es ist bisher nichts zum Vorschein gekommen, was zu der Annahme berechtigt, daß in Italien die Existenz des Menschengeschlechts älter sei als die Bebauung des Ackers und das Schmelzen der Metalle; und wenn wirklich innerhalb der Grenzen Italiens das Menschengeschlecht einmal auf der primitiven Kulturstufe gestanden hat, die wir den Zustand der Wildheit zu nennen pflegen, so ist davon doch jede Spur schlechterdings ausgelöscht (RG I,8 f.).

Die Wanderungen der ältesten Stämme sind nicht mehr »nach dem Zeugnis der Geschichte, sondern höchstens auf aprioristischem Wege« nachzuweisen. Zur Feststellung von deren nationaler Individualität sei man nicht allein »auf den wirren Wust der Völkernamen und der zerrütteten, angeblich geschichtlichen Überlieferung« angewiesen; denn es gebe mit den einheimischen Sprachen der in Italien seit unvordenklichen Zeiten ansässigen Völkerstämme eine authentische, wenn auch bruchstückhafte Überlieferung (ebd. 9). Von den italischen Sprachen sei genug bekannt, um ihre Verwandtschaft untereinander sowie mit anderen Sprachen und Völkern festlegen zu können. Das führe zu dem Ergebnis, »daß aus dem gemeinschaftlichen Mutterschoß der Völker und der Sprachen ein Stamm ausschied, der die Ahnen der Griechen und der Italiker gemeinschaftlich in sich schloß; daß aus diesem alsdann die Italiker sich abzweigten und diese wieder in einen westlichen und östlichen Stamm, der östliche noch später in Umbrer und Osker auseinander gingen« (ebd. 14).

Die Sprachwissenschaft kann zwar nicht feststellen, wann und wo die Trennungen stattfanden; »dagegen kann die Vergleichung der Sprachen, richtig und vorsichtig behandelt, von demjenigen Kulturgrade, auf dem das Volk sich befand, als jene Trennungen eintraten, ein annäherndes Bild und damit uns die Anfänge der Geschichte gewähren, welche nichts ist als die Entwicklung der Zivilisation« (ebd.).

Gemeinsamkeiten der Indogermanen insgesamt zeigen sich in den Bezeichnungen für die domestizierten Tiere. »Also schon in dieser fernsten Epoche hatte der Stamm, auf dem von den Tagen Homers bis auf unsere Zeit die geistige Entwicklung der Menschheit beruht, den niedrigsten Kulturgrad der Zivilisation, die Jäger- und Fischerepoche, überschritten und war zu einer wenigstens relativen Stetigkeit der Wohnsitze gelangt« (ebd. 15). Sichere Indizien für Ackerbau gebe es dagegen nicht.

Der Übergang vom Hirtenleben zum Ackerbau der Italiker und Hellenen müsse stattgefunden haben, »nachdem die Inder aus dem Mutterschoß der Nationen ausgeschieden waren, aber bevor die Hellenen und Italiker ihre alte Gemeinsamkeit aufhoben« (ebd. 19). Es zeigten sich allerdings auch Übereinstimmungen der Römer und Griechen mit den keltischen, aber auch deutschen, lettischen und slawischen Stämmen. Die Konsequenzen daraus seien in der Forschung noch nicht gezogen worden, zumal »auch die Geschichtsschreibung immer noch ihre Darstellung der Urzeit vorwiegend, statt dem reichen Schacht der Sprachen, vielmehr dem größtenteils tauben Gestein der Überlieferung« (ebd. 20) entnimmt.

Der Übergang zum Ackerbau bedeutet die Überwindung der entscheidenden Schwelle der Zivilisation. In der Weiterentwicklung zeigen sich bei Griechen und Römern einerseits die Gemeinsamkeiten, die unmittelbar aus den Bedingungen der materiellen Existenz erwachsen und die auch bis auf die Grundlagen der Rechts- und Staatsordnung, wie in der Bedeutung des patriarchalischen Elements, sich auswirken; andererseits setzt auf geistigem Gebiet in Familie und Staat, Religion und Kunst eine je eigentümlich nationale Entwicklung ein, so daß »die gemeinschaftliche Grundlage, auf der auch hier beide Völker fußten, dort und hier überwuchert und unseren Augen fast entzogen ist« (ebd. 23).

Von der Verfassung Roms in der Königszeit gilt, daß sie »auf der älteren italischen, graeco-italischen und indogermanischen Verfassung beruht; aber es liegt doch eine unübersehbar lange Kette staatlicher Entwicklungsphasen zwischen den Verfassungen, wie die Homerischen Gedichte oder Tacitus' Bericht über Deutschland sie schildern, und der ältesten Ordnung der römischen Gemeinde« (ebd. 80). Auch die Betrachtung der Rechtsverhältnisse ergibt, daß die römische Rechtsordnung historisch erst auf einer fortgeschrittenen Stufe der Zivilisationsentwicklung greifbar wird. Summarisch läßt sich sagen,

daß bei den Italikern und insbesondere bei den Römern von den urzeitlichen Zuständen verhältnismäßig weniger bewahrt worden ist als bei irgendeinem anderen indogermanischen Stamm. Pfeil und Bogen, Streitwagen, Eigentumunfähigkeit der Weiber, Kauf der Ehefrau, primitive Bestattungsform, Blutrache, mit der Gemeindegewalt ringende Geschlechtsverfassung, lebendiger Natursymbolismus – alle diese und unzählige verwandte Erscheinungen müssen wohl auch als Grundlage der italischen Zivilisation vorausgesetzt werden; aber wo diese uns zuerst anschaulich entgegentritt, sind sie bereits spurlos verschwunden, und nur die Vergleichung der verwandten Stämme belehrt uns über ihr einstmaliges Vorhandensein. Insofern beginnt die italische Geschichte bei einem weit späteren Zivilisationsabschnitt als zum Beispiel die griechische und deutsche und trägt von Haus aus einen relativ modernen Charakter (ebd. 145 f.).

Während Mommsen sein Bild der Anfänge der Besiedlung Italiens substantiell aus seinen theoretischen Prämissen deduziert hatte, stellt sich seine Rekonstruktion der ursprünglichen Agrarverfassung Roms anders dar. Mommsen nimmt an (in der zweiten Auflage schon mit größerer Gewißheit als in der ersten),[20]

daß in ältester Zeit das Ackerland gemeinschaftlich, wahrscheinlich nach den einzelnen Geschlechtsgenossenschaften bestellt, und erst der Ertrag unter die einzelnen, dem Geschlecht angehörigen Häuser verteilt ward...; wie denn Feldgemeinschaft und Geschlechtergemeinde innerlich zusammenhängen und auch späterhin in Rom noch das Zusammenwohnen und Wirtschaften der Mitbesitzer sehr häufig vorkam. Selbst die römische Rechtsüberlieferung weiß noch zu berichten, daß das Vermögen anfänglich in Vieh und Bodennutzung bestand und erst später das Land unter die Bürger zu Sondereigentum aufgeteilt ward. Besseres Zeugnis dafür gewährt die älteste Bezeichnung des Vermögens als »Viehstand« (*pecunia*) oder »Sklaven- und Viehstand« (*familia pecuniaque*) und des Sonderguts der Hauskinder und Sklaven als »Schäfchen« (*peculium*); ferner die älteste Form des Eigentumserwerbs durch Handangreifen (*mancipatio*), was nur für bewegliche Sachen angemessen ist... und vor allem das älteste Maß des Eigenlandes (*heredium*...) von zwei Jugeren oder preußischen Morgen, das nur Gartenland, nicht Hufe gewesen sein kann. Wann und wie die Aufteilung des Ackerlandes stattgefunden hat, läßt sich nicht mehr bestimmen. Geschichtlich steht nur so viel fest, daß die älteste Verfassung die Ansässigkeit nicht, sondern als Surrogat dafür die Geschlechtsgenossenschaft, dagegen schon die Servianische den aufgeteilten Boden voraussetzt. (RG I, 182 f.).

Das Weideland sei dagegen nicht unter den Geschlechtern (bzw. später den Individuen) aufgeteilt worden, sondern in Staatsbesitz geblieben (ebd. 191). Die Unterstellung einer ursprünglichen Differenzierung zwischen Gartenland und Hof (Individualeigentum), Feldmark (Gemeinbesitz der *gens*) und Weideland (*ager publicus*) beruht auf der juristisch-antiquarischen Methode, aus überholten Rechtsbegriffen auf den früheren Zustand zurückzuschließen. Hinzu kommen sachliche Überlegungen wie die, daß die nach der Tradition als Privateigentum zugeteilten zwei Jugera Land unmöglich – wie Berechnungen sowohl aufgrund antiker wie zeitgenössischer Angaben zeigten – als Ernährungsgrundlage für eine Familie ausreichen könnten (ebd. 183 f., A.3 u. 4).

Mit dem gleichen Verfahren des Rückschlusses aus »sprachlichen... wie sachlichen Anzeichen« hat Mommsen später (1887) in seinem *Römischen Staatsrecht* (III, 22–27; das Zitat 22) seine Annahme begründet, daß als ursprünglicher Eigentümer des Ackerlandes nicht der Staat oder eine seiner Untergliederungen, sondern die *gens*, der erweiterte

Agnatenverband, anzusehen sei. Dem noch in historischer Zeit nach-
weisbaren gentilizischen Erbrecht (beim Fehlen von Testamentserben
oder Agnaten) kommt dabei als »Ueberrest des alten Sammtbesitzes«
(St.–R. III,27) besonderes Gewicht zu.

Mommsens Konstruktion ließ sich grundsätzlich allein aus der römischen Überlieferung herleiten, wie seine Argumentation im *Staatsrecht*
zeigt.[21] Schon in der *Römischen Geschichte* hatte er darauf verzichtet,
sich auf Einzelheiten der genossenschaftlichen Organisationsform unter Berufung auf Vergleichsmaterialien festzulegen. Die Forschung
seiner Zeit hatte in den ursprünglichen germanischen sowie in der –
noch in der eigenen Zeit feststellbaren – südslawischen Institution der
Hauskommunion (*zadruga*) zwei Grundtypen der Feldgemeinschaft
ausgemacht; Wechsel der Felder nach Maßgabe einer vorgeschriebe-
nen Ordnung oder per Los im ersteren, Gemeinsamkeit der Bewirtschaftung und anschließende Aufteilung des Ertrags im letzteren
Fall.[22] Mommsen zog diese Parallelen heran, um bestimmte Möglichkeiten für die römischen Verhältnisse auszuloten, schrieb ihnen
jedoch keine Beweisfunktion zu.[23] Wahrscheinlich war seine Aus-
gangsvermutung in der *Römischen Geschichte* durch die zeitgenössischen
Theorien über eine germanische Markgenossenschaft beeinflußt gewesen[24], doch hatte es Mommsen vermieden, die Rechtsvergleichung
zum Fundament seiner Argumentation zu machen und konnte deshalb auch ohne sie auskommen.

Das hat nicht verhindert, daß spätere Rezipienten seine These über
die ursprüngliche römische Feldgemeinschaft im Lichte der Theorie
vom indogermanischen Kollektiveigentum gelesen haben und entsprechend ihrer Einstellung zu dieser Theorie daraus auf die Plausibi-
lität[25] oder Fragwürdigkeit[26] der Mommsenschen Konstruktion der
ältesten römischen Agrarordnung schlossen. Auf die Entwicklung
dieser allgemeinen Theorie gilt es zunächst einzugehen.

Germanische Markgenossenschaft und indische Dorfgemeinde

Die Frage nach der Eigenart der altgermanischen Agrarordnung ist
mit der nach den Ursprüngen der gesellschaftlichen und staatlichen
Strukturen überhaupt verbunden gewesen. In den vielschichtigen
Diskussionen lassen sich vom späten 18. bis ins frühe 20. Jahrhundert
immer wieder bestimmte Grundmuster der Argumentation feststellen. Konstruktionen, die vom Individuum ausgehen, stehen solchen

gegenüber, die auf Stamm oder Sippe als ursprünglichen Einheiten aufbauen; die Ursprünglichkeit von Privateigentum oder von Kollektiveigentum wird postuliert; die politische Ordnung wird als primär herrschaftlich oder genossenschaftlich geprägt verstanden. Die Diskussion der Juristen, Historiker und Nationalökonomen ist auf vielfältige Weise, mehr oder weniger deutlich und gewollt, in zeitgenössische Auseinandersetzungen um die Agrarstruktur oder die Verfassungsfragen eingebunden.

Bestimmten Aussagen über die germanische Agrarverfassung bei Caesar und Tacitus wird immer wieder eine Schlüsselbedeutung zugeschrieben. Sie seien hier ausführlich wiedergegeben (der lateinische Text findet sich in den Anmerkungen).

Caesar berichtet im *Gallischen Krieg* (4,1,3–10) über die Sueben:

> Die Sueben sind der bei weitem größte und kriegerischste Germanenstamm. Sie haben, wie es heißt, hundert Gaue, von denen sie alljährlich je tausend Mann Bewaffneter zu Kriegszügen aus ihrem Lande führen. Die übrigen, die Daheimgebliebenen, sorgen für ihren eigenen und deren Unterhalt, sie ihrerseits stehen abwechselnd ein Jahr später unter Waffen, während die andern im Lande bleiben. So wird weder der Ackerbau noch die Kriegsführung und -übung unterbrochen. Privates oder getrenntes Ackerland gibt es bei ihnen überhaupt nicht, auch ist es ihnen nicht erlaubt, länger als ein Jahr an einem Platz zu bleiben, um ihn zu bestellen. Bei ihrer Ernährung spielt das Brot keine besonders wichtige Rolle, sie leben größtenteils von Milch und Kleinvieh, auch gehen sie viel auf die Jagd. Dieses ungebundene Leben stärkt mit seiner Ernährung und seiner täglichen körperlichen Übung – von Kindesbeinen an an keine Pflicht und Zucht gewöhnt, tun sie überhaupt nur das, was ihnen paßt – die Körperkräfte und läßt ungeheuer große Menschen heranwachsen. Und sie härten sich so ab, daß sie im kältesten Klima außer Fellen, die wegen ihrer Kleinheit einen großen Teil des Körpers unbedeckt lassen, nichts an Kleidung tragen und in den Flüssen baden.[27]

Später heißt es allgemein von den Germanen (6,22):

> Ackerbau betreiben sie nicht sonderlich eifrig, und der größere Teil ihrer Nahrung besteht aus Milch, Käse und Fleisch. Keiner hat einen abgegrenzten Grundbesitz oder eigene Felder, sondern die Behörden und Fürsten teilen immer für ein Jahr den Sippen und Geschlechtern und anderen Genossenschaften so viel Acker und an der Stelle zu, wie sie für gut befanden, und zwingen sie, ein Jahr später anderswohin zu ziehen. Hierfür führen sie viele Gründe an: Sie sollen nicht, durch anhaltende Gewohnheit verleitet, das Kriegshandwerk gegen den Acker-

bau eintauschen, sollen nicht danach streben, große Ländereien sich anzueignen, und die Mächtigeren sollen nicht die Schwächeren aus ihrem Besitz vertreiben. Sie sollen ferner nicht mit zu großem Bedacht Häuser als Schutz gegen Kälte und Hitze bauen. Es soll auch keine Geldgier groß werden, die Quelle von Parteiungen und Spaltungen. Man will das Volk durch Genügsamkeit zusammenhalten, dadurch, daß jeder sieht, daß sein Besitz dem der Mächtigen gleicht.[28]

Tacitus stellt in der *Germania* (16) fest, daß die Germanen keine geschlossenen Siedlungen kennen:

Daß die Völkerschaften der Germanen keine Städte bewohnen, ja daß sie nicht einmal in sich geschlossene Siedlungen leiden können, ist hinlänglich bekannt. Sie wohnen für sich und zerstreut, wie eine Quelle, ein Feld, ein Gehölz ihnen gerade paßt. Ihre Dörfer legen sie nicht in der Art der unsrigen so an, daß die Gebäude aneinanderstoßen und eine zusammenhängende Zeile bilden; jeder umgibt sein Haus mit einem Hofraum, sei es zum Schutz gegen Brandfälle, sei es aus Unkenntnis baulicher Möglichkeiten.[29]

Über ihren Ackerbau heißt es (26):

Das Ackerland wird je nach der Anzahl der Bebauer von der Gesamtheit im Wechsel in Nutzung genommen, und dann verteilen sie es unter sich nach der Rangfolge; die ausgedehnten Landflächen gewährleisten eine leichte Verteilung. Die Saatfelder wechseln sie jährlich, und doch ist noch weiteres Ackerland vorhanden. Sie ringen nämlich nicht in mühsamer Arbeit mit der Ertragsfähigkeit und Nutzungsfläche des Bodens in der Weise, daß sie Obstgärten anlegen, Wiesen abgrenzen und Gärten bewässern; lediglich Korn verlangen sie von der Erde.[30]

Die Bedeutung dieser antiken Quellen ergab sich natürlich daraus, daß sie für Jahrhunderte – bis zum Beginn der frühmittelalterlichen Rechtskodifizierungen – die einzigen unmittelbaren Quellenzeugnisse darstellten. Sie schienen damit auch Anhaltspunkte für Deutungen des späteren Quellenmaterials auf Überreste der ursprünglichen Strukturen liefern zu können, so daß sich trotz der großen Lücken der Überlieferung ein Bild der gesamten Agrargeschichte von den Anfängen der germanischen Landnahme bis an die Schwelle der eigenen Zeit zeichnen ließ. Nur waren (von aller grundsätzlichen Problematik des Rückschlußverfahrens ganz abgesehen) schon die vermeintlichen Fundamente dieser Konstruktionen schwankend. Denn Tacitus und Caesar boten – selbst wenn man unbefangen die »Wahrheit« ihrer Aussagen unterstellte – weder für sich genommen noch kombiniert ein eindeutiges Bild; sie ließen sich in dieser Weise nur zum Sprechen

bringen, wenn man sie selbst schon im Lichte vorgefaßter Theorien auswertete. Bei aller Unterschiedlichkeit im einzelnen wurde die Prämisse der sogenannten »Historischen Rechtsschule« von der organischen Selbstentfaltung des Rechts, die den Zusammenhang zwischen Vergangenheit und Gegenwart verbürgt, allgemein geteilt und (nach heutigem Verständnis) unhistorisch vorausgesetzt.[30a]
Justus Möser hatte in seiner *Osnabrückischen Geschichte* (1768) den Aufbau der Agrar- und Sozialordnung von den Eigentümern von Einzelhöfen ausgehen lassen, die sich erst später (mittels eines eigenartigen Sozialkontrakts) zu Verbänden zusammengeschlossen hätten.[31] Zeitgenössische Strukturen in seiner Heimat[31a] und die Feststellungen bei Tacitus über das Fehlen geschlossener Siedlungen ergaben für ihn ein stimmiges Bild.[32] (Tacitus war natürlich auch wegen seines Zeugnisses für die altgermanische Freiheit eine bevorzugte Quelle.[33]) Caesars Aussagen könnten dagegen nur für die Sueben gelten; schon die natürliche Beschaffenheit des Landes in Westfalen schließe ihre Anwendbarkeit auf die Verhältnisse ebendort aus.[34] Mösers Linie, die – deutsche – Verfassungsgeschichte vom Privateigentum an Grund und Boden her zu rekonstruieren, haben im 19. Jahrhundert u. a. Eichhorn und J. Grimm weiterverfolgt.[35] Die These von der germanischen Feldgemeinschaft wurde von einer agrarhistorischen Forschungsrichtung getragen, die in den Flurformen den Schlüssel zur Rekonstruktion der Geschichte der Eigentumsverhältnisse sah. In Arbeiten von Georg Hanssen (1835–36)[36] bis August Meitzen (1895)[37] wurde unterstellt, daß man bei kontinuierlicher Besiedlung noch in den Flurformen des 18. Jahrhunderts (vor der Aufhebung von Allmenden) die Grundmuster der ursprünglichen Ansiedlung unter den späteren Modifikationen identifizieren könne.[38] Geschlossene Dorfstrukturen mit gleichmäßiger Parzellierung des Ackerbodens galten als Ausweis einer ursprünglichen Feldgemeinschaft, in der es auch am Ackerland nur Nutzungsrechte für die einzelnen gegeben habe; die Praxis der Zuteilung durch Los und / oder einer regelmäßigen Neuverteilung der Akkerparzellen schien zum einen durch entsprechende Verfahren in den sogenannten Gehöferschaften des Trierer Raums und in Eifel und Hunsrück verbürgt[39] und zum anderen durch die Hinweise bei Caesar, möglicherweise auch Tacitus.
Die juristische Ausformung der Feldgemeinschafts-These hat Georg von Maurer in seinen Arbeiten zur Markenverfassung Anfang der 1850er Jahre vorgenommen, in denen er zugleich eine Erklärung über den Ursprung des Staates lieferte.[40] Maurer zog für die germanischen

Verhältnisse das römische Bodenrecht, wie es Niebuhr und Savigny rekonstruiert hatten, zum Vergleich heran.[41] Auch das aufgeteilte Akkerland sei noch Eigentum der Gesamtheit geblieben und dem einzelnen nur zum Besitz (*possessio*) überlassen; entsprechend habe auch die Gesamtheit über die Art und Weise der Bewirtschaftung entscheiden können.[42] Das unaufgeteilte Land, von dem Tacitus berichtet, sei *ager publicus* geblieben. Als das ursprünglich zur Nutzung zugeteilte Akkerland schließlich in Privateigentum überführt worden sei, sei parallel dazu dieser *ager publicus* Privateigentum des Herrschers geworden und habe so die Grundlage seiner Herrschaftsrechte dargestellt. Maurer hat die gesamten späteren Rechtsquellen einseitig im Hinblick auf genossenschaftliche Implikationen ausgelegt.[43] Für die Rekonstruktion des Ausgangspunktes treten wieder die antiken Quellen ein, die ein typisches Übergangsstadium vom Nomadismus zum seßhaften Ackerbau erkennen lassen. »Der Gang der Geschichte überhaupt und die ältesten auf uns gekommenen Nachrichten« verbürgen zusammengenommen die Wahrheit dieser Annahmen:

> Herumziehende Hirtenvölker waren es, die Deutschland zuerst bevölkerten. Wie bei anderen Nomaden, so war zwar auch bei ihnen Viehzucht und also der Besitz reichlicher Weide die Hauptsache. Indessen konnten denn doch auch sie in die Länge ohne Ackerbau ebensowenig bestehen, wie dieses bei anderen Wandervölkern älterer und neuerer Zeit der Fall war. Und gerade in diesem Momente der mit dem Ackerbau vereinigten Nomadenwirthschaft, wobei jedoch die Viehzucht als Hauptsache, der Feldbau aber als etwas Untergeordnetes erschien, befanden sich zu Julius Cäsar's Zeiten von den ihm bekannt gewordenen germanischen Völkerschaften die Sueven.[44]

Einzelhöfe habe es, trotz allem, was seit Möser darüber fabuliert worden sei, nicht gegeben. Geschlechts- und Stammesgenossenschaften hätten vielmehr schon vor der Niederlassung bestanden. In dem Sinne müsse man auch die von Möser herangezogene Tacitus-Stelle richtig verstehen; der, »nachdem er von Einzelhöfen gehandelt, unmittelbar nachher von Dörfern (*vici*) spricht, darunter also nur Vereine von Einzelhöfen verstanden haben kann«.[45]

Der Streit der verschiedenen Denkschulen bezog sich deshalb besonders auf den Aussagewert dieser Quellen.[46] Die einen sagten, Caesar habe nicht über zuverlässige Informationen verfügt, schildere sachlich unmögliche Zustände (daß bereits kultiviertes Land wieder aufgegeben werde) oder könne nur für den Ausnahmefall der Sueben gelten bzw. für irreguläre Verhältnisse unter Kriegsbedingungen; schließlich stimme er mit Tacitus nicht überein, der von fester Ansiedlung der Germanen ausgehe.

Die Verfechter der Feldgemeinschafts-These verwiesen auf Caesars Kompetenz als Beobachter und seine Informiertheit oder auch darauf, daß man, wenn man Caesar und Tacitus in diesen Punkten in Frage stelle, schließlich die gesamte antike Überlieferung über die Germanen in Zweifel ziehen könne. Sachlich wurden die Quellenaussagen damit gestützt, daß die jährlichen Wechsel nur eine Rotation der Felder innerhalb der Sippenverbände bedeuteten; daß Caesar Verhältnisse schildere, wie sie für eine Übergangsphase zwischen Nomadentum und Seßhaftigkeit mit nur sporadischem Ackerbau charakteristisch seien und daß sich schließlich die Differenz zwischen Caesar und Tacitus durch das Fortschreiten des Zivilisationsprozesses erklären lasse.[47] Diese Argumentation wiederholt (im Regelfall wohl, ohne sich dessen bewußt zu sein) nur Argumente, wie sie auch schon die schottischen Aufklärer verwendet hatten. Und was die Quellenkritik angeht, sind beide Seiten nicht wesentlich über das dort erreichte Niveau hinausgekommen: allgemeine Glaubwürdigkeits- und Plausibilitätsprüfungen, Sachkritik und (auf einer Seite) die Beziehung auf allgemeine Zivilisationstheorien und die damit verbundenen Vergleiche mit anderen Gesellschaften.

Die Verfechter der Feldgemeinschafts-These glaubten sich zunehmend durch eine Vielzahl vergleichender Untersuchungen in ihrer Annahme bestätigt, daß die Feldgemeinschaft »die älteste Grundlage einer geselligen Ordnung der Ackerbau treibenden Völker« darstelle.[48] Sie erschien somit nicht nur als ein pangermanisches Phänomen (auch das war schon eine erhebliche Generalisierung, die allerdings kaum problematisiert wurde)[49], sondern als eine zumindest indoeuropäische, wenn nicht gar universale Entwicklungsstufe. Für die Annahme, die Feldgemeinschaft sei ein indoeuropäisches Phänomen, konnte man sich auf eine Vielzahl von Parallelen berufen, die man empirisch unter russischen, südslawischen, keltischen, indischen etc. Verhältnissen ausmachte.[50] Was immer es mit der Dignität der Einzelbeobachtungen auf sich hatte, die entscheidende Crux war jeweils die Unterstellung, die genossenschaftlichen Phänomene repräsentierten den Urzustand. Ein schlagendes Beispiel bietet die Forschungsgeschichte zur russischen Dorfgemeinde, dem *mir*.[51] In ihm verfügte der einzelne Bauer nur über seinen Hof als Eigentum, während alles Land der Gemeinde gehörte, die das Ackerland dem einzelnen zur Nutzung anwies und periodische Neuverteilungen vornahm. Der west-

fälische Agrarexperte August Freiherr von Haxthausen hatte das Phänomen auf seiner Rußlandreise 1843 »entdeckt« und mit seinem
Reisebericht (1847–52) ein lebhaftes Interesse inner- und außerhalb
Rußlands entfacht, wobei besonders seine Kontinuitätsthese in slawophilen Kreisen Resonanz fand.[52] Doch war diese eine Projektion, die
ihn dazu verleitete, den Quellenbefund ganz einseitig im Sinne der
genossenschaftlichen Theorie auszulegen. Haxthausen hatte schon
1829 aufgrund eigener Beobachtungen im Raum Corvey und unter
Rückgriff auf die einschlägigen Passagen bei Caesar und Tacitus eine
Theorie entwickelt, die in der Sache die Modelle Hanssens und Maurers vorweggenommen hatte. Diese Konzeption übertrug er nun auf die
russischen Verhältnisse.[53] Maurers Arbeiten sind dann ebenfalls zur
Deutung des russischen Phänomens herangezogen worden, und umgekehrt hat das russische Beispiel zur Stützung der Theorie von der
Feldgemeinschaft als universaler Entwicklungsstufe beigetragen.[54]
Der Kreislauf der Fiktionen schloß sich so. Das gilt mutatis mutandis
auch für die Einbeziehung der indischen Dorfgemeinschaft in diese
Konzeption, die zumal durch Henry Sumner Maine[55] vorgenommen
wurde.

Die Evolution von Recht und Familie bei den »Ariern«

Maine hatte mit *Ancient Law* (1861) eine Theorie der Evolution des
Rechts vorgelegt, die auf der Methode der deutschen historischen
Rechtsschule und der vergleichenden Sprachwissenschaft aufbaute.[56]
Die berühmte Formel »from status to contract« (die F. Tönnies später
in die Dichotomie von »Gemeinschaft und Gesellschaft« übersetzte[57])
steht für eine Entwicklung von primitiven zu modernen Verhältnissen, die zur Ablösung kollektiven Eigentums durch Privateigentum,
zur Organisation der Gesellschaft auf der Basis territorialer anstelle
verwandtschaftlicher Einheiten führt. Das Römische Recht bietet laut
Maine das Material, um diesen Entwicklungsprozeß nachzuvollzie-
hen, denn einerseits zeigt es Überreste aus ältester Zeit, und andererseits enthält es in nuce alle späteren Institutionen: »a body of law …
bearing in its earlier portions the traces of the most remote antiquity
and supplying from its later rules the stable of the civil institutions by
which modern society is even now controlled«.[58] Somit eröffne das
Römische Recht »the only sure route by which the mind can travel
back without a check from civilisation to barbarism«.[59]

Die Methode ist das juristisch-philologische Rückschlußverfahren, das sich ergänzen läßt durch die Erkenntnisse über die zeitgenössischen Verhältnisse in Indien, die als eine Art Museum der indoeuropäischen Urzeit fungieren:

> Wenn das Studium der Rechtswissenschaft in philosophischer wie historischer Hinsicht in England vorankommen soll, sind nach meiner Überzeugung zwei Felder der Erkenntnis unverzichtbar, nämlich Indien und das Römische Recht. Indien, weil es eine wahre Fundgrube für empirisch nachweisbare alte Rechtsbräuche und -vorstellungen darstellt; das Römische Recht, weil es, aufs Ganze seiner Entwicklung gesehen, diese alten Bräuche und Denkweisen mit den Rechtsideen unserer eigenen Zeit verknüpft.[60]

Indien »includes a whole world of Aryan institutions, Aryan customs, Aryan laws, Aryan ideas, Aryan beliefs, in a far earlier stage of growth and development than any which survived beyond its borders«[61] – das ist die fundamentale Prämisse Maines, die er durch die Ergebnisse der vergleichenden Sprachwissenschaft gesichert sieht (die in England vor allem durch F. Max Müller, einen Schüler Franz Bopps, etabliert worden war[62]).

Da er sich methodisch an die vergleichende Philologie und vergleichende Mythenforschung anlehnte, hielt Maine (dessen Argumentationsweise aus heutiger Sicht extrem axiomatisch anmutet[63]) seine Ergebnisse für historisch gesichert und empirisch gesättigt:

> Unsere Untersuchung fällt nur insofern in den Bereich der *Comparative Jurisprudence*, wie diese in Analogie zur *Comparative Philology* oder *Comparative Mythology* verstanden wird. Wir werden eine Anzahl gleichartiger Phänomene mit der Absicht untersuchen, einige von ihnen, wenn möglich, in eine historische Abfolge zu bringen. Ich wage zu sagen, daß diese vergleichende Methode, die schon so wunderbare Ergebnisse erbracht hat, sich in einigen ihrer Anwendungen nicht von der historischen Methode unterscheidet. Wir nehmen eine Anzahl von Fakten, Ideen, Sitten unserer Gegenwart und erschließen ihre jeweiligen vergangenen Formen nicht allein aus einschlägigen historischen Darstellungen, sondern auch aus solchen Mustern des Vergangenen, die noch nicht aus der Welt verschwunden sind.[64]

Er glaubte so, auch empirisch die Annahmen der Sozialvertragstheorie und des zeitgenössischen Utilitarismus widerlegen zu können.[65] Die indische Dorfgemeinschaft, bestehend aus Familien, die sich auf einen gemeinsamen Ahnen zurückführen, und organisiert auf der Basis von Kollektivbesitz[66], bewies für Maine die Ursprünglichkeit dieser Organisationsform gegenüber Theorien, die vom Individuum ausgingen. (Das impliziert bei Maine aber kein Plädoyer für das Festhalten an gebundenen Eigentumsformen; in bezug auf Indien plädiert er für bzw. praktiziert er später eine Reformpolitik, die den Übergang zur Moderne fördern soll.)[67]

Was es mit der Ursprünglichkeit der Dorfgemeinde und der Stagnation der indischen Gesellschaft auf sich hatte, ist von Maine (*The Village Community in the East and West*, 1871) mehr vorausgesetzt als untersucht worden. Das Anfang des Jahrhunderts in englischen Parlamentsberichten gezeichnete Bild der indischen Dorfgemeinde (die Grundeinheit für das Steuersystem war) war – charakteristisch für eine stereotype Sicht von außen – in der späteren Diskussion ungeprüft tradiert worden.[68] Für Maine lag auch deshalb kein Problem darin, weil sein Modell der indischen Dorfgemeinde mit dem übereinstimmte, was Haxthausen für Rußland[69], Maurer für die germanischen Verhältnisse[70] und andere (in seinem bzw. der früheren deutschen Forschung Gefolge) für die frühe englische Sozialverfassung[71] »bewiesen« hatten, was man von der südslawischen Hauskommunion wußte[72] und was sich schließlich aus der Rolle der römischen *gens* ergab.

Die römische Sozialstruktur war für Maine noch in anderer Hinsicht wichtig. Sie bewies in seinen Augen, daß die patriarchalische Familie die ursprüngliche gesellschaftliche Organisationsform darstellte. Bemerkenswert ist seine Replik[73] auf Kritik von Morgan und McLennan, die (worauf noch zurückzukommen ist) in den 1870er Jahren die These von der späten Entstehung dieser Familienform auf ethnologisches Material ihrer eigenen Zeit gestützt hatten. Maine erklärt, ihm sei es nicht um »the absolute origin of human society«, sondern nur um einen »account upon rational evidence of primitive or very ancient social order« gegangen; darum, »to trace the real, as opposed to the imaginary, or the arbitrarily assumed, history of the institutions of civilised men«.[74] Während er sich selbst, gerade weil er auf schriftliche Quellen baut, auf sicherem methodischem Grund wähnt, hält er den Kontrahenten entgegen, daß Beobachtungen in fremden, andersartigen Gesellschaften notorisch unzuverlässig seien. Dies gelte speziell in Fragen der Geschlechterbeziehungen:

> Nach meinem Eindruck gibt es keinen Bereich, in dem schwerer verläßliche Information zu gewinnen ist, als den der Beziehungen zwischen den Geschlechtern in einer Gesellschaft, die sehr verschieden von derjenigen ist, aus der der Forscher stammt. Die Aussagen, auf die er trifft, sind wahrscheinlich von zwei sehr starken Regungen – Schamgefühl

und alberner Verachtung – beeinflußt, und er selbst sieht fast immer die an ihn herangetragenen Fakten in einer falschen Perspektive. Zahllos sind allein die in England geläufigen falschen Vorstellungen über die diesbezüglichen Verhältnisse in Frankreich, in einem Land, das uns geographisch wie zivilisatorisch doch so nahesteht.[75]

Die so zustandekommenden Aussagen über gesellschaftliche Institutionen bei zeitgenössischen »Primitiven« sollten entsprechend auch nicht generalisiert werden. Wenn man etwas über die römischen Verhältnisse aussagen wolle, tue man gut daran, sich an Varro zu halten und nicht an die Verallgemeinerungen bei Morgan oder McLennan.[76] Und was die Ursprünge der Gesellschaft angehe, so solle man lieber der antiken Überlieferung folgen, denn die Griechen seien nicht nur ausgezeichnete Beobachter der menschlichen Natur gewesen, sondern hätten auch den nicht mehr einzuholenden Vorteil gehabt, in ihrer Zeit Völker der gleichen Rasse beobachten zu können, die sich noch im Zustand der Barbarei befunden hätten.[77] Und schon in *Ancient Law* hatte Maine gemeint, daß sich eine solche Beobachtungssituation, wie sie Tacitus gegenüber den Germanen gehabt habe, in späteren Zeiten nicht mehr wiederholt hätte.[78] Für Maine – wie z. B. auch Max Müller[79] – bietet der Rückgriff auf die antiken Quellen wegen des Vertrauens in die Beweiskraft der vergleichenden Sprachwissenschaft somit eine seriösere Möglichkeit zur Erhellung des Entwicklungsgangs der menschlichen Gesellschaft (wobei sich die Geltung der eigenen Aussage bei Bedarf wieder auf die Indogermanen einschränken ließ), als es die Heranziehung ethnographischer Berichte der eigenen Zeit leisten könnte.

Die Gemeinsamkeit indogermanischer Institutionen steht auch als grundlegende Annahme hinter Fustel de Coulanges' Modell der *Cité antique* (1864).[80] Fustel kommt allerdings zu gegensätzlichen Ergebnissen wie Maine[81] (dessen *Ancient Law* er wohl nicht kannte), da er vom Privateigentum am Boden ausgeht. Fustel handelt in der Sache ausschließlich über die griechisch-römische Antike. Die indische Überlieferung, auf die er sich verschiedentlich beruft, hat er wohl nur sehr eingeschränkt gekannt, führt sie jedenfalls selten im Detail an. Doch sind die pauschalen Verweise auf die indische Religion für ihn insofern von grundsätzlicher Bedeutung, als aus der Übereinstimmung zwischen indischen und griechisch-römischen Quellen die Ursprünglichkeit »arischer« Institutionen abgeleitet wird:

> Daß man diese Glaubensvorstellungen und Bräuche (sc.: das heilige Herdfeuer betreffend) zugleich bei den Völkern der Mittelmeerküsten

und bei denen der indischen Halbinsel findet, ist ein sicherer Beweis für ihr hohes Alter. Die Griechen haben diese Religion gewiß nicht von den Hindu empfangen, noch die Hindu von den Griechen. Aber die Griechen, die Italiker und die Hindu gehörten derselben Rasse an; ihre Vorfahren hatten zu einer sehr weit zurückliegenden Zeit in Mittelasien zusammen gelebt; hier hatten sie diese Glaubensvorstellungen ersonnen und diese Riten entwickelt. Die Religion des heiligen Feuers entstammt also der fernen und dunklen Epoche, in der es weder Griechen noch Italer, noch Hindu, sondern nur Arier gab. Als sich die Stämme voneinander trennten, verpflanzten sie diesen Kult, die einen an die Ufer des Ganges, die anderen an die Küsten des Mittelmeers. Später haben diese voneinander getrennten und isolierten Stämme sich jeweils eigene Götter geschaffen und den Brahma, den Zeus und den Janus angebetet. Aber alle haben die ursprüngliche Religion, die sie an der gemeinsamen Wiege empfingen und ausübten, wie ein uraltes Vermächtnis bewahrt.[82]

Diese Prämisse rechtfertigt ein Verfahren, das griechische und römische Quellen promiscue einsetzt und aus ihnen als Überreste auf ursprüngliche, von ihnen selbst nicht bezeugte Verhältnisse zurückschließt.[83] Hierfür stützt sich Fustel ganz auf die antiken Quellen, die er in virtuoser Weise aus den unterschiedlichsten Genres und Zeiten als Mosaiksteine aufnimmt.[84] Quellenkritik findet nicht statt, wissenschaftliche Literatur wird sozusagen demonstrativ ignoriert. »Ich irre mich lieber mit Livius als mit Niebuhr; lieber mit Gregor von Tours als mit Sohm« heißt es in einem (posthum edierten) Fragment.[85]

So kommt Fustel zu seinen Thesen, daß das Privateigentum an Grund und Boden der Sicherung der Gräber der Ahnen gedient hätte; daß die grundlegende soziale Organisationsform die Familie, und daß die *gens* (ebenso wie das griechische *genos*) ein tatsächlicher Familienverband gewesen seien und sich aus diesen Strukturen durch sukzessive Erweiterung der Staat entwickelt hätte. Mit der Notwendigkeit, bisher nicht integrierte Gesellschaftsgruppen einzubinden, und mit neuen Formen der Religiosität (der Verehrung von Naturgöttern) sei eine Zeit der Umwälzungen eingetreten, in der die primäre religiöse Fundierung des Eigentums in einer prekären Freiheit der Alten aufgehoben worden sei, die keine Schranken für staatliche Eingriffe gekannt habe (wovon der Terror der Antike-begeisterten Französischen Revolution ein Spiegelbild gegeben habe[86]). Die Argumentation ist weder in sich konsistent, noch läßt sie sich auf den Quellenbefund stützen. Doch braucht uns dies hier im einzelnen ebensowenig zu beschäftigen wie die Frage, ob bzw. wie sich bestimmte Überlegungen von Fustel so formalisieren ließen, daß sie heutiger Forschung, die seine grundsätzliche Frage nach dem Zusammenhang von Religion, Recht, Verwandtschaftssystem und Staatlichkeit aufnehmen will, als Anregung dienen können.[87]

Hier kommt es zunächst nur auf die Feststellung an, daß Fustel sich in deutlichen und bewußten Gegensatz zu der deutschen altertumswissenschaftlichen Forschung seit Niebuhr setzte, indem er Quellenkritik ebenso ablehnte wie eine Behandlung der Antike in Form von Nationalgeschichten. Und zudem verfocht er im Gegensatz zu einer politischen Aktualisierung der Geschichte eine aus der Revolutionserfahrung gespeiste starke Betonung der Distanz zwischen Antike und Gegenwart.[88]

Die methodische Distanzierung Fustels von der deutschen Wissenschaft hatte selbstredend auch politische Implikationen, die dann in der Zeit nach 1871 deutlich hervortraten, in der Fustel sich der frühmittelalterlichen Geschichte zuwandte.[89] Mit seiner Betonung der Kontinuität spätrömischer Grundherrschafts-Verhältnisse im Frankenreich wehrte er die – aus nationalen wie gesellschaftspolitischen Gründen gleichermaßen suspekte – Übertragung der Markgenossenschaftsthese auf die frühe französische Geschichte ab.[90] Er hat sich explizit mit Maurers Theorie und auch ihrer Projizierung auf die römische (Mommsen) wie griechische Antike (Viollett 1872) bzw. ihrer Generalisierung zu einer universalen Entwicklungsstufe (Laveleye 1874) auseinandergesetzt. Er beharrte darauf, daß die jeweils angeführten Belege die These nicht tragen könnten, weil sie bestenfalls (wie bei Maurers Hineinlesen des *ager publicus*-Konzepts in den Tacitus-Text) diesen spezifischen Sinn dann ergäben, wenn man die Geltung der Theorie schon voraussetzte. Mit seiner Art der sorgfältigen Darlegung der einzelnen Belege, die hier nun nach Genre und Zeit differenziert werden, fühlte er sich (insofern zu Recht) einer circulär argumentierenden komparatistischen Methode überlegen. Allerdings sah er nicht, daß sich dies mit mindestens genauso guten Gründen auch gegen seine eigene Vorgehensweise in *La Cité antique* anwenden ließ, fühlte sich vielmehr in der dort aufgestellten Theorie bestätigt (und stieß auch nicht zu einer höheren Quellenkritik vor, die nach den Voraussetzungen fragte, die den Quellenaussagen zugrundeliegen).

Mutterrecht und Gentilverfassung

Fustels Quellenbehandlung in *La Cité antique* läßt sich mit derjenigen Johann Jakob Bachofens in seinem berühmten Werk über das *Mutterrecht* vergleichen, das drei Jahre vor Fustels Buch 1861 erschien. (Zwischen beiden Autoren haben anscheinend weder damals noch zu einem späteren Zeitpunkt Verbindungen bestanden.)

Bachofen, der aus der Schule Savignys stammte, betonte ebenfalls die Distanz zwischen Antike und Gegenwart, die ihm in bestimmten Hinsichten auch in der Historischen Rechtsschule nicht immer genügend gewahrt schien.[91] Er protestierte leidenschaftlich gegen die neue Art der Quellenbehandlung, wie sie von Niebuhr und Mommsen gehandhabt wurde.[92] »Was würde die Welt von Rom wissen, bliebe ihr als Quelle der Kenntnis nichts übrig als Niebuhr oder Mommsen?... Was das selbstgefällige 19. Jahrhundert und einige von modernen Ideen durchdrungene Zöglinge heutiger Kultur über Rom und Römer denken, kann die überlieferte Geschichte nicht ersetzen. Aus ihren Worten lernt man nur sie, nicht die Alten kennen«, heißt es in einer Rezension 1858.[93] In einem Brief von 1851 hat er Formulierungen verwendet, auf die Fustels spätere Äußerungen wie ein Echo wirken:

> Niebuhr ist ein Genius, den ich immer gern habe. Aber seine Richtung und ... Auffassung ... werde ich immer mehr bekämpfen, je weiter ich fortschreite. Ich verwerfe diese Schulmeisterei, die, statt zu erklären, verwirft und nach eigenen Anschauungen rekonstruiert. Ich bin conservativ und nicht zerstörend, und glaube immer noch, daß Livius, Cicero, Dionys von ihres Volkes Art und Geschichte viel mehr gewußt haben, als Niebuhr. Der Geschichtsforscher lauscht und erklärt, er meistert nicht und zerstört nicht.[94]

Die politische Aktualisierung der römischen Geschichte durch Mommsen war dem (auch für sein Milieu) erzkonservativen Basler Großbürger ein Greuel.[95] Seine Aversionen gegen politische Lehren von einer Art, »daß der Satan sich ihrer zu freuen habe«, seine Polemik gegen die »Zurückführung Roms auf die Lieblingsideen des flachsten modernen Preußischen Kammerliberalismus«, steigerten sich (in Briefen) zu Ausfällen von schon pathologischer Dimension[96] gegen den »modernen Berliner Hohlkopf«, dem zugleich »bodenlose Genialität« bescheinigt wurde.[97]

Bachofen hatte 1851 zusammen mit seinem älteren Basler Kollegen Gerlach eine Römische Geschichte vorgelegt, die das Geschichtsbild

der augusteischen Zeit reproduzierte.[98] Wenn man Geschichte als
»Inbegriff dessen, was eine frühere Zeit rücksichtlich ihrer Vergan-
genheit geglaubt hat« verstehen wollte (so die Charakterisierung des
Werkes durch einen zeitgenössischen Kritiker)[99], dann war dies ein
methodisch grundsätzlich nachvollziehbares (wenngleich durch die
Entwicklung der Forschung eigentlich obsolet gewordenes) Verfahren.
Doch selbst davon konnte in bezug auf die späteren Werke, die Bach-
ofen (nunmehr als Privatgelehrter) vorlegte, keine Rede mehr sein.

Es sollte die »geistige Wahrheit« erkannt werden, anstatt einer »hoff-
nungslosen Ermittlung der historischen Wahrheit« zu folgen[100], die
notwendig »in Zweifel, Verwirrung und trostlosem Nihilismus enden«[101] müsse. Wie man auf der Basis einer unbedingten Gläubigkeit in
die antike Überlieferung eine »Entwicklungsgeschichte der Menschheit« bzw. die »Urzeit des Menschengeschlechts«[102] oder Kulturstufen
von universaler Geltung[103] rekonstruieren konnte, blieb dagegen gänzlich offen. Bachofen hat (sich) über seine Verschränkung von ge-
schichtsphilosophischer Spekulation und antiquarischer Kompilation
keine Rechenschaft abgelegt. Er berief sich auch nicht auf vermeintlich
durch die Sprachwissenschaft gesicherte indoeuropäische Zusammenhänge, sondern auf die »Gleichartigkeit und Gesetzmäßigkeit der
menschlichen Natur«.[104]

Seine Vorstellung von der Entwicklung der Menschheit wird in einer
Weise zur Aufschlüsselung des immensen Materials (das Buch hat
einen Umfang von 1000 Seiten) eingesetzt, die die Überprüfung der
These am empirischen Befund ausschließt. Bachofens Grundidee ist,
daß sich die Abfolge der Zivilisationsentwicklung anhand der Ge-
schlechter- und Familienverhältnisse strukturieren lasse.[105] Auf eine
Stufe der allgemeinen Promiskuität sei eine zuerst mutterrechtlich,
dann vaterrechtlich organisierte Familie gefolgt. Es handle sich dabei
um universal vorkommende Kulturstufen, die jeweils für eine Gesamtheit gesellschaftlicher Zusammenhänge stünden, so auch für die
– von Bachofen immer wieder als primäre Wirkkraft auf die gesellschaftlichen Verhältnisse angesehene – religiöse Entwicklung von der
Verehrung des Erd-, über das Mond- bis zu der des Sonnenprin-
zips.[106] Bachofen stellt die Zusammenhänge mit Subsistenzweise und
Recht her. Der Übergang von der ursprünglichen Stufe der Promiskuität zum Mutterrecht erfolge mit der Wendung zur Seßhaftigkeit
und zum Ackerbau, die zur Entstehung von Eigentum führe und Erb-
regelungen erforderlich mache. Bachofens Konstruktion stützt sich,
wie schon erwähnt, fast ausschließlich auf die – als solche imponie-

rende – Ausschöpfung der gesamten Überlieferung der griechisch-römischen Antike. Nur in einzelnen Fällen hat er im *Mutterrecht* neuzeitliche ethnographische Berichte herangezogen und auch dann nur, um Sachverhalte zu bekräftigen, die sich ihm schon aus der antiken Überlieferung ergeben hatten.[107] Von den antiken Quellen kommt dabei den ethnographischen Berichten, die ja vermeintlich unmittelbar Tatsachen beschreiben, besondere Bedeutung zu. Die Informationen über die (aus Sicht der Griechen) Randvölker haben in den Augen Bachofens die Informationen über frühere Zustände bewahrt, die einmal für alle Völker gegolten hatten, in der Tradition der fortgeschrittenen Griechen jedoch verschüttet worden waren. Hat man diese urtümlichen Zustände konstruiert, dann erschließen sich wiederum auch die Mythen als Aussagen über frühere Kulturzustände.[108] Ausgangspunkt von Bachofens Beobachtungen ist das Paradigma einer mutterrechtlichen Ordnung gewesen, das er in Herodots Bericht (1,173,4 f.) über Lykien erkennt, der hier zitiert sei[109]:

> Ihre Bräuche sind teils kretischer, teils karischer Herkunft. Einen Brauch aber pflegen sie für sich, der sich sonst nirgends auf der Welt findet: Sie nennen sich nach ihren Müttern, nicht nach den Vätern. Fragt man einen Lykier nach seiner Herkunft, dann nennt er den Namen seiner Mutter und zählt ihre weiblichen Vorfahren auf. Wenn eine Frau aus dem Bürgerstande Kinder mit einem Sklaven hat, gelten sie als Freigeborene. Wenn aber ein freier Bürger, mag er auch noch so hoch stehen, eine fremde Frau oder eine Nebenfrau unterhält, bleiben seine Kinder ohne bürgerliche Ehrenrechte (*Übers. Feix*).

Das »völlig historische« Zeugnis Herodots[110] und weitere Notizen in der späteren Überlieferung[111] schließen sich mit den Mythen über die weibliche Erbfolge im lykischen Königshaus zusammen:

> Die Vergleichung des mythischen mit den historischen Berichten stellt die ganze Verkehrtheit dieses Verfahrens (scil.: der sogenannten kritischen Sichtung) in ihr hellstes Licht. Bewahrheitet durch die Probe geschichtlich feststehender Tatsachen, wird die mythische Tradition als echtes, von dem Einfluß frei schaffender Phantasie durchaus unabhängiges Zeugnis der Urzeit anerkannt... Die mythische Überlieferung... erscheint als der getreue Ausdruck des Lebensgesetzes jener Zeiten, in welchen die geschichtliche Entwicklung der alten Welt ihre Grundlagen hat, als die Manifestation der ursprünglichen Denkweise, als unmittelbare historische Offenbarung, folglich als wahre durch hohe Zuverlässigkeit ausgezeichnete Geschichtsquelle.[112]

Gerade weil die Entwicklung über das Mutterrecht hinweggegangen ist, sind Aussagen der Überlieferung, die im Widerspruch zu den inzwischen eingetretenen Verhältnissen stehen, Relikte tatsächlicher Verhältnisse der Frühzeit:

> Für das Mutterrecht insbesondere bietet der Mythus noch eine weitere Bürgschaft der Echtheit dar. Der Gegensatz desselben zu den Ideen der späteren Zeit ist ein so tiefer und durchgreifender, daß unter der Herrschaft der letztern eine Erdichtung gynaikokratischer Erscheinungen nicht stattfinden konnte. *Dies gilt auch* von den unzähligen Spuren derselben Lebensform, die in die Urgeschichte aller alten Völker, Athen und Rom, diese beiden entschiedensten Vertreter der Paternität, nicht ausgenommen, verwoben sind.[113]

Für die erste Stufe der Promiskuität beruft sich Bachofen auf die Zeugnisse über allgemeine sexuelle Freizügigkeit, öffentlichen Geschlechtsverkehr etc. wie sie in der ethnographischen Tradition, beginnend mit Herodots Beschreibungen der Zustände bei den Massageten, immer wieder vorkommen (siehe oben Kapitel 1); die Geschichten über die Amazonen belegen eine Übersteigerung des mutterrechtlichen Prinzips; der mit Kämpfen verbundene Übergang vom Mutterrecht zum Vaterrecht läßt sich im Stoff der Orestie wiederfinden etc.

Bachofens Anspruch, mit seinem Verfahren gesetzmäßige Abläufe rekonstruiert zu haben, konnte bei der Altertumswissenschaft schwerlich auf positive Resonanz stoßen, obwohl man in Teilen der Zunft durchaus eine Bereitschaft unterstellen konnte, einen Befund ernstzunehmen, der andere Organisationsformen als die patriarchalische Familie erwies.[114] So ist Bachofens Werk in dieser Fachwissenschaft zunächst ignoriert worden. Es erhielt aber noch in den ersten beiden Jahrzehnten nach Erscheinen eine überraschende sozialwissenschaftliche Reputation dadurch, daß inhaltlich konvergierende Thesen über die Entwicklung von der urzeitlichen promisken Horde zur patriarchalischen Familie aus der Analyse zeitgenössischen ethnographischen Materials hergeleitet wurden und somit die Bachofenschen Erkenntnisse zu bestätigen schienen.

Zwar hält sich hartnäckig die Legende, Bachofens *Mutterrecht* habe die (im einzelnen sehr unterschiedlichen) Theorien von McLennan (*Primitive Marriage*, 1865) und Morgan über ursprüngliche Promiskuität und Mutterrecht wesentlich beeinflußt[115], doch ist dies in dieser Form nicht zu halten.[116] McLennan und Morgan haben zwar später anerkannt, daß Bachofen eine Priorität der Entdeckung zukomme[117] (so wie McLennan dies auch für John Millar einräumte, dessen einschlägige Ausführungen ihm ebenfalls erst nachträglich bekannt geworden waren [118]), doch gibt es keinen unmittelbaren Einfluß auf ihre eigenen Werke, und dies schon deshalb nicht, weil ihnen Bachofens Monstrum aus sprachlichen Gründen schwer zugänglich war.[119] Es war Bachofen, der im Zuge einer geplanten Neubearbeitung des *Mutterrechts* seit ca. 1869 damit begonnen hatte, seiner Theorie durch Sammlung neuer Materialien eine zusätzliche Stütze zu verleihen [120]: »Meine Aufgabe ist, die Reste des Maternitätssystems bei allen Völkern der Erde zusammenzusuchen, um auf Grund eines so vervollkommneten Materials die zweite Bearbeitung des Mutterrechts zu unternehmen.«[121]

Bachofen fing systematisch an, die ethnographische und ethnologische Literatur zu studieren, sich mit den Werken von Tylor, Morgan, Lubbock, McLennan, Bastian und vielen anderen auseinanderzusetzen und in Korrespondenz mit verschiedenen dieser Autoren zu treten.[122] Besonders aufschlußreich erschien ihm Morgans Analyse von Verwandtschaftssystemen, die er dann auf die Antike anwandte und damit die Bedeutung des Avunkulats (der Rolle des Mutterbruders) herausstellte. Seine diesbezüglichen Arbeiten hat er in den *Antiquarischen Briefen vornehmlich zur Kenntnis der ältesten Verwandtschaftssysteme* (1880) publiziert, die er (an erster Stelle) Morgan gewidmet hat.

Aus dem Briefwechsel zwischen Bachofen und Morgan wird deutlich, daß Morgan zwar über die Rezeption seiner Gedanken erfreut war, sich aber auf Bachofens Arbeiten selbst nicht einließ. Das war, wie schon erwähnt, durch seine mangelnden Deutsch-Kenntnisse bedingt, hat aber auch eine grundsätzlichere Komponente. Am Austausch über die Eigenart der römischen *gens* ist zu sehen, daß Morgan mit seinen Beobachtungen zur Gens bei den Irokesen sich im Besitz gesicherter Erkenntnisse glaubte, auf deren Basis dann auch die antiken Phänomene besser verstanden werden könnten [123], als es die antiken Quellen (das konnte Bachofen nicht goutieren [124]) oder ihre modernen Interpreten wie Niebuhr und Mommsen (die man notabene auf englisch lesen konnte) vermochten. Das ist auch ein Grundzug seines Umgangs mit antiken Materialien und der Forschung in *Ancient Society* (1877).

Hinsichtlich dieses Prinzips stimmte Morgan mit McLennan überein, der (wie oben im Zusammenhang mit Maine erwähnt) 1865 programmatisch erklärt hatte, daß die historischen und philologischen Methoden nicht mehr ausreichten, den Rückschluß auf jene Urzustände der

Menschheit zu vollziehen, die nunmehr durch die Untersuchung der rezenten Wilden zu erhellen seien.[125]

Entscheidend war, daß sich nach der Mitte des Jahrhunderts die Erkenntnis durchgesetzt hatte, daß die Geschichte der Menschen in ganz anderen Zeiträumen vorzustellen war, als man bisher gedacht hatte. Die Erschütterung des biblizistischen Weltbildes seit der frühen Neuzeit hatte noch nichts daran geändert, daß man mit nur einigen tausend Jahren rechnete, selbst die Einsicht in das höhere Alter der Erde seit dem späten 18. Jahrhundert hatte noch wenig verändert. Dies geschah erst, als man in den 1860er Jahren die Konsequenzen aus den Funden menschlicher Fossilien in den vorausgegangenen Jahrzehnten realisierte. Auch Morgan selbst war ursprünglich noch von einem traditionellen Geschichtsbild ausgegangen. Seine Beobachtungen an den Irokesen standen zunächst im Rahmen eines Versuchs, die Herkunft der Indianer aus Asien zu beweisen.[126] Morgan hatte (wie in der Sache schon Lafitau[127]) bei den Irokesen das klassifikatorische Verwandtschaftssystem (bei dem terminologisch nicht zwischen direkter Abstammung und Seitenverwandtschaft unterschieden wird) sowie die Abstammungsdefinition in der mütterlichen Linie festgestellt. Er sammelte systematisch Vergleichsmaterialien, persönlich bei anderen Indianerstämmen und per Fragebogen bei Missionaren und Kolonialbeamten. So kam er zu einer Taxonomie, in der das klassifikatorische und das »deskriptive« Verwandtschaftssystem die beiden Grundtypen abgaben. Erst während der mehrjährigen Verzögerung, die die Drucklegung des Werkes erfuhr, das schließlich 1871 unter dem Titel *Systems of Consanguinity and Affinity of the Human Family* erschien, hat er auch eine entwicklungsgeschichtliche Sichtweise entwickelt.[128]

Diese trat dann in den Vordergrund in seinem mehr populären Buch *Ancient Society* (1877), das die Einsicht in die neue zeitliche Dimension der Menschheitsgeschichte betonte. Er strukturiert die Menschheitsgeschichte nach vier Entwicklungslinien – »Growth of Intelligence through Inventions and Discoveries; Growth of the Idea of Government; Growth of the Idea of the Family; Growth of the Idea of Property« – die er nacheinander abhandelt, wobei der Zusammenhang zwischen den (Teil-)Prozessen nur bedingt expliziert wird. Hinsichtlich der Triebkräfte der Entwicklung bietet Morgan ein – schwerlich zugunsten eines vorrangigen Faktors auflösbares – Konglomerat von biologischen (Zuchtwahl), materialistischen (Subsistenzweise und Eigentumsrecht) und idealistischen (Ideen, die das menschliche Gehirn verfolgt) Erklärungen an.

Morgan griff auf das aus der Aufklärung bekannte Schema Wildheit–Barbarei–Zivilisation zurück, nur daß er (dem ausgeweiteten zeitlichen Rahmen Rechnung tragend) bei den ersten beiden Stufen jeweils noch Subperioden unterscheiden wollte, die dann wieder von rezenten primitiven wie auch von historischen Völkerschaften repräsentiert würden. Für die Unterstufe der Wildheit müsse man allerdings auf solche Zeugen verzichten; die Mittelstufe der Wildheit lasse sich noch bei den australischen Ureinwohnern erkennen; die nordamerikanischen Indianer deckten (zur Zeit ihres Antreffens durch die Europäer) die Etappen von der Oberstufe der Wildheit bis zur Mittelstufe der Barbarei ab. Griechen und Römer in ihrer Frühzeit sowie Germanen zur Zeit Caesars stünden für die Oberstufe der Barbarei – die Kluft zwischen der Antike und den Anfängen der Menschheitsgeschichte ist also bei Morgan ganz erheblich gewachsen.

Daß menschliche Gesellschaften im Prinzip identische Entwicklungsstufen durchlaufen, nur entsprechend den jeweiligen Umweltbedingungen in unterschiedlichem Tempo, folgt für Morgan aus der Einheit der Gattung:

> Schließlich ist noch zu bemerken, daß die Kultur der Menschheit überall ziemlich den gleichen Weg durchlaufen hat, daß die menschlichen Bedürfnisse unter ähnlichen Bedingungen ziemlich dieselben gewesen sind, und daß die Wirkungen der geistigen Tätigkeit kraft der Übereinstimmung des Gehirns aller Menschenrassen gleichförmig gewesen sind.[129]

Die genauen Klassifizierungen werden hinsichtlich der Entwicklung von Subsistenzweise und technischem Fortschritt aufgefächert. Im Vordergrund von Morgans Darlegungen stehen dann jedoch die Phänomene, für die er aufgrund seiner Quasi-Feldforschungen bei Indianern über spezielle Informationen verfügt, nämlich die Verwandtschafts- und Familienstrukturen. Seine Einsicht in deren grundlegende Bedeutung für die gesellschaftliche Organisation und sein typologisierendes Verfahren haben sein Entwicklungsdenken überlebt, so daß Morgan in dieser Hinsicht auch bei den späteren Funktionalisten als einer der Gründungsväter der Anthropologie anerkannt blieb.[130] Verwandtschaftsgruppen als Grundlage gesellschaftlicher Organisation zeigen sich ihm am Beispiel der Irokesen, die sich auf der Basis von Gentes organisierten. Unter Gens versteht Morgan die Gemeinschaft aller von einem Ahnen Abstammenden. Die Abstammung werde jedoch jeweils nur über eine Linie, matri- oder patrilinear konstituiert – im irokesischen Fall nach der Mutter-

folge. Für die Gens gilt Exogamie, für den Stamm, der sich aus verschiedenen Gentes zusammensetzt, gilt dagegen Endogamie[131], wo-
durch seine Kohärenz gewährleistet wird. Zwischen Gens und
Stamm ist die Phratrie als Verbund von Gentes angesiedelt, die ursprünglich eine gemeinsame Gens gebildet hatten. Im Falle der Irokesen schließen sich auf einer oberen Ebene auch noch verschiedene
Stämme zu einer Föderation zusammen. Die Gens verfügt über gemeinsamen Besitz, gemeinsame Kulte und Begräbnisplätze. (Hierzu
verweist Morgan auf Fustel de Coulanges, der nachgewiesen habe,
daß die Gens ursprünglicher Träger der griechischen Religion gewesen sei[132] – daß Fustel keinen Strukturunterschied zwischen Gens und
Familie ausmacht, wird dabei übersehen.) Die Mitglieder der Gens
geben sich wechselseitig Schutz und Hilfe. Auf allen Ebenen der Gentilverfassung gelten demokratisch-egalitäre Strukturen; Häuptlinge
werden gewählt und haben keine eigenmächtigen Entscheidungs-
rechte. Morgans Unterscheidung zwischen einer Organisation auf
verwandtschaftlicher Basis (*societas*) und einer politischen, auf Eigentum und Territorialprinzip basierenden Ordnung (*civitas*) nimmt in
gewisser Weise Maines Schema von *status* und *contract* wieder auf. Die
Entwicklung einer »political society« bedeutet den Übergang zu
einem höheren Organisationsprinzip. Morgans Kategorie schließt an
die Aristotelische Begrifflichkeit an, die auf die Selbstverwaltung der
Bürger zielt und Staatlichkeit nicht zwangsläufig mit Herrschaft verknüpft.[133]
Dies ist ein Prozeß, der laut Morgan (wie an seiner Darstellung der
athenischen Entwicklung deutlich wird) bei zunehmendem materiel-
lem Niveau, Herausbildung von Eigentum, städtischer Siedlungs-
weise und gesellschaftlicher Funktionsdifferenzierung unausweichlich ist, da die Gentilordnung sich als nicht mehr leistungsfähig
erweist, doch bedeutet dies nicht notwendig einen scharfen Bruch in
dem Sinne (wie von Marx und Engels unterstellt), daß die demokratischen Strukturen der Gentilgesellschaft durch eine staatliche Ordnung abgelöst werden, deren vorrangiger Zweck die Sicherung der
ungleichen Eigentumsverhältnisse ist.[134] Die Rückkehr zu den demo-
kratisch-egalitären Prinzipien der Gentilgesellschaft, verwirklicht in
einer neuen institutionellen Ordnung, hält Morgan auch nach einer
Phase der Übersteigerung des Eigentumsgedankens für möglich (und
im übrigen in der amerikanischen Verfassung wenigstens für partiell
realisiert).
Bei der Familienentwicklung konstruiert er eine Abfolge von ur-

sprünglicher Promiskuität über verschiedene Varianten der Gruppenehe bis zur monogamischen Familie. Die schrittweise Einengung
der Partnerwahl erkläre sich aus der Notwendigkeit der Vermeidung
von Inzucht. Der Übergang zur Monogamie und zur Abstammungsdefinition in der väterlichen Linie folge aus dem Bedürfnis der Erzeu-
ger eines gewachsenen Reichtums, diesen an ihre Kinder zu vererben.
Methodisches Prinzip für seine Rekonstruktion des Ursprungs ist, daß
die Verwandtschaftsterminologie den Wandel der tatsächlichen Familienverhältnisse nur bedingt bzw. mit erheblicher Verzögerung mit-
mache, so daß sie für die Identifizierung überlagerter Gesellschafts-
strukturen dienen könne.[135] Das war bei Morgan die Anwendung
bzw. Weiterentwicklung des Prinzips der vergleichenden Philologie[136]; spätere Rezipienten (wie Engels) konnten sich dies aber auch in
die Sprache der Paläontologie und Geologie übersetzen und von »sozialen Fossilien« sprechen.[137]
Morgan hatte seine Terminologie – Gens, Phratrie – aus der Antike
bezogen. Der Vergleich zur Antike wurde von ihm inhaltlich herangezogen, um seiner Einstufung der irokesischen Verhältnisse Allge-
meingültigkeit verleihen zu können. Die antike Überlieferung bot
anscheinend die Chance, den Übergang von der Matri- zur Patrilinea-
rität und den von der Gentil- zur politischen Gesellschaft nachzuzeichnen. Die Crux von Morgans Vorgehen war nur – wie oben schon
gesagt –, daß er bereits im vorhinein die aus der Beobachtung bei den
Indianern abgeleiteten Regeln verallgemeinert hatte und damit die
Kriterien zur Hand hatte, um die Quellen »richtig« lesen zu können.
So ließen sich nach seiner Auffassung z. B. Dikaiarchs[138] Aussagen
zur Phratrie korrigieren. Denn dieser habe aus den Verhältnissen zu
seiner Zeit zwar auf die Anfänge rückzuschließen versucht, doch rei-
che dies Verfahren eben nicht so weit zurück, wie es die Beobachtung
bei den Indianern erlaube.

> Man darf nicht außer acht lassen, daß die Gentes eine Geschichte ha-
> ben, welche durch die drei Unterperioden der Barbarei zurückreicht
> bis in die vorausgegangene Periode der Wildheit, und daß ihre Existenz
> sogar älteren Datums ist als diejenige der arischen und semitischen Völ-
> ker. Wie wir gesehen haben, tauchte die Phratrie bei den amerikani-
> schen Ureinwohnern bereits auf der Unterstufe der Barbarei auf, wäh-
> rend die Griechen mit ihrer früheren Geschichte nur so weit vertraut
> waren, als diese bis zur Oberperiode der Barbarei zurückreichte.[139]

Verschiedene Feststellungen in der antiken ethnographischen Tradition lassen sich im Verständnis Morgans erstmals auf den Begriff brin-

gen und richtig verstehen. Die Beobachtung des »wißbegierigen und
aufmerksamen« Herodot zu den Lykiern ist – dank des Wissens um
die Regeln bei den Irokesen – als Beleg für eine Einteilung der Gesellschaft in matrilineare Gentes zu verstehen.[140] Caesars Beschreibung
der Eheformen der alten Briten – »Je zehn oder zwölf haben die
Frauen unter sich gemeinsam, besonders Brüder mit Brüdern und
auch Väter mit Söhnen« (*Gallischer Krieg* 5,14) – oder Herodots Bemerkung über die sexuelle Freizügigkeit bei gleichzeitiger Existenz der
Ehe bei den Massageten lassen sich besser verstehen, wenn man sie als
Beleg für den (nach dem Vorkommen in Hawaii so bezeichneten) Typ
der Punalua-(Gruppen-)Ehe begreift, und nicht unter allgemeine Promiskuität subsumiert.[141] Für die Massageten verbiete sich dies schon
durch Herodots Hinweise auf deren materielle Kultur (Streitäxte aus
Kupfer; Wagen etc.):

> Es ist nicht gut anzunehmen, daß ein in unterschiedslosem Ge-
> schlechtsverkehr lebendes Volk eine solche Höhe des Fortschritts er-
> reicht haben könnte. Herodot bemerkt ferner von den Agathyrsen, die
> wahrscheinlich auf derselben Stufe sich befanden, daß unter ihnen Wei-
> bergemeinschaft herrsche, auf daß sie alle Brüder wären und als
> Mitglieder einer einzelnen Familie weder Neid noch Feindschaft ge-
> geneinander übten. Die Punaluagruppenehe liefert eine rationellere
> und befriedigendere Erklärung dieser und ähnlicher Sitten bei anderen
> von Herodot erwähnten Stämmen, als Polygamie oder unterschiedslo-
> ser Geschlechtsverkehr. Seine Berichte sind zu dürftig, um den Ge-
> sellschaftszustand, wie er tatsächlich unter ihnen herrschte, zu zei-
> gen.[142]

Entsprechend läßt sich mit den Aussagen der modernen Forschung
verfahren. Als deren Repräsentanten gelten Morgan in erster Linie
Niebuhr und Mommsen[143] sowie Grote (der die Niebuhrsche Art der
Quellenkritik auf die griechische Geschichte übertragen hatte[144]). So
kritisiert Morgan, daß die Ursprünglichkeit staatlicher Strukturen behauptet und darüber der Ausgang von genossenschaftlichen Formen
ignoriert[145] oder daß die fundamentale Differenz zwischen Familie
und Gens nicht verstanden werde.[146] Es geht hier nicht darum, ob
bzw. wo Morgan im einzelnen im Ergebnis recht gehabt haben könnte
bzw. als wie tragfähig seine (von einem Teil auch der fachwissen-
schaftlichen Literatur speziell zur römischen Geschichte[147] bis in die
Gegenwart mutatis mutandis fortgeführte) These sich erweist, daß die
Gentes der ursprüngliche Träger der antiken Gesellschaftsorganisa-
tion gewesen seien. Zur Debatte steht, wie Morgan aus seinen ethno-

graphischen Beobachtungen und dem vorausgesetzten Schema der Zivilisationsentwicklung ein quasi-nomologisches Wissen gewonnen hat, das ihm in den entscheidenden Punkten Gewißheit auch über die Ursprünge der antiken Gesellschaftsentwicklung verlieh.[148] Eine Gewißheit, die gegenüber der aufklärerischen *conjectural history*, die ihren hypothetischen Charakter reflektierte, insofern noch gewachsen war, als man sich bezüglich des ethnographischen Materials umfassender und authentischer informiert wußte und weil schließlich aus dem Erbe der vergleichenden Philologie wie aus dem Beispiel der neuen naturwissenschaftlichen Erkenntnisse ein Glaube an die Aufdeckung gesellschaftlicher Entwicklungsgesetze erwachsen war.

Das gilt erst recht für Friedrich Engels' Schrift *Der Ursprung der Familie, des Privateigentums und des Staats. Im Anschluß an Lewis H. Morgans Forschungen* (1884), die Morgans Werk für die Zwecke der sozialistischen Theorie in einer mehr populären Form aufbereitete[149], was seitdem die Rezeption Morgans bei Anhängern wie Gegnern des Sozialismus[150] geprägt hat. Engels verstand seine Schrift als Ausführung eines Vermächtnisses des im März 1883 verstorbenen Marx, der eine entsprechende Arbeit geplant und in dessen Nachlaß sich umfangreiche Exzerpte aus Morgans Werk[151] gefunden hatten. Engels hat, gestützt auf Marx' Notizen, seine Broschüre während des Sommers 1883 verfaßt, und zwar in äußerst kurzer Zeit, vermutlich binnen zwei Monaten, und dies noch angesichts einer Vielzahl anderweitiger Verpflichtungen.[152] So entstand ein Werk, bei dem man »zu jedem Satz Vertrauen haben kann« – meinte Lenin.[152a]

Das Interesse von Marx und Engels an der anthropologischen und ethnologischen Literatur der Zeit kam nicht von ungefähr.[153] Zunächst entsprach es der Ausdehnung, die die Diskussion über die Ursprünge des Bodeneigentums erfahren hatte. Beide hatten sich schon früh für die Verhältnisse in Indien (noch unter der Perspektive der »orientalischen Despotie«) einerseits interessiert[154], andererseits (spätestens seit den 1860er Jahren) die Diskussion im Anschluß an Maurers Arbeiten verfolgt.[155] Hanssens Arbeiten über die Trierer Gehöferschaften (hier kamen bei Marx auch Jugenderinnerungen auf[156]) fanden ihre intensive Aufmerksamkeit[157]; Engels hat 1881/2 Studien im Anschluß an Maurer verfaßt (s. u.); den entscheidenden Anstoß zur Morgan-Lektüre hatte Marx anscheinend 1879 durch den russischen Autor Kovaleskij, der über das Gemeindeeigentum im internationalen Vergleich arbeitete, erfahren.[158]

Die Eigentumsfrage hatte noch eine grundsätzlichere Dimension er-

halten, als sich angesichts des nunmehr ausgeweiteten Zeitrahmens
für die Menschheitsgeschichte die Frage nach dem Geltungsbereich
einer Geschichtstheorie stellte, die noch unter einem weit engeren
Zeithorizont formuliert worden war. Engels hat dies schon im Vorwort zur 1. Auflage seines *Ursprungs* 1884 angedeutet, als er die Formulierung aus dem *Kommunistischen Manifest* (1847), die Geschichte
aller bisherigen Gesellschaft sei die Geschichte von Klassenkämpfen,
mit der Qualifikation versah, dies mache den »Inhalt aller bisherigen
geschriebnen Geschichte aus«. In einer Anmerkung zu späteren Ausga-
ben des *Manifests* (erstmals zur englischen Edition von 1886) hat er dies
ausführlicher erläutert:

> Das heißt, genau gesprochen, die *schriftlich* überlieferte Geschichte.
> 1847 war die Vorgeschichte der Gesellschaft... die aller niederge-
> schriebenen Geschichte vorausging, noch so gut wie unbekannt. Seit-
> dem hat Haxthausen das Gemeineigentum am Boden in Rußland ent-
> deckt, Maurer hat es nachgewiesen als die gesellschaftliche Grundlage,
> wovon alle deutschen Stämme geschichtlich ausgingen, und allmählich
> fand man, daß Dorfgemeinden mit gemeinsamem Bodenbesitz die Ur-
> form der Gesellschaft waren von Indien bis Irland. Schließlich wurde
> die innere Organisation dieser urwüchsigen kommunistischen Gesell-
> schaft in ihrer typischen Form bloßgelegt durch Morgans krönende
> Entdeckung der wahren Natur der Gens und ihrer Stellung im Stamm.
> Mit der Auflösung dieser ursprünglichen Gemeinwesen beginnt die
> Spaltung der Gesellschaft in besondre und schließlich einander entge-
> gengesetzte Klassen. (In der englischen Ausgabe folgt noch der Hin-
> weis, daß er diesen Auflösungsprozeß im *Ursprung* dargestellt habe.)[159]

Und schließlich erhielt durch die Lokalisierung einer kommunistischen Gesellschaft in der Frühzeit der Menschheit der Zukunftsent-
wurf des Kommunismus noch eine zusätzliche Legitimation. Das galt
ebenso auch für die Propagierung von Alternativen zur bürgerlichen
Ehe und Familie (wofür dann auch die Auflagen von Bebels Bestseller
Die Frau und der Sozialismus seit 1891 zeugen, in denen die Verhältnisse
in der Urgesellschaft im Anschluß an Engels, Morgan und Bachofen
geschildert werden).
Engels hat Morgans Theorie über die Familienentwicklung ganz er-
hebliches Gewicht gegeben (vermutlich mehr, als Marx dies getan
hätte[160]). Indem er die Gesetzmäßigkeit bis zur monogamen Ehe aus
natürlichen Faktoren, sozusagen darwinistisch[161], erklärte (Verbesserung der Zuchtwahl durch progressive Einschränkung der Inzest-
gefahr) und erst seitdem eine ökonomische Grundlage der Familien-

struktur unterstellte[162], gefährdete er sogar die Einheit der »materialistischen Geschichtsauffassung«, was er (im Vorwort von 1884) durch den Satz zu kaschieren suchte, das »in letzter Instanz bestimmende Moment« der Geschichte sei die »Produktion und Reproduktion des unmittelbaren Lebens«, einerseits die »Erzeugung von Lebensmitteln«, andererseits die »Erzeugung von Menschen selbst«.[163] Als entscheidende Erkenntnis Morgans hebt Engels (im Vorwort zur Auflage von 1891) diejenige über die Endogamie des Stammes und die Exogamie der Gens hervor sowie diejenige über die Abfolge von mutter- und vaterrechtlicher Gens:

> Die griechische und römische Gens, allen bisherigen Geschichtsschreibern ein Rätsel, war erklärt aus der indianischen und damit eine neue Grundlage gefunden für die ganze Urgeschichte. Diese Wiederentdeckung... hat für die Urgeschichte dieselbe Bedeutung wie Darwins Entwicklungstheorie für die Biologie und Marx' Mehrwerttheorie für die politische Ökonomie (MEW 21, 481).

In den von Morgan gelieferten Rahmen integriert Engels dann auch Bachofens Theorie, von der es allen »reinen Mystizismus« über die Rolle der Religion abzustreifen gelte[164], um sie als vollgültiges Beweismaterial zu übernehmen. Die Methode, mit der Bachofen seine Erkenntnisse »aus zahllosen mit äußerstem Fleiß zusammengesuchten Stellen der altklassischen Literatur«[165] gewinnt, bleibt unerörtert – wie ja auch bei den anderen Verfechtern der Mutterrechtstheorie, die Bachofen als Vorläufer anerkennen bzw. in Anspruch nehmen. Und bei aller Freiheit, die er sich im einzelnen im Umgang mit Morgan nimmt, kommt Engels auch nie darauf, die methodischen Prämissen von dessen Vorgehen in Zweifel zu ziehen. Es wird eben nicht nur die empirische Richtigkeit von Morgans Beobachtungen bei den Irokesen unterstellt, sondern vor allem auch ihr Einsatz zur Rekonstruktion der Frühgeschichte der Menschen übernommen und noch durch den Vergleich mit naturwissenschaftlicher Methodik approbiert. Die Voraussetzung des Satzes – »durch die griechische Gens guckt der Wilde (Irokese z. B.) aber auch unverkennbar durch«[166] – wird nicht in Zweifel gezogen.

Entsprechend verhält es sich mit Engels' Quellenbehandlung, der, wie Morgan, eine bestimmte Auswahl von Stellen aus Primärquellen und Sekundärliteratur auf ihre Übereinstimmung mit vorgegebenen Ergebnissen überprüft. Das schließt im Einzelfall beachtliche Beobachtungen nicht aus. So hat Engels (über die Übernahme Morganscher Kritik an Grote, Niebuhr und Mommsen hinaus) seit der 2. Auflage

Mommsens These von der Endogamie der Gens in Zweifel gezogen – und diese Zweifel sind vor allem deshalb von Gewicht, weil er hier nicht bei der Feststellung stehenbleibt, daß Mommsens Annahme »aller Erfahrung bei anderen Völkern widerspricht«, sondern zeigt, daß sie sich schwerlich auf die von Mommsen herangezogene Livius-Stelle gründen läßt.[167]

Wie die Quellen vorgefaßten Konzeptionen eingepaßt werden, zeigt sich auch an Engels' Stellungnahmen zur Frage des germanischen Bodeneigentums. In einem 1881/82 verfaßten Manuskript *Zur Urgeschichte der Deutschen*, das dem veränderten Zeitrahmen durch Bemerkungen über frühpaläolithische Menschen Rechnung trägt, hat Engels die einschlägigen Stellen bei Caesar und Tacitus im Sinne der herkömmlichen Zivilisationsstufen-Theorie behandelt und ist zu Schlußfolgerungen gekommen, die uns seit dem 18. Jahrhundert wiederholt begegnet sind: Caesar belegt ein Halbnomadentum der Germanen, bei Tacitus ist anderthalb Jahrhunderte später der Übergang vom Nomadentum zur Seßhaftigkeit sodann vollzogen.[168]

Der Aufsatz *Die Mark*, der 1882 als Anhang zur Schrift *Die Entwicklung des Sozialismus von der Utopie zur Wissenschaft* erschien, steht im Zeichen der Entdeckung der Landarbeiterfrage als eines politischen Themas für den Sozialismus. »Dem heutigen Elend der Taglöhner und der heutigen Verschuldungsknechtschaft der Kleinbauern« wird das Bild vom »alten Gemeineigentum aller freien Männer« entgegengehalten. Kronzeuge der »geschichtlichen Darstellung jener uralten deutschen Bodenverfassung« ist Maurer. Die Urgeschichte aller Völker werde von der Gliederung des Volkes nach Verwandtschaft und dem Gemeineigentum am Boden als zwei »naturwüchsig entstandenen Tatsachen« beherrscht. Caesar belege die gemeinsame Bewirtschaftung des jährlich zugewiesenen Landes durch Geschlechter, die eine Anzahl nahverwandter Familien umfaßten. Bei Tacitus gebe es dagegen schon die Bewirtschaftung durch einzelne Familien mit Eigentumsrechten an Haus und Hof, bei jährlicher Neuverteilung des Ackerlandes. Als Beispiel für ein solches System könnten in der Gegenwart die Gehöferschaften gelten.[169]

Etwa zur gleichen Zeit hat Marx, herausgefordert durch die Nachfrage russischer Sozialisten, die sich über die Bewertung der russischen Dorfgemeinde stritten, die Frage erwogen, ob diese Institution angesichts der unverkennbaren Krise des Kapitalismus eine Chance böte, die von Morgan[170] avisierte Rückkehr zu ursprünglichen Verhältnissen auf höherem Niveau ohne den Umweg über den Kapitalismus zu erreichen.[170a] Das indische Beispiel zeige (entgegen aller Schönfärbereien eines Maine), daß die Auflösung der Dorfgemeinde nicht zwangsläufig der Verbesserung der Landwirtschaft diene, sondern in diesem Falle ihren Ruin bewirkt habe. Für die natürliche Lebensfähigkeit der Dorfgemeinde sprächen zwei Tatsachen: die Gehöferschaften seiner Heimat einerseits, die von Maurer rekonstruierte germanisch-deutsche Dorfgemeinde andererseits, in der trotz aller Umwandlungen die freiheitlichen Elemente ihre anhaltende Lebenskraft bewiesen hätten. Allerdings müsse man – wie in der Geologie – verschiedene Formationen unterscheiden: Caesar (der von Gentes und Stämmen spreche) belege den Typus des durch Blutsgemeinschaft konstruierten Verbandes; Tacitus dagegen eine Ackerbaugemeinde, die einerseits die Fesseln der Blutsgemeinschaft abgestreift habe, in der jedoch andererseits die Einführung von Elementen privaten Eigentums und privater Aneignung bewirke, daß das Privateigentum sukzessive auf Kosten des Gemeinbesitzes hervortreten könne. Dies sei jedoch – das ist wieder im Hinblick auf die russische Frage gesagt – keine Gesetzmäßigkeit, sondern vom »historischen Milieu« abhängig.[171]

Engels hat im *Ursprung* Morgans Theorien selbständig auf die Verhältnisse bei Kelten und Germanen angewendet: »Morgan verfügte hier fast nur über Quellen aus zweiter Hand und für die deutschen Zustände – außer Tacitus – nur über die schlechten liberalen Verfälschungen des Herrn Freeman.«[172] Engels größere Quellenbasis bestand vor allem in einer kleinen Auswahl frühmittelalterlicher Belege, auf die er sich bezog. Hinsichtlich Caesar und Tacitus ergab sich für ihn ein wiederum modifiziertes Bild, da er die Gentilthese Morgans mit den neuesten Einsichten in die Formen des Agrarkommunismus verbinden wollte. »Daß die Deutschen bis zur Völkerwanderung in Gentes organisiert waren, ist unzweifelhaft.«[173] Es werde im übrigen auch durch Caesars Formulierung von den *gentes cognationesque* bestätigt – ein Mitglied der *gens Iulia* könne dies nicht untechnisch meinen.[174] Bei Tacitus werde zweifellos ebenfalls die Gentilorganisation angesprochen, wenn er in bezug auf das Heer von einer Aufstellung nach Familien und Verwandtschaften spreche (*familiae et propinquitates, Germania* 7,2); seine unscharfe Rede ergebe sich daraus, daß zu seiner Zeit die Gens in Rom aufgehört habe, eine »lebendige Vereinigung« zu sein.[175] Im übrigen zeigten sich noch an verschiedenen Stellen bei Tacitus die Überreste sogar der mutterrechtlichen Form der germanischen Gens.[176] Was die Agrarverhältnisse angehe, so sei die

Frage, ob bei Tacitus schon Privateigentum festzustellen sei, endgültig negativ entschieden. Nach dem Gesamtbesitz durch die Gens bezeuge Caesar die zweite Phase einer kommunistischen Familienorganisation, während Tacitus die dritte Stufe, Einzelbewirtschaftung durch Familien, jedoch Gemeinbesitz des Ackerlandes bei jährlicher Neuverteilung belege. Ein Übergang zum völligen Privateigentum sei auch innerhalb von 150 Jahren – ohne Intervention von außen – gänzlich unmöglich. »Ich lese also im Tacitus nur, was er mit dürren Worten sagt: Sie wechseln (oder teilen neu um) das bebaute Land jedes Jahr, und es bleibt Gemeinland genug dabei übrig. Es ist die Stufe des Ackerbaus und der Bodenaneignung, die der damaligen Gentilverfassung der Deutschen genau entspricht.«[177]

In Zusätzen zur Auflage von 1891 sah Engels sich dann zu Modifikationen veranlaßt. Sie gingen zurück auf ein 1890 erschienenes Buch Kovaleskijs, der Äquivalente der südslawischen Hausgenossenschaft (*zadruga*), in der die Nachkommen eines Vaters mit ihren Familien zusammenleben und wirtschaften, auch in Rußland festgestellt und sie darüber hinaus als universalen Typ identifiziert hatte, der eine Zwischenform vor dem Übergang zur patriarchalischen Einzelfamilie darstelle (wofür Engels auch einen antiken Beleg für Indien anführte[178]). Laut Kovaleskij müsse man Tacitus nicht im Sinne der auf Einzelfamilien gründenden Dorfgemeinschaft verstehen, sondern auf eine Hausgenossenschaft vom *Zadruga*-Typ beziehen. Engels hält dies für eine wahrscheinliche, wenngleich noch nicht endgültig bewiesene Lösung.[179]

Engels ist zweifellos ein besonderer Fall – mit seiner einzigartigen Mischung aus leichthändiger Arbeitsweise und wissenschaftlichem Wahrheitsanspruch und natürlich wegen seiner aus den bekannten außerwissenschaftlichen Gründen folgenden Wirkung bis in die Gegenwart. Es ist aber schon aus den vorangegangenen Ausführungen deutlich geworden, daß Engels sich sowohl hinsichtlich der Art der Vermittlung von Theoriebildung und Quellenbefund wie z. T. auch der inhaltlichen Annahmen in Gesellschaft von Wissenschaftlern unterschiedlicher Fachrichtungen und divergierender politischer Ansichten befunden hat.

Das Ende des Ureigentums

Engels' Popularisierung von Morgan (gegen den er in England eine Verschwörung des Schweigens am Werk sah[180]) fiel in eine Zeit, in der einerseits die Grundannahmen dieser Theorien Allgemeingut in Nationalökonomie und Jurisprudenz waren, in der sich andererseits von historischer (aber auch ethnologischer) Seite die ersten grundsätzlichen Zweifel am Verfahren meldeten und Einwände gegen die Richtigkeit der empirischen Behauptungen in verschiedenen Zusammenhängen erhoben wurden.

So war die von den Agrarhistorikern Mitte des 19. Jahrhunderts entwickelte Theorie der ursprünglichen Kollektivwirtschaft Gemeingut der historischen Schule der deutschen Nationalökonomie geworden, die die Theorie der Zivilisationsstufen reproduzierte[181] (ohne dabei den Werken der Aufklärungstheorie besondere Beachtung zu schenken).

Auch sie stützten sich dafür einerseits auf die ethnographischen und zivilisationstheoretischen Belege in den antiken Quellen, auf neuzeitliche Reise- und Erfahrungsberichte andererseits, wobei letztere Materialien im Vergleich zu den Vorläufern in der Aufklärung in einem erheblich größeren Umfang zur Verfügung standen und auch herangezogen wurden. Als Beispiel kann Wilhelm Roschers Lehrbuch *Nationalökonomik des Ackerbaues* gelten, das seit 1859 immer wieder neu aufgelegt wurde (mit Vermehrungen des Belegmaterials, aber ohne konzeptionelle Änderungen). Die Feldgemeinschaft – belegt u. a. durch die Verhältnisse bei den alten Germanen, in Rußland, Südslawien und Indien bzw. »in vielen anderen Ländern, welche auf einer mittelalterlichen Kulturstufe beharren« sowie »hier und da sogar als merkwürdiger Ueberrest inmitten eines hochkultivierten Volkes« – erschien bei Roscher als »Eigenthümlichkeit einer gewissen Kulturstufe«, nämlich des Übergangs eines Hirtenvolks zur Seßhaftigkeit und zum Ackerbau.[182] Allerdings ließ Roscher den exakten Geltungsbereich dieser Annahmen offen, wenn er sagte: »Sehr viele Nationen haben ihren Ackerbau mit einer Einrichtung begonnen, die man füglich als Feldgemeinschaft bezeichnen kann.«

Roscher hat sich schon gegen die Auffassung gewandt, es handle sich hier um Phänomene, die auf einen bestimmten Nationalcharakter zurückzuführen seien – wie es zumal bei der slawophilen Überhöhung der russischen Dorfgemeinde der Fall war. Die Ausformulierung der Kollektiveigentums-These zu einer »nothwendigen Entwicklungsphase der Gesellschaft« und einer »Art von Universalgesetz« liegt dann mit dem Werk des belgischen Nationalökonomen E. de Laveleye *De la propriété et ses formes primitives* (1874) vor[183], dessen erweiterte deutsche Fassung (1879) von Karl Bücher stammte. Schon Maine hat sich (1875) auf dieses Werk als Bestätigung für seine eigenen Erkenntnisse berufen, während Laveleye seinerseits in Maines Arbeit über die indische Dorfgemeinschaft (1871) einen Ausgangspunkt seiner eigenen Theoriebildung gefunden hatte.[184] Laveleye hat umfassend aus allen Epochen und geographischen Bereichen zusammengetragen, was sich zu einem »Gesetz stufenweiser Entwicklung, welches man überall in der Geschichte wiederfindet«[185] zu fügen schien. Von gegenwärtigen Phänomenen über Relikte früherer Verhältnisse[186] bis zu historischen Beispielen. So gelten die Dorfgemeinden in Rußland und in Java als Belege für ein aktuelles Funktionieren einer solchen Ordnung, die indische Dorfgemeinde als Beispiel, an dem sich zahlreiche Überreste des ursprünglichen Kollektiveigentums zeigen, die von Caesar und Tacitus beschriebenen altgermanischen Verhältnisse als historisches Beispiel, und schließlich werden die griechische und römische Überlieferung[187] durch Rückschluß ebenfalls auf die für die Frühzeit geltenden Kollektivverhältnisse ausgelegt. Für den römischen Fall schließt Laveleye hier an die von Mommsen ausgehende und von anderen weiter verfolgte Theorie über die eingeschränkte wirtschaftliche Bedeutung des Sondereigentums im Vergleich zu der gemeinschaftlichen Nutzung des *ager publicus* an.[188] Indem er die weitere Entwicklung der Agrarverhältnisse in Rom und das Anwachsen der sozialen Spannungen verfolgt, die schließlich zum Untergang der Republik führten, plädiert Laveleye im Blick auf die eigene Zeit für eine Rückkehr zu eingeschränkten Eigentumsrechten an Grund und Boden, wenn man eine sozialistische Umwälzung verhindern wolle.[189] Laveleye vertritt somit eine manchen Tendenzen des frühen deutschen »Kathedersozialismus« vergleichbare Position, die in konservativen Augen leicht unter Sozialismusverdacht geriet und von den Marxisten bestenfalls ignoriert wurde; so hat Engels, der sich gern auf politisch »unverdächtige« Zeugen (wie Bachofen) berief, Laveleyes Buch im *Ursprung* gänzlich ignoriert.[190]

Bei Juristen und Nationalökonomen blieb – auch ohne daß man die politischen Bewertungen teilte – die These vom anfänglichen Kollektiveigentum bis zum Ende des Jahrhunderts vorherrschende Meinung. In der jüngeren, von Schmoller dominierten historischen Schule der Nationalökonomie sowie speziell bei der Strömung der

sogenannten »ethnologischen Jurisprudenz«[191] (die Bachofen zu ihrem »Altmeister« erkor[192]) fand darüber hinaus die Mutterrechtstheorie erhebliche Resonanz[193], und von hier gingen auch Wirkungen auf
Kulturhistoriker wie Lamprecht aus, der die Morgansche Theorie in
ihrer Anwendung auf die Frühzeit der Deutschen übernahm.[194]
Gleichzeitig formierte sich jedoch in der Ethnologie erstmals deutlich
Widerstand gegen den Evolutionismus. So hat speziell Westermarck
(1891) seine Materialien über die Ubiquität der Ehe zu einem General-
angriff auf dessen Grundannahmen eingesetzt.[194a]
Schließlich hat sich auch innerhalb der Nationalökonomie Widerspruch gerührt. Richard Hildebrands Buch über die Kulturstufen von
1896 übernahm das gängige Schema der Subsistenzweisen, postulierte auch, daß von der Wirtschaftsstufe einer Gesellschaft Recht und
Kultur insgesamt abhingen und folgte methodisch dem Verfahren,
sich Material zur inhaltlichen Auffüllung der Stufen aus den unterschiedlichsten Epochen und Kulturräumen zu holen. Im Ergebnis
führte ihn dies aber zu erheblichen Abweichungen von den in der
Nationalökonomie gängigen Meinungen. Die Germanen zur Zeit
Caesars und Tacitus' (er will hier keine substantiellen Unterschiede
feststellen) repräsentieren für Hildebrand die Stufe eines Halbnoma-
dentums, wie man sie in größerer Ausführlichkeit bei zeitgenössischen Kirgisen und Beduinen feststellen kann. Viehzucht steht im
Vordergrund, Ackerbau wird nur nebenher an wechselnden Orten
betrieben und dies von den unteren, abhängigen Gruppen des Stammes; die Staatlichkeit ist prekär. Caesar und Tacitus werden mit einer
Rabulistik, die jeden Vergleich aushält, auf diese Vorgabe hin ausgelegt. Das Ergebnis ist dann, daß unter solchen Bedingungen die Frage
nach den ursprünglichen Eigentumsverhältnissen völlig ins Leere
gehe. Für eine Gesellschaft, die an wechselnden Orten jeweils ausreichend Land zur Nutzung durch ihre Unterschichten zur Verfügung
stelle, seien Feldgemeinschaft und Markgenossenschaft keine angemessenen Kategorien. Hildebrand nähert sich in manchen Punkten
einer Interpretation im Sinne von Morgan und Engels, wenn er die
Bedeutung von Verwandtschaftsgruppen betont (ohne deren Herlei-
tung der Gentilverfassung teilen zu können), in anderen Punkten mit
der Akzentuierung von Abhängigkeitsverhältnissen bei den Germanen
der agrarhistorischen Schule G. F. Knapps[195], nur daß diese das Leug-
nen der Eigentumsproblematik nicht teilte, sondern ihre These von
der Ubiquität von Grundherrschaft ebenfalls bei den vielstrapazierten
römischen Kronzeugen für die germanischen Verhältnisse bestätigt

finden wollte.[196] Hildebrands Buch ist somit ein Beleg dafür, wie vielfältig sich inhaltlich und methodisch divergierende Linien in der damaligen Diskussion überschnitten. Seine wissenschaftsgeschichtliche Bedeutung liegt darin, daß es eine Diskussion auch von methodischen Fragen provozierte.[197] Am bedeutsamsten war die Stellungnahme von Max Weber, der 1904 in seinem Aufsatz *Der Streit um den Charakter der altgermanischen Sozialverfassung* das hypostasierende Verfahren der Stufenlehren grundsätzlich angriff und dafür sein Konzept von Idealtypen als heuristischen Instrumenten entwickelte.[198]

Die Theorie vom ursprünglichen Kollektiveigentum ist gegen Ende des 19. Jahrhunderts in verschiedenen ihrer Elemente durch empirische Untersuchungen erschüttert worden[199] (hinter denen natürlich angesichts der akuten Debatten über die Agrarstrukturen jeweils auch außerwissenschaftliche Motivationen oder Anstöße stehen konnten). Vor allem die vermeintlich greifbaren Überreste von Kollektivformen wurden als jeweils späte Einrichtungen »entlarvt«, die zudem noch fiskalischen oder grundherrlichen Zwecken entsprungen seien. Das galt für den *mir*[200] oder die *zadruga*[201] oder im deutschen Bereich für die Gehöferschaften, denen ausgerechnet von Karl Lamprecht[202] ihre Zeugenfunktion für die Urzeit genommen wurde. Die grundherrliche Sichtweise strukturierte die Agrargeschichte ganzer Länder neu, in Deutschland wie in England[203], und eine entsprechende Theorie hatte auch schon, wie oben erwähnt, Fustel de Coulanges für Frankreich vertreten. Auch im Bereich der Alten Geschichte begegnet nicht nur die Kritik an der Kollektivbesitz-These (Pöhlmann 1893), sondern gibt es auch Versuche, die Grundherrschafts-Konzeption zu applizieren (Neumann 1900). Neue Studien über die indische Dorfgemeinde betonten die Vielfalt der Organisationsformen und die Unmöglichkeit, diese in eine zeitliche Abfolge zu bringen.[204] Auch wenn im Einzelfall vieles strittig blieb, so wurde doch der Unterstellung, es handle sich um eine allgemeine Entwicklungsstufe, der Boden entzogen – was dem Festhalten für definierte Gebiete prinzipiell nicht im Wege stand. Auch wer wie G. v. Below (1903) dem »kurzen Leben einer viel genannten Theorie« mit Befriedigung den Exitus bescheinigte, erkannte an, daß damit die Fragen im einzelnen nur wieder offen seien, und Below äußerte auch seine persönliche Vermutung, daß sich bei den Germanen der Urzeit Gemeineigentum am Ackerland feststellen lasse.[205] Max Weber, der in seiner *Römischen Agrargeschichte* (1891) in der Tradition von Mommsen und Meitzen die Analogie zwischen römischer und germanischer Agrarverfassung gezogen hatte[206], distanzierte sich zwar später von seinem Verfahren und von der Unterstellung der Feldgemeinschaft, ließ aber die Frage der inhaltlichen Haltbarkeit seiner Ergebnisse im Detail offen[207]; seine grundsätzliche Abkehr von den Stufenmodellen war 1904 noch verbunden mit einer eingeschränkten Verteidigung der materiellen Aussagen Meitzens zu den germanischen Verhältnissen. (Die Frage nach der germanischen Frühzeit wurde entsprechend auch noch in den folgenden Jahrzehnten intensiv weiter diskutiert.[208] An der Art der Quellenbehandlung hat sich grundsätzlich erst seit den 1920er Jahren etwas geändert, als man die Darstellungen der Germanen durch die römischen Autoren im Kontext der antiken Ethnographie zu lesen begann[209], nach der Tradierung von Topoi, der Perspektive der Beobachter, ihren Erkenntnis- und Darstellungsabsichten und -mitteln zu fragen lernte. Die Ergebnisse der archäologischen Bodenforschung taten ein übriges, dem naiven Vertrauen in den Abbildcharakter ihrer Darstellungen ein Ende zu machen.)[210]

Webers Aufgaben evolutionärer Restbestände[211] geht streckenweise parallel mit den Auffassungen, die führende Repräsentanten der deutschen Historikerzunft um die Jahrhundertwende im Kontext diverser Frontstellungen gegen gesetzeswissenschaftliche Ansätze in den Geschichts- und Sozialwissenschaften entwickelten.[212] Eduard Meyers Einleitung zu seiner *Geschichte des Altertums*, die in der zweiten Auflage 1907 zu einem eigenen Halbband mit dem Titel *Elemente der Anthropologie* ausgeweitet worden war, hat eine umfassende Kritik an den verschiedenen Varianten evolutionistischer Vorstellungen im Hinblick auf die Anfänge von Staat, Recht und Religion geübt. Diese schlägt dann allerdings ihrerseits in unzulässige Verallgemeinerungen Meyers aufgrund seiner Erkenntnisse über die Verhältnisse in der vorderorientalisch-mediterranen Antike um.[213] Die Frontstellung gegen nomologische Ansätze hat auch bewirkt, daß sich Althistoriker wie Meyer und Beloch in eine überzogene Polemik gegen die Theorie ökonomischer Entwicklung steigerten, die Karl Bücher in den 1890er Jahren vorlegte.[214] Bücher hatte zwischen der Wirtschaft der Naturvölker und der Entstehung der Volkswirtschaft über die Stufen Haus-, Stadt- und Volkswirtschaft unterschieden.[215] Meyer[216] und Beloch[217] verstanden dies im Sinne eines deterministischen Stufenschemas und verwahrten sich dagegen, daß die Antike damit auf die Stufe einer Hauswirtschaft reduziert (damit auch zu sehr in die Nähe der Primitiven geraten) würde, und verfochten statt dessen eine prononciert modernistische Sicht der antiken Ökonomie. Die Chancen, die Einsichten Büchers boten – wie die über Formen des Austauschs, die sich nicht als profitorientierter Handel verstehen lassen –, wurden darüber verpaßt. Erst auf dem Umweg über die ökonomische Anthropologie von Malinowski bis Polanyi sind diese Einsichten in die Alte Geschichte zurückgekehrt, in der für Jahrzehnte die Sichtweise Meyers dominierend gewesen war.

Im Kontrast dazu haben sich in der Althistorie im Hinblick auf die frühen staatlichen oder religiösen Verhältnisse bis in die Gegenwart (häufig unbewußt) evolutionistische Grundannahmen erhalten. So ist z. B. die Theorie Eduard Meyers, daß sich Einheiten wie Phyle, Phratrie, Genos nicht als Überreste von Gentilorganisationen identifizieren ließen, da es sich um künstliche Untergliederungen des Staates handle, nur mit erheblicher Verzögerung wahrgenommen worden, und die Destruktion der die Forschung lange Zeit bestimmenden Grundannahmen hat jüngst erst einmal tabula rasa hinterlassen.[218] Moses Finleys Werk zur (frühen) griechischen Geschichte ist in vielen Hinsichten durch die Bekämpfung der Restbestände des Evolutionismus – im Hinblick auf die Rolle von Verwandtschaftsverbänden oder bezüglich der Einheit des griechischen Rechts – geprägt.[219] Insofern ergeben sich hier ganz andere Kontinuitätslinien als im Bereich der antiken Ökonomie, in dem Finley die schärfste Kritik am Meyerschen Ansatz formuliert und am wirkungsvollsten (durch den Rückgriff auf Max Weber) zur Überwindung einer modernisierenden Sichtweise beigetragen hat.

Ökonomische Anthropologie
und griechische Wirtschaftsgeschichte

> Die neuere historische und anthropologische Forschung
> brachte die große Erkenntnis, daß die wirtschaftliche Tä-
> tigkeit des Menschen in der Regel in seine Sozialbeziehun-
> gen eingebettet ist. Sein Tun gilt nicht der Sicherung sei-
> nes individuellen Interesses an materiellem Besitz, son-
> dern der Sicherung seines gesellschaftlichen Rangs, seiner
> gesellschaftlichen Ansprüche und seiner gesellschaft-
> lichen Wertvorstellungen.
>
> Karl Polanyi, *The Great Transformation* (1944),
> Frankfurt 1978, 75

Die Antike ist im Hinblick auf ihre ökonomischen Strukturen mit rezenten »primitiven« Gesellschaften bis gegen Ende des 19. Jahrhunderts vor allem im Kontext von Theorien der Wirtschaftsstufen in
Beziehung gesetzt worden. Dies war auch von Althistorikern solange
als unproblematisch empfunden worden, als es um die Fragen nach
dem Ursprung der antiken Gesellschaften, konkret u. a. um Landnahme und Bodenrechte ging. Aversionen der Althistoriker rief jedoch, wie weiter oben schon dargelegt, aus einer Reihe von Gründen
das Modell Karl Büchers hervor, das die Antike als ganze einer Wirtschaftsstufe zuzuordnen schien, die noch dicht am Status eines primitiven Wirtschaftens war. Die Bücherschen Kategorien wurden
nicht als Idealtypen verstanden, wie dies Max Weber vorgeschlagen
hatte. Statt dessen verfochten die Vertreter eines der Intention nach
postklassizistischen, realistischen Antike-Bildes ein prononciert mo-
dernisierendes Modell antiker Ökonomie, das die strukturellen Unterschiede zur Moderne minimierte.
Damit wurde lange Zeit eine Diskussion über den Ort der antiken
Ökonomie im Gefüge aller gesellschaftlichen Zusammenhänge und
über die zu ihrer Analyse angemessenen Kategorien verstellt. Diese
Fragen sind vor allem durch das Werk von Karl Polanyi (1886–1964)
wieder aufgeworfen worden, das seit nunmehr drei Jahrzehnten die

Diskussion innerhalb der ökonomischen Anthropologie nachhaltig geprägt und auch auf verschiedene andere Disziplinen – darunter die Althistorie – ausgestrahlt hat. Polanyi ging es um die Entwicklung von Kategorien, die für vormoderne Gesellschaften unterschiedlicher Art verwendbar sein sollten. Sein Interesse erstreckte sich auf Naturvölker genauso wie auf den alten Orient, das klassische Griechenland oder das vorkoloniale Dahomey. Von der theoretischen Seite schloß er an den Methodenstreit in der Nationalökonomie Ende des 19. Jahrhunderts[1] und an die Bücher-Meyer-Kontroverse an[2]; von der inhaltlichen an die neuen wirtschaftsethnologischen Arbeiten, wie sie in den ersten beiden Jahrzehnten dieses Jahrhunderts besonders im deutschen Sprachraum betrieben wurden.[3]

Es geht im folgenden nicht darum, Leben und Werk Polanyis umfassend zu würdigen, sondern es kann eingehender nur der Frage nach seiner Bedeutung für die antike Wirtschaftsgeschichte nachgegangen werden. Für verschiedene Aspekte seines Werkes, die hier nur am Rande behandelt werden, sei auf die grundlegende Studie von Sally Humphreys (1969/78) verwiesen.

Zur Biographie[4] mögen diese Hinweise genügen: Polanyi stammte aus einer jüdischen Familie Budapests. Schon während des Studiums entwickelte er eine Neigung für einen Sozialismus, der sich nicht allein auf Marx berief, sondern für seine theoretische Fundierung auch auf die Frühsozialisten und für seine praktische Orientierung auf das Beispiel der englischen Arbeiterbewegung.[5] 1924–1933 war er ständiger Mitarbeiter der Wiener Wochenzeitung *Der Österreichische Volkswirt* und schrieb dort über Probleme der internationalen Wirtschaft und Politik mit besonderer Berücksichtigung Englands. 1933 emigrierte er nach England. Dort schlug er sich mit Artikeln und Vorträgen in Volkshochschulen und Institutionen der Arbeiterbildung durch. Nachdem er schon 1940–1943 verschiedentlich ausgedehnte Vortragsreisen in die USA unternehmen konnte, wurde er schließlich 1947 an die Columbia University berufen. Dort hat er auch noch nach seiner Emeritierung eine interdisziplinäre Forschungsgruppe zu Problemen der ökonomischen Anthropologie organisieren können.

Die »Einbettung« der Ökonomie

Polanyis Überlegungen zur ökonomischen Anthropologie begegnen zuerst in seinem 1944 erschienenen Buch *The Great Transformation*.[6] In dieser Arbeit ging es ihm darum zu zeigen, daß die Entfaltung einer autonomen, sich allein nach Marktmechanismen regulierenden und dieses Steuerungsprinzip der Gesellschaftsordnung überstülpenden Ökonomie im 19. Jahrhundert eine welthistorische Zäsur darstelle. Nach seiner Überzeugung war diese Entwicklung verantwortlich für die Selbstzerstörung der liberalen Industriegesellschaft und begründete – gerade um der Erhaltung der Freiheit willen – die Notwendigkeit einer (an »utopischen« Vorbildern orientierten) sozialistischen Gesellschaftsordnung.[7] Diese Interpretation der Weltlage war Ausgangspunkt aller seiner weiteren Forschungen, in denen er sowohl die Möglichkeit wie die Notwendigkeit einer Gesellschaftsordnung empirisch belegen wollte, in der die Ökonomie keine Eigengesetzlichkeit entfalte, sondern im Dienste der gesellschaftlichen Solidarität stehe. Von diesem Ansatz her erklärt sich der stark aufklärerische bis missionarische Impetus, der seine Publikationen auszeichnet.

Im Gegensatz zur Industriegesellschaft sei in allen früheren Gesellschaftsordnungen jegliche wirtschaftliche Aktivität in umfassende gesellschaftliche Zusammenhänge integriert (»embedded«)[8] gewesen. Dieser Interpretationsansatz ist in den nach dem Zweiten Weltkrieg von Polanyi durchgeführten bzw. angeregten Untersuchungen von frühen Hochkulturen, der griechischen Antike und Dahomeys im 18. Jahrhundert umgesetzt worden, deren erste Ergebnisse in *Trade and Market in the Early Empires* (1957) vorgelegt wurden. Es ging Polanyi um den Nachweis, daß Handel, Märkte und Geld nicht notwendig eine Einheit bilden, die Existenz von Märkten und Geld allein die Übertragung von Kategorien der (neo-)klassischen ökonomischen Theorie nicht rechtfertige. Marktaustausch spiele im internen Gütertransfer einer vorindustriellen Gesellschaft nur eine nachgeordnete Rolle. Märkte, die dem Güteraustausch nach außen dienten, seien institutionell so abgeschottet gewesen, daß sich die Marktbeziehungen nicht auf den Gütertransfer innerhalb der Gesellschaft hätten auswirken können, der sich vielmehr nach Maßgabe der vorrangigen Integrationsmechanismen Reziprozität und Redistribution vollzogen habe. Erst in der Moderne hätten Märkte mit freier Preisbildung die Funktion der Integration der Wirtschaft übernommen.[9]

Reziprozität impliziert die »Einbettung« des Güteraustausches in um-

fassende soziale Institutionen, in denen wirtschaftliche, verwandt-
schaftliche, politische, religiöse und magische Funktionen untrennbar
verbunden sind. Damit wird ein System des Austausches von Gaben
bezeichnet, dessen Aufrechterhaltung voraussetzt, daß jeweils die Erwartung einer Adäquanz der Gegengabe erfüllt wird, ohne daß eine Bewertung nach Kriterien ökonomischer Rationalität erfolgt bzw. erfolgen darf. Locus classicus der Beschreibung eines solchen Systems ist
Bronislaw Malinowskis Darstellung der Ergebnisse seiner Feldfor-
schungen auf den Trobriand-Inseln in der Südsee unter dem Titel *Argonauts of the Western Pacific* (1922), auf die sich auch Polanyi wiederholt
beruft (vgl. zur wissenschaftsgeschichtlichen Bedeutung Malinowskis:
Kuper 1983). Sie zeigt das Funktionieren eines sowohl intra- wie inter-
tribalen, sich über große zeitliche wie räumliche Distanzen erstrecken-
den (damit auch gefahrvolle Reisen bedingenden) Systems des Gabentausches. Sein Vollzug ist untrennbar verbunden mit der Ausführung
zahlreicher Zeremonien und magischer Rituale. Es handelt sich um
eine das gesamte Leben der Gesellschaft umfassende Institution, ein
»fait social total« (im Sinne von Mauss, der in Malinowskis Beschreibung wichtiges Material für seine Theorie des Gabentausches fand).[10]
Das Beispiel der Trobriander dürfte für Polanyi auch deshalb besonders aufschlußreich gewesen sein, weil es erkennen läßt, wie der Inte-
grationsmodus Reziprozität als untergeordnete Formen auch Redistribution und den Austausch auf (peripheren) Märkten zuläßt.[11] Redistribution bezeichnet den Integrationsmechanismus einer Ordnung, in
der die Steuerung von Produktion und Verteilung der Güter von einer
zentralen Autorität (Häuptling, Despot oder Tempel zum Beispiel)
ausgeht, welche (realiter oder durch Verfügung) die Einsammlung,
Lagerung und Neuverteilung vornimmt – nach Maßgabe von Tradition, formal definierter Verpflichtung oder freier Entscheidung.
Es versteht sich beinahe von selbst, daß gegen ein Klassifizierungs-
schema, das solch universale Anwendbarkeit beansprucht, Einwände
hinsichtlich seiner Fähigkeit erhoben wurden, die Vielfalt der empirischen Erscheinungen subsumieren und gleichzeitig notwendige Differenzierungen vornehmen zu können. So erfordert der Typus der
Reziprozität zweifellos eine Auffächerung gemäß den verschiedenen
Relationen des Status der Beteiligten.[12] Entsprechend gab es Bemühungen um eine weitere Verfeinerung und Differenzierung der Kategorien Polanyis. Grundsätzlicher ist jene Linie der Argumentation,
die an Polanyis Ansatz die Beschränkung auf den Distributionssektor
und die Ausblendung des Produktionsbereichs kritisiert, dennoch

aber eine Verbindung seines Ansatzes mit einer marxistisch inspirier-
ten Theorie versucht.[13]

Die zentrale Kontroverse in der ökonomischen Anthropologie[14] ent-
zündete sich jedoch an der Frage der Anwendbarkeit moderner ökonomischer Kategorien auf vormarktliche Ordnungen. Polanyi und
seine Schule behaupteten die Notwendigkeit eines substantiellen Ver-
ständnisses von Ökonomie als der Interaktion zwischen Mensch und
gesellschaftlicher und natürlicher Umwelt bezüglich der Befriedigung
materieller Bedürfnisse. Die Gegenseite bestand auf der Anwendbarkeit der fundamentalen Prämisse der neoklassischen Theorie, nach
der Ökonomie das Verhalten von Menschen bezeichnet, die angesichts der Knappheit von Ressourcen eine Selektion von Mitteln und
Zielen bezüglich deren Erlangung und Verwendung vornehmen müssen; so formalisiert könne sie über den ursprünglichen Gegenstandsbereich der Ökonomie im modernen Sinne hinaus auch sinnvoll auf
die primitiven Wirtschaften appliziert werden.[15]

Da er die Kategorien der neoklassischen ökonomischen Theorie nicht
für anwendbar hielt, hat Polanyi eine Reihe eigener Begriffe entwik-
kelt. Dazu gehören zumal die Kategorie des »special purpose money«,
also einer Form von Geld, das nur für ganz spezielle Transaktionen
gilt[16]; die Kategorie des »port of trade«[17], des Handelsplatzes als Fort-
entwicklung des »stummen Handels«[18], der einen sicheren Ort für
den Warenaustausch mit fremden Händlern darstellt, gleichzeitig jedoch unerwünschte Kontakte mit den Einheimischen unterbindet[19];
der Begriff des »administered trade«, des von staatlichen Behörden
selbst durchgeführten oder rigide kontrollierten Fernhandels. Wie immer die materiellen Ergebnisse Polanyis und seiner Mitarbeiter von
Spezialisten der einzelnen Fachdisziplinen auch bewertet worden
sind, diese von ihm entwickelten Kategorien erfreuen sich weiter Ver-
breitung; so wird, um nur ein Beispiel zu nennen, mit der Kategorie
port of trade in jüngster Zeit sowohl in Untersuchungen zum frühmittelalterlichen Europa[20] wie zu Bali im 19. Jahrhundert[21] gearbeitet.

Reziprozität, Redistribution und Marktverkehr
bei den Griechen

Hier ist nach diesen sehr summarischen Bemerkungen der (möglichen) Bedeutung Polanyis für die Forschung zur griechischen Antike
nachzugehen. Sally Humphreys hat gemeint, daß er langfristig seine

größte Wirkung auf die antike Wirtschaftsgeschichte ausüben werde. Prima facie spricht einiges dagegen, zumindest hinsichtlich der klassischen Altertumswissenschaft: die unmittelbare Stimulation empirischer Forschung ist hier kaum zu sehen (auch in anderen Bereichen wie in der Afrikanistik[22] dürfte Polanyis Einfluß vor allem über die Diskussion zur ökonomischen Anthropologie vermittelt worden sein). An *Trade and Market* haben sich zünftige Althistoriker nicht beteiligt; eine Diskussion darüber hat in diesem Fach zunächst so gut wie gar nicht stattgefunden.[23] Eine viel unmittelbarere Wirkung hat Polanyi dagegen auf die Assyriologie ausgeübt, in der seine Beobachtungen zum markt- und gewinnlosen Handel eine anhaltende Diskussion über den Charakter der mesopotamischen Ökonomie ausgelöst haben.[24]

Humphreys gründet ihre Behauptung vor allem auf die Arbeiten von Finley, in dem sie den entscheidenden Vermittler der Ideen Polanyis sieht. Die Wirkung, die Finley seit der Mitte der fünfziger Jahre auf die antike Sozial- und Wirtschaftsgeschichte ausgeübt hat, ist sicherlich kaum zu überschätzen.[25] Ein durchgängiger Zug seines Werkes ist die Herausarbeitung der Integration der antiken Ökonomie in umfassende gesellschaftliche Konnexe und das Insistieren auf der begrenzten Bedeutung von Marktelementen. Finley hält für die Antike ebenfalls einen substantiellen Ökonomiebegriff im Sinne Polanyis für angemessen[26] und wendet sich immer wieder gegen die Übertragbarkeit moderner ökonomischer Kategorien. Auf der anderen Seite hat er bei aller persönlichen Verbundenheit stets eine gewisse skeptische Distanz gegenüber Polanyis konkreten Forschungen und der Applizierbarkeit seiner Konzepte auf die griechische Antike seit der archaischen Zeit bewahrt.[27] Für Finleys Einschätzung der wirtschaftlichen und gesellschaftlichen Entwicklung im archaischen und klassischen Griechenland ist der unmittelbare Einfluß der Arbeiten von Max Weber und Hasebroek ungleich höher zu veranschlagen.[28]

Mit der Undankbarkeit dessen, der von den Ergebnissen einer wissenschaftlichen Umorientierung ausgehen und mitunter kaum ermessen kann, wie schwierig sich die Durchsetzung neuer Paradigmen gestaltete, wird man heute die Frage stellen müssen, in welchen Bereichen empirischer Forschung von Polanyis Konzepten eine unverwechselbare stimulierende Wirkung ausgegangen ist und auch weiterhin ausgehen könnte, die über eine – fraglos notwendige – generelle Sensibilisierung gegenüber ökonomischen Modernismen hinausgeht.

Polanyis Kategorien ermöglichen sicherlich einen guten ersten
Zugriff auf die frühen Epochen der griechischen Geschichte. Die
Ordnung der mykenischen Welt läßt sich als System der Redistribu-
tion nach der Art orientalischer Palastwirtschaften verstehen.[29] Die
Beziehungen zwischen den homerischen Helden beruhen auf einer in
Gabentausch, Gastfreundschaft und Eheverbindungen gründenden
Reziprozität.[30] Auch die Wandlungstendenzen innerhalb der homeri-
schen Gesellschaft lassen sich erfassen, wenn man das Element der
Konkurrenz betont, das den Gabentauschbeziehungen ebenfalls in-
newohnt.[31] Für die archaische Zeit läßt sich die Fortdauer von Rezi-
prozitätsverhältnissen auch noch dort erkennen, wo sie von späteren
Quellen schon nicht mehr verstanden worden sind. So berichtet
Plutarch (*Solon* 2f.), daß Solons Vater sein Vermögen durch großzügige Schenkungen ruiniert habe, und gleich darauf, daß Solon selbst
in großem Luxus gelebt habe, den er sich durch Handelstätigkeit erworben habe; die Möglichkeit, daß Solons Reichtum aus Gegen-
gaben für diejenigen seines Vaters stammen könnte, kommt ihm gar
nicht in den Blick.[32] Im Werke Hesiods lassen sich die Spannungen
erkennen, die angesichts des Versagens herkömmlicher Reziprozitä-
ten – die adligen Richter »verzehren die Geschenke«, ohne die Ge-
genleistung gerechter Urteilssprüche zu erbringen – und der Suche
nach neuen Solidaritäten auf der Ebene nachbarschaftlicher Beziehungen entstanden. Mit Feststellungen dieser Art ist im Regelfall
noch keine Erklärung geleistet; sie ermöglichen jedoch, anachronisti-
sche Kategorien der oft späteren Quellen zu durchschauen, und
schützen vor allem vor einer ungeprüften Übertragung von Kriterien
ökonomischer Rationalität, für die gerade die Forschungen zur griechischen Wirtschaftsgeschichte eklatante Beispiele bieten. Besonders
für quellenarme Epochen wird man die heuristische Funktion der
Polanyischen Kategorien deshalb nicht unterschätzen dürfen; die
Wirtschaftsgeschichte des Frühmittelalters bietet hier eine aufschlußreiche Parallele.[33]

Polanyis Intention zielte jedoch im Prinzip nicht auf die Identifizierung
einer bestimmten Gesellschaftsordnung mit *einem* Integrationstypus,
sondern auf die Verknüpfung der verschiedenen Integrationsmuster.
Den entscheidenden Test für die Fruchtbarkeit seiner Kategorien
für die griechische Geschichte dürfte deshalb die Anwendung auf
die – eine vergleichsweise bessere, wenngleich insgesamt immer
noch sehr lückenhafte Überlieferung bietende – Wirtschafts- und
Sozialgeschichte der archaischen und vor allem der klassischen Zeit

darstellen, in der die Relation der verschiedenen Integrationsformen aufgedeckt werden müßte.

Zu erwähnen ist zunächst, daß Polanyi im Zusammenhang der griechischen Geschichte zusätzlich auf die Kategorie der »Hauswirtschaft« zurückgreift.[34] Dies paßt eigentlich nicht in sein Schema; denn entweder sah man in ihr (wie er selbst es tat)[35] nur Redistribution in kleinem Maßstab, oder aber man hätte die Vergleichsebene der Distribution der Güter verlassen müssen. Der Rückgriff auf eine Kategorie Büchers bedingt deutlich eine »primitivistische« Tendenz bei der Einschätzung der realen Verhältnisse.[36] Das grundsätzliche Problem liegt darin, daß die Kategorie der Hauswirtschaft im Sinne Büchers vorbelastet ist durch eine Verknüpfung des Konzepts des »Hauses« mit dem Aristotelischen Gedanken der »Autarkie«, der nur den »natürlichen« Güteraustausch zwischen Produzenten zuläßt – zum Ausgleich von Defiziten in der Eigenversorgung auf der Basis von Reziprozität.[37] Polanyis Einschätzung der realen Verhältnisse ist prinzipiell dadurch belastet, daß er seinen Ausgangspunkt von Aristoteles' Ausführungen zum Verhältnis von *oikonomia* und *chrematistike* (Erwerbskunde) nimmt, die kurzschlüssig als Widerspiegelung eines erst zu Aristoteles' Zeit einsetzenden Herauslösens von Marktelementen aufgefaßt werden. Damit ist der Zugang zur Interpretation einer Landwirtschaft versperrt, in der der *oikos* (das »ganze Haus«) zwar grundlegende Wirtschaftseinheit bleibt, gleichwohl aber in erheblichem Maße eine Produktion für den Markt stattfindet, wie es bei einem großen Teil der athenischen Bauernschaft zumindest seit dem späten 5. Jahrhundert zweifellos der Fall war.[38]

Der Rückgriff auf die Kategorie der Hauswirtschaft scheint mir ein Indiz für eine bestimmte Leerstelle in Polanyis Entwurf zu sein, die vermutlich damit zu erklären ist, daß seine Überlegungen zur ökonomischen Anthropologie ihren Ursprung in der Herausarbeitung eines Gegenmodells zu der Gesellschaft nach der »Great Transformation« gehabt haben. Als Gegenbild zur modernen liberalen Gesellschaft, in der, nachdem auch die Faktoren Arbeit und Boden voll monetarisiert worden waren, die gesamte Wirtschaft ein System verbundener Märkte darstellt, erschienen ihm vornehmlich Ordnungen, in denen Marktaustausch allein in strikt gehegten Formen eine Rolle spielen konnte. Dabei geriet zu sehr aus dem Blickfeld, daß es Gesellschaften gibt, in denen sich in bestimmten Sektoren weitgehend freier Marktverkehr nach Mechanismen von Angebot und Nachfrage vollzieht, während in anderen außerökonomische Faktoren dominieren. Eine

Differenzierung zwischen dem Marktverkehr, der Waren betrifft, und den Transaktionen, welche die Bereiche Arbeit[39] und Boden[40] involvieren, ist gerade für die griechische Wirtschaftsgeschichte von grundlegender Bedeutung. Polanyis Fixierung auf die Kontrolle und Beschränkung von Marktverkehr führte ihn auch – wie im einzelnen noch erörtert wird – zu einer Überbewertung von administrativ oder vertraglich festgelegten Preisen. Im Grunde unterlag er damit – wie Humphreys hervorhebt[41] – selbst einer modernisierenden Fehldeutung, weil er implizit dem Preisbildungsmechanismus des Marktes eine Steuerungsfunktion für die gesamte Wirtschaft unterstellte.

In seinen Darlegungen zur athenischen Entwicklung hat Polanyi in gewisser Weise den Trend zur Marktorientierung in Athen anerkannt. Er glaubte dadurch jedoch seine Grundauffassung von der untergeordneten Rolle von Marktbeziehungen in klassischer Zeit nicht in Frage gestellt. Er setzte nämlich eine starke administrative Kontrolle der Binnenmärkte voraus, die freie Preisbildung nach dem Mechanismus von Angebot und Nachfrage nur in sehr eingeschränktem Maße zuließ und zudem Fremde ausschloß. Ferner ging er von einer vertraglichen Fixierung der Preise im Fernhandel aus und betonte weiter eine strikte Abschottung zwischen Fernhandel und Binnenmärkten. Für diese Auffassung waren im einzelnen neben entsprechenden Postulaten bei Aristoteles (und Platon)[42] vor allem Ergebnisse maßgeblich, die sich auch aus Untersuchungen zu frühen Hochkulturen ergeben hatten, wie sie zuerst in *Trade and Market* vorgelegt worden waren. Es handelt sich zum einen um die Analyse des marktlosen, auf vertraglich fixierten Äquivalenten beruhenden, von königlichen Beamten durchgeführten »Handels« im babylonischen Reich[43], neben dem (oder auch innerhalb dessen) es jedoch, was Polanyi zu wenig beachtete, durchaus auch Spielräume für private Initiative gab[44]; und zum anderen um den »port of trade«, als dessen früheste Repräsentanten Al-Mina und Ugarit an der Nordküste Syriens gelten können.[45]

Polanyis Interpretation litt darunter, daß er von einigen Annahmen ausging, die sich in dieser Form nicht halten ließen.[46] Falls es ursprünglich in Athen einen Ausschluß von Fremden von der Agora gegeben hatte, so war dies in klassischer Zeit durch die Erhebung einer Abgabe abgelöst worden.[47] Eine behördliche Kontrolle der Binnenmärkte, die über die Funktion eines Verbraucherschutzes nach Art einer Marktpolizei hinausgeht, läßt sich kaum feststellen.[48] Eine generelle administrative Überwachung der Preise fand nicht statt. Kontrolle gab es dagegen für den Handel mit Getreide und Getreideprodukten.[49] Die *sitophylakes* hatten nach den Angaben der *Athenaion Politeia* (AP 51,3) die Aufgabe, erstens für einen »gerechten Preis« des Getreides zu sorgen und zweitens für eine angemessene Relation zwischen Brot-, Mehl- und Getreidepreis.[50] Die Möglichkeiten der Magistrate zur Durchsetzung dieser Vorschriften sind jedoch begrenzt; Sanktionen sind – als ultima ratio – nur gegenüber den in Athen ansässigen Weiterverkäufern und -verarbeitern möglich.[51] Der »gerechte Preis« meint jedoch nichts anderes als den üblichen Marktpreis, der im Falle einer Teuerung subventionierten Verkäufen durch den Staat oder durch einzelne »Wohltäter« zugrunde gelegt wurde.[52] Er ist zweifellos nicht im Sinne der Aristotelischen Überlegungen zum »natürlichen Austausch« zu verstehen. Diese boten auch gar keine Anhaltspunkte für konkrete Bestimmungsfaktoren.[53]

Im übrigen war wohl auch in der Scholastik die vorherrschende Meinung die, daß der »gerechte Preis« der übliche Marktpreis sei. Interventionen der Behörden galten bei akuter Teuerung und zur Verhinderung ungerechtfertigter Ausnutzung von Monopolen als angebracht.[54] Eine weitere bemerkenswerte Parallele stellen frühneuzeitliche »food riots« dar: Wenn im Falle einer Teuerung »gerechte Preise« – sei es durch Eingriffe der örtlichen Behörden, sei es durch Selbsthilfe in Form der »taxation populaire« – erzwungen wurden, bezog sich dies auf den Verkauf zum traditionellen Marktpreis (und betraf auch hier die örtlichen Kleinhändler und Weiterverarbeiter).

Eine strikte Kontrolle der Märkte findet sich viel deutlicher in einem anderen Bereich, den Polanyi zu Recht hervorgehoben hatte. Er wies hin auf die ökonomischen Implikationen der veränderten Form der Kriegsführung bereits im Laufe des Peloponnesischen Krieges und dann vor allem im 4. Jahrhundert. Die Versorgung der längerfristige Operationen durchführenden Landheere findet häufig auf Märkten statt, die zumeist außerhalb einer Stadt nach vorhergehenden Verhandlungen zwischen den Behörden und den Feldherren vorübergehend eingerichtet werden.[55]

Die Abgrenzung zwischen Binnenmarkt und Außenhandel liegt in Athen zwar insofern vor, als beide Transaktionen von unterschiedlichem Personal durchgeführt werden. Das athenische *emporion* (Hafen) stellt eine durch Grenzsteine markierte Sonderzone für den Überseehandel dar; doch scheint dieser Bereich in klassischer Zeit – wenigstens in praktischer Hinsicht – nicht mehr vom gesamten Handelshafen unterschieden worden zu sein.[56] Zudem bestand eine zentrale Aufgabe der Aufsichtsorgane (*epimeletai tou emporiou*) darin, dafür zu sorgen, daß von dem in den Hafen gebrachten Getreide zwei Drittel auf den städtischen Markt gelangten (AP 51,4).[57] Dieser Transfer vollzieht sich jedoch nicht in staatlicher Regie, anders gesagt: Diese Magistrate fungieren nicht im Sinne eines zentralen Verteilungsapparates. Mit einem »port of trade« hat dies auch insofern nichts gemein, als es hier nicht auf die Eindämmung von Kontakten mit Fremden und die Abwehr gegen das mögliche Eindringen von Marktbeziehungen ins Innere ankommt. Polanyis Betonung der Abgrenzung zwischen Außenhandel und Binnenmarkt erweist sich in dieser Form als auf die athenischen Verhältnisse nicht übertragbar. Fundamental ist jedoch (wie gleich zu erörtern sein wird), daß für den Fernhandel, welcher der Versorgung der Stadt mit Getreide dient, andere Regulationsmechanismen gelten als für den übrigen Marktaustausch im Inneren, hier also kein System unmittelbar verbundener Märkte mit wechselseitig unvermittelt durchschlagender Preisbildung vorliegt.

Ein »port of trade« im strengen Sinne läßt sich auch sonst in den Poleis des Mutterlandes wohl kaum ausmachen. Er findet sich dagegen in den Kontaktpunkten mit der nichtgriechischen Welt. Prägnante Beispiele sind zum einen die griechische Niederlassung in Naukratis[58] und zum anderen die Getreideausfuhrplätze an der Schwarzmeerküste.

Gerade für den Fernhandel mit Getreide erweisen sich Polanyis Konzepte als sehr fruchtbar. Hier dominieren eindeutig die »nichtökonomischen« Faktoren den Güteraustausch[59], zumal (praktisch in der gesamten Antike) der Getreidefernhandel wesentlich auf der Einziehung von Korn als Steuer- und Tributleistungen in den Anbaugebieten beruhte.[60] Dies lenkt zum einen den Blick auf die Auswirkungen, welche der Import Athens (bzw. später Roms) auf die Herkunftsländer des Getreides hatte. Humphreys weist darauf hin, daß die immens verstärkte Nachfrage, die von Athen im 5. Jahrhundert ausging, vermutlich den Druck auf die abhängigen Bauern in den jeweiligen Herkunftsländern verstärkt hat (so wenig man darüber im einzelnen auch weiß).[61] Zum anderen ergibt sich aus der Perspektive der importierenden Staaten, daß die »terms of trade« ganz entscheidend von den militärisch-außenpolitischen Konstellationen abhängig sind. Die Feststellung der *Athenaion Politeia* (43,3), daß zu den von der Volksversammlung regelmäßig zu behandelnden Materien die Fragen »der Getreideversorgung und Landesverteidigung« gehören, unterstreicht diesen Zusammenhang.

Für Athen läßt sich der grundlegende Zusammenhang zwischen seiner Flottenpolitik und seiner Getreideversorgung sehr verkürzt wie folgt skizzieren.[62] Die Außenpolitik des 5. und 4. Jahrhunderts wird in großem Maße von dem Bemühen bestimmt, die Kontrolle des Seewegs aus den Getreideausfuhrgebieten (zumal denen am Schwarzen Meer) zu gewinnen bzw. zu erhalten.[63] Die militärische Vormachtstellung sowie die wirtschaftliche Entfaltung Athens führen im 5. Jahrhundert zu einer weitgehenden Zentralisierung des Agäishandels im Piraeus, der damit – wie es bei Isokrates heißt (4,42) – zum *emporion* in der Mitte Griechenlands« wurde. Athen übt eine strikte Kontrolle über die Getreideausfuhr aus dem Schwarzen Meer aus (und monopolisiert zudem den Import einiger strategisch wichtiger Güter).[64] Als es den Spartanern gelang, die Kornzufuhr nach Athen zu unterbinden, wurde 404/3 die Kapitulation unausweichlich (ähnlich kam es 387/6 zur Annahme des Königsfriedens durch Athen). Unter den außenpolitisch instabilen Verhältnissen im 4. Jahrhundert ergibt sich eine größere Abhängigkeit vom Wohlwollen der Herrscher des Bosporanischen Reiches. Die Seewege sind nun wieder unsicher geworden; Getreideschiffe werden von verschiedenen Staaten – aus politischen wie aus Versorgungsgründen – zum Landen in deren Häfen gezwungen[65], die Piraterie stellt eine erhebliche Gefährdung dar.[66]

Der »administrierte« Handel

Eine ausführliche Behandlung des Getreidehandels durch Polanyi selbst liegt in seinem erst 1977 aus dem Nachlaß herausgegebenen Buch *The Livelihood of Man* vor.[67] Es handelt sich um eine Darstellung, in der zum einen Elemente seiner globalen Theorie entwickelt werden und zum anderen die Anwendung auf einen bestimmten Gegenstandsbereich, die griechische Wirtschaftsgeschichte, zum ersten Mal erprobt wird. Auffällig ist, daß in diesen auf Vorlesungen der frühen 1950er Jahre basierenden Texten[68] noch nicht solche problematischen, zugespitzten Urteile zur griechischen Wirtschaftsgeschichte enthalten sind, wie in den von Polanyi selbst publizierten späteren Aufsätzen, die im Zusammenhang mit dem von ihm nach seiner Emeritierung inaugurierten interdisziplinären Forschungsprojekt entstanden sind. Möglicherweise haben sich somit bestimmte Tendenzen in Polanyis Charakterisierung der griechischen Entwicklung erst aus seinen Bemühungen um Synthesen mit den Untersuchungen zu altorientalischen Hochkulturen ergeben – und vielleicht manche Fehleinschätzung daraus, daß beim Vergleich die Gemeinsamkeiten auf Kosten der Unterschiede überbewertet wurden.

Die Darlegungen in *The Livelihood of Man* lassen in vielem besser Polanyis Fähigkeit erkennen, die Implikationen zentraler Quellentexte aufzudecken und die entscheidenden Fragen zu stellen. Seine Interpretationen bieten damit ein in verschiedenen Bereichen noch nicht ausgeschöpftes Potential an Problemstellungen. Dagegen verschlägt nicht, daß seine eigene Durchführung häufig problematisch ist.

Polanyi erkennt hier die große Bedeutung an, welche im späten 5. Jahrhundert der Markt für die (Lebensmittel-)Versorgung der athenischen Bevölkerung hat (wobei er jedoch auch hier das Ausmaß staatlicher Kontrollen überschätzt). Er verweist mit Recht auf die Rolle, die das System der Staatszahlungen für diese Entwicklung spielt (darauf ist noch zurückzukommen).[69] Der Nachdruck seiner Darstellung liegt darauf, daß der für die Versorgung der Bevölkerung elementare Fernhandel mit Getreide sich im wesentlichen nicht nach Marktmechanismen reguliert habe und zudem durch staatliche Interventionen gegen den Binnenmarkt abgegrenzt gewesen sei.[70] Für den Fernhandel geht es ihm darum, das Verhältnis zu untersuchen zwischen Quasi-Diktaten Athens, Schenkungen von Herrschern der Exportgebiete, vertraglichen Bindungen zwischen Import- und Exportland sowie Regulationen nach dem Grundsatz von Angebot und Nachfrage. Polanyi legt den Akzent auf die nicht-marktgemäßen Komponenten. Essentielle Elemente seien »administered trade« und in bestimmten Situationen »gift-trade« gewesen. Von einem internationalen Marktsystem im östlichen Mittelmeerraum könne erst seit Beginn der makedonischen Weltherrschaft die Rede sein.[71] Zuvor hätten sich Lieferungen und Preise im Regelfall nicht nach Maßgabe von Angebot und Nachfrage reguliert. Die Fälle, in denen eine Ausnutzung von Knappheit durch Spekulationen bzw. eine Lenkung der Warenströme nach Profitgesichtspunkten stattgefunden habe, seien Ausnahmen gewesen; die importierenden Poleis hätten in solchen Situationen versucht, Auswirkungen auf den Binnenmarkt abzufangen.

Die Bedeutung, die militärisch-diplomatische Arrangements für die Getreidezufuhr haben, und die veränderte Situation, die sich für Athen aus dem Verlust der konkurrenzlosen Seeherrschaft ergab, sind evident. Insofern ist Polanyis Interpretation in der Tendenz sicherlich überzeugend. Die Kategorie des »administered trade« bedarf jedoch inhaltlicher Differenzierungen, wenn man sie auf die Beziehungen zwischen Athen und den Getreideexportländern anwenden will. Insgesamt nämlich sind bei Polanyi die Besonderheiten nicht ausreichend berücksichtigt, die sich aus Beziehungen zwischen Staaten mit verschiedenartigen ökonomischen und politischen Systemen ergeben. Die Unterschiede zwischen den Regulierungen des Kornhandels durch die importierende Polis Athen und den Festlegungen auf seiten der monarchisch regierten Exportländer müßten deutlicher hervorgehoben werden; die Tatsache, daß Athens lebenswichtige Importe von privaten, zudem überwiegend nicht zur Bürgerschaft zählenden Händlern durchgeführt wurden, ist mit allen Implikationen stärker zu beachten.

Eine zentrale Bedeutung kommt den Beziehungen Athens zum Bosporanischen Reich zu. Polanyi geht hier anscheinend davon aus, daß Athen in der zweiten Hälfte des 5. Jahrhunderts seine militärische Präsenz in der Schwarzmeerregion dazu ausgenutzt habe, um einseitig die Handelsbedingungen – einschließlich der Preise – festzulegen.[72] Diese Vermutung läßt sich jedoch nicht belegen. Wie sich im einzelnen anfangs die Beziehungen zwischen Athen und der 438/7 etablierten Spartokidendynastie des Bosporanischen Reiches gestalteten, entzieht sich unserer Kenntnis.[73] Es ist jedenfalls fraglich, daß Athen im Nordpontus eine solche machtpolitische Position gewonnen hätte, daß es in der Lage gewesen wäre, einseitig die Bedingungen zu bestimmen. Doch selbst wenn dies der Fall gewesen sein sollte, bleibt das gewichtige Gegenargument, daß es auch für das 5. Jahrhundert keine Anzeichen für eine athenische Politik gibt, die über eine (politisch-militärisch motivierte) Kontrolle der Getreidezufuhr durch den Hellespont (möglicherweise nicht nur während des Peloponnesischen Krieges) und die Sicherung eines Ankaufsmonopols für bestimmte militärisch wichtige Schiffsbaumaterialien hinausgegangen wäre.

Hinsichtlich der Beziehungen Athens mit dem Bosporanischen Reich im 4. Jahrhundert neigt Polanyi wohl zu einer Überbewertung des vertraglichen Charakters dieser »special relationship«. Seine Auffassung wird wesentlich auch von der Feststellung in der Aristotelischen *Rhetorik* (1360a 12) bestimmt, in der von der Notwendigkeit vertraglicher Sicherungen der Nahrungsmittelversorgung die Rede ist. Das Problem für die Forschung besteht hier jedoch darin, daß sich für eine Deutung dieser Stelle im Sinne spezifischer Abkommen in der Überlieferung keine entsprechenden Belege für solche Verträge bei griechischen Staaten des Mutterlandes finden lassen; vertragliche Festlegungen von Import- und Exportvergünstigungen begegnen nur im Zusammenhang von Friedens- und Bündnisabkommen.[74]

Der Handel mit Athen genoß im 4. Jahrhundert in den bosporanischen Häfen Pantikapaion und Theodosia bevorzugte Behandlung durch die Befreiung von Hafenzöllen und durch eine Art von Vorkaufsrecht. Dies war jedoch zumindest Anfang des 4. Jahrhunderts nur eine von Fall zu Fall eingeräumte Vergünstigung.[75] Zu einer dauernden Bevorzugung kam es unter Leukon I. (389/8–349/8). Die besondere Ehre, die Leukon (und seinen Söhnen) in Athen durch die Verleihung von Ehrenbürgerrechten zuteil wurde, galt als Ehrengeschenk (*doreia*) an einen Wohltäter (*euergetes*) der Stadt. Es scheint problematisch, hier von einem Vertragsverhältnis in striktem Sinne zu sprechen.[76] Es gibt Indizien dafür, daß sich in der ersten Hälfte der Herrschaft von Pairisades I. (344/3–311/10) die Beziehungen verschlechterten und die Bevorzugung Athens eingestellt wurde[77]; wenn Athen die Restitution seiner Privilegien Anfang der 320er Jahre möglicherweise nur mit einem formellen Bündnisabkommen erzielen konnte, wäre dies ein Beleg dafür, wie prekär sich seine Lage in einer anhaltend schwierigen Versorgungssituation ausnahm.[78]

Polanyis Verständnis des »administrativen« Charakters des Kornfernhandels läßt ihn zu Annahmen kommen, die im Grunde implizieren, daß die beiden Staaten unmittelbar selbst die Handelspartner gewesen sind. Nur so ist m. E. seine These zu erklären, der Getreideimport aus dem Bosporanischen Reich habe ursprünglich auf vertraglich fixierten Äquivalenten beruht. Polanyi sieht eine Stütze für seine Annahme auch darin, daß im 4. Jahrhundert trotz aller Schwankungen durchgängig die Relation zwischen dem Preis für Weizen und dem für Hafer konstant geblieben ist und daß sich immer die Vorstellung von einem »gerechten Preis« für Weizen gehalten hat. Er versteht den »gerechten Preis« hier zutreffend im Sinne des »herkömmlichen, angemessenen Preises«, glaubt jedoch, daß die Entstehung und Fortdauer einer solchen Auffassung ohne ursprüngliche administrative Festlegung nicht denkbar gewesen wäre.[79] Diese Vorstellung bezieht sich jedoch auf die Preise auf dem athenischen Markt; sie kommt vor allem dann zum Tragen, wenn es gilt, durch private Spenden bzw. Subventionen und/oder staatliche Interventionen das Durchschlagen einer Teuerung auf den athenischen Binnenmarkt zu verhindern. Hervorzuheben ist, daß Polanyi mit dem Hinweis auf die relative Stabilität der Getreidepreise ein zentrales Problem offenlegt – auch wenn man seiner Lösung nur in modifizierter Form folgen kann.

Das Konzept der administrativen Regulierung der Preise – und einer sich daraus ergebenden relativen, langfristigen Stabilität – ist sinnvoll aufzunehmen, wenn man nach den jeweilig bestimmenden Faktoren der Preisbildung sowohl in den Exportgebieten wie in Athen fragt. Gerade der erste Aspekt ist in jüngster Zeit stärker hervorgehoben worden, nachdem er lange Zeit nicht ausreichend beachtet wurde, wofür nicht nur die schlechte Quellenlage, sondern auch eine zu starke Zentrierung auf die athenische Perspektive verantwortlich gewesen sein dürfte.

Ein erheblicher Teil des Getreides ist anscheinend unmittelbar von den großen Domänen gekommen, die sich im Besitz der bosporanischen Herrscher sowie wahrscheinlich einiger hoher Würdenträger des Reiches befunden haben.[80] Man wird mit ziemlicher Wahrscheinlichkeit annehmen können, daß einerseits die Herrscher hier selbst die Preise festsetzten, daß dies aber andererseits mit weitgehender Stabilität einherging. Daneben werden die bosporanischen Häfen Umschlagplätze eines (nicht in der Regie der Herrscher befindlichen) Handels gewesen sein, der sich bis weit nach Südrußland hinein erstreckte[81]; die athenischen Privilegien in den Häfen wären sonst kaum zu erklären.[82] Der Einkauf von Getreide auf diesem Weg vollzog sich vermutlich wenigstens teilweise im Tausch von Ware gegen Ware[83], insofern wird auch hier der Einkaufspreis für Getreide nicht starken Schwankungen unterworfen gewesen sein.

Die Fernhändler können ihrerseits wiederum im Normalfall nicht allzu viele Möglichkeiten gehabt haben, die Preise in Athen in die Höhe zu treiben, obwohl nicht mit direkten Preiskontrollen der athenischen Behörden zu rechnen ist. Sie waren im wesentlichen auf den Verkauf ihrer Ware im Piraeus als dem größten Markt und zentralen Umschlagplatz angewiesen. Dort wiederum bestand ein Zwang, den Großteil ihrer Ware auf dem athenischen Markt anzubieten, was eine bestimmte Nachfragemacht der in Athen ansässigen Zwischenhändler bedingt haben wird. Die Lenkung der Importe nach Athen konnte auch im 4. Jahrhundert in relativ hohem Maße aufrechterhalten werden. Sofern dies auf der Begleitung von Handelsschiffen im Konvoi durch athenische Kriegsschiffe beruhte, ist damit zu rechnen, daß ein erheblicher Teil der Jahreseinfuhr auf einmal in den Piraeus gebracht wurde, was einen preisdämpfenden Effekt hatte.[84] Zu den Maßnahmen, welche die Versorgung Athens sichern sollten, zählten weiter zum einen Vorschriften wie die, daß in Athen Ansässige Getreidelieferungen nur in den Piraeus und keinen anderen Hafen vornehmen und daß Seedarlehen nur für Lieferungen nach Athen gegeben werden durften[85], zum anderen Bemühungen, die Attraktivität des Piraeus als Fernhandelsplatz zu erhöhen, so durch die Einrichtung spezieller Gerichtsverfahren für Streitfälle aus Fernhandelstransaktionen[86], bei denen Nichtbürger mit Bürgern gleichgestellt wurden. Kartellbildungen der zumeist nur über eine Schiffsladung verfügenden und auf Darlehensbasis arbeitenden *emporoi* waren praktisch ausgeschlossen.[87]

Kommt es jedoch zu einer Verknappung aufgrund einer Beeinträchtigung der Versorgung von außen, so versuchen einerseits Fernhändler und ortsansässige Zwischenhändler durchaus, daraus Profit zu schlagen; mitunter können schon Gerüchte über bevorstehende Schwierigkeiten zum Versuch der Preistreiberei benutzt werden.[88] Auch athenische Großproduzenten von Weizen schlagen aus einer Teuerung Gewinn.[89] Andererseits gibt es Schenkungen bzw. subventionierte Lieferungen von Getreide durch fremde Herrscher wie auch durch einzelne Fremde oder Bürger, die dafür mit Ehrungen ausgezeichnet werden.[90] Im Falle eines akuten Notstands werden auch Magistrate eingesetzt, die den Aufkauf von Getreide (zum Teil mit Finanzmitteln, die durch Subskription der Bürger, *epidosis*, aufgebracht werden) in staatlicher Regie vornehmen und eine Abgabe zum herkömmlichen Preis organisieren.[91]

Polanyis Konzept des »administered trade« sollte demnach für den Getreidehandel in einer modifizierten Form aufgenommen werden, die nicht von einer Alternative zwischen staatlichen Festsetzungen und Marktmechanismen ausgeht, sondern von einer im einzelnen je – auch hinsichtlich Export- und Importstaat – zu differenzierenden Verflechtung der verschiedenen Faktoren. Für Athen bedeutet dies, daß man nicht so sehr von unmittelbaren staatlichen Eingriffen auszugehen hat, sondern sozusagen von einer Einbettung in politische Rahmenbedingungen, auf deren Erhaltung bzw. Verbesserung die Vorkehrungen des Staates ausgerichtet sind. Die Preisgestaltung beim Importgetreide vollzieht sich zwar grundsätzlich nach dem Verhältnis von Angebot und Nachfrage auf dem internationalen Getreidemarkt; dieses wird jedoch wesentlich durch externe, politisch-militärische Faktoren beeinflußt. Nur im Ausnahmefall spielten die Produktionserträge im Getreideanbau eine wesentliche Rolle. Dies scheint der Fall gewesen zu sein bei der allgemeinen Versorgungskrise in Griechenland zwischen 330 und 320, als Mißernten mit einer drastischen Veränderung der Rahmenbedingungen durch den Bedarf der Armee Alexanders und durch den Aufbau eines ägyptischen Exportmonopols durch Kleomenes von Naukratis zusammenkamen.[92] Ferner wird man (ohne dies, wozu Polanyi neigt, an administrativen Restriktionen festzumachen) im Prinzip an einer Abschottung, vielmehr richtiger: am Fehlen eines unmittelbaren Konnexes mit der Binnenwirtschaft festzuhalten zu haben. Die Frage, wie Athen eigentlich seine Importe bezahlte, wirft zweifellos ein intrikates Problem auf. Die immer wieder vertretene Ansicht, dies sei wesentlich durch die Ausfuhr von Gewerbeprodukten erfolgt, beruht mehr auf einem Postulat, das aus der – vermeintlichen – Notwendigkeit einer ausgeglichenen Handelsbilanz hergeleitet wird, als auf Belegen oder überzeugenden Indizien. Aufs Ganze gesehen ist (auch wenn manches offenbleibt) sicherlich die Annahme vorzuziehen, daß die athenischen Einfuhren zu einem ganz erheblichen Teil durch die Silberausfuhr finanziert wurden, so daß man nicht von einer auf die Erfordernisse des Außenhandels ausgerichteten binnenwirtschaftlichen Struktur auszugehen hat.[93]

Mit den Vorkehrungen zur Sicherung der Lebensmittelversorgung der Stadt ist wahrscheinlich annähernd das Höchstmaß an »administrativen« Maßnahmen erreicht, das für einen Staat denkbar ist, der allein auf der Selbstorganisation der Bürgerschaft beruht und ohne Verwaltungsstab auskommt. »Administered trade« stellt sich somit im athenischen Falle differenzierter dar als in dem orientalischer Großreiche oder dem der Monarchien an der Peripherie der griechischen Welt. Es bedürfte in mancher Beziehung anderer Unterscheidungen bezüglich der römischen Situation seit der späten Republik, als die Sicherung der Getreideversorgung der Hauptstadt die Kapazität des Senatsregimes überforderte.[94]

Mit diesen Modifikationen verfügt man über einen Ansatz, der geeignet sein dürfte, die grundlegenden Feststellungen Hasebroeks hinsichtlich des begrenzten Gegenstandsbereichs staatlicher Regulierungen in einer umfassenderen Interpretation aufzunehmen, die nicht bei dessen Fixierung auf das Fehlen quasi-merkantilistischer Intentionen stehenbleibt, sondern den Zusammenhang thematisiert zwischen Flottenpolitik, außenpolitischen Beziehungen, Entwicklung spezifischer versorgungspolitischer Instrumente und gesellschaftlichen Strukturveränderungen.

Handel, Krieg und Politik

Im einzelnen werden diese Konnexe zeitlich und sachlich differenziert zu betrachten sein. Die Entwicklung des Verhältnisses von Krieg und Handel ist von Sally Humphreys skizziert worden.[95] Für die archaische Zeit gilt, daß eine strikte Unterscheidung des Handels von Krieg und Raub einerseits, Gastfreundschaft und Gabentausch andererseits analytisch nicht sinnvoll ist. In klassischer Zeit tritt eine deutliche Trennung zwischen Krieg und Handel ein, sowohl hinsichtlich des Personals wie der Technik (man denke an die Entwicklung hoch spezialisierter Kriegsschiffe[96]). Doch darf darüber nicht der enge Konnex übersehen werden, der nun auf spezifische Art durch den Staat hergestellt wird. Die athenische Seeherrschaft sicherte nicht nur die Versorgung einer rasch zunehmenden städtischen Bevölkerung. Die Tribute der Bündner ermöglichten die Zahlungen an die Besatzungen der Flotte wie der Diäten für politische Funktionen. Dies bewirkte ein rapides Anwachsen von Geldzirkulation und Markttransaktionen. Die Strategie der Preisgabe des Landes im Peloponnesischen Krieg (die Perikles nachdrücklich mit den finanziellen Ressourcen Athens rechtfertigte) führte insofern zu einer nachgerade dramatischen Steigerung dieser Entwicklung, als damit die staatlichen Leistungen zur wichtigsten Quelle der Subsistenz wurden.[97]

Diese Deutung ermöglicht zweifellos, die wirtschaftlichen Konsequenzen des Seereichs (auch für die Bündnerstädte) hervorzuheben, ohne der schiefen Fragestellung nach einem »ökonomischen Imperialismus« im Sinne der Begünstigung einheimischer Produzenten und Händler zu folgen. Die athenische Entwicklung des 4. Jahrhunderts zeichnet sich dann durch eine Tendenz zur Lockerung des Zusammenhangs zwischen militärischer Aktivität und wirtschaftlicher Prosperität aus. Die Bemühungen um die Erhöhung der Anziehungskraft Athens, die Bürgerrechtsverleihungen und Ehrendekrete für einzelne, die sich um die Versorgung der Stadt verdient gemacht haben, stellen von der Funktion her – im ersten Fall wahrscheinlich auch von der Intention – Kompensationen dar für den Verlust der militärischen Vorherrschaft bzw. Komplemente zum Verzicht auf eine erneute Flottenrüstung.

Humphreys sieht in diesem Modell einen Versuch, Polanyis Konzept der »Einbettung« und Webers Idealtypen der »antiken Stadt« und des »homo politicus« in einer umfassenden Analyse aufzunehmen, die von der analytischen Untrennbarkeit der (modern gesagt) ökonomischen Institutionen und Prozesse vom Funktionieren der politischen Institutionen ausgeht. Nur erforderten m. E. gerade ein solch postuliertes holistisches Interpretationsmodell und die Anerkennung des funktionalen Primats der Politik, die Spezifika der singulären demokratischen Entwicklung Athens noch stärker herauszuarbeiten.

Um an Humphreys' Beispiel anzuknüpfen: Ein wesentliches Merkmal des professionalisierten Fernhandels ist in Athen, daß er überwiegend von Metöken und Fremden betrieben wird, und dies in einer Zeit, in der die Lebensfähigkeit der Stadt von Importen abhängig ist. Darin liegt ein deutlicher Unterschied zur früheren Zeit, wie immer man im einzelnen sich Organisation und Personal des Handels der archaischen Zeit[98] vorzustellen hat. Diese Entwicklung muß ihrerseits mit der – sich wechselseitig bedingenden – Entfaltung von Seereich und Demokratie korreliert werden, welche die Bürger aller Schichten für politische und militärische Tätigkeiten gleichermaßen freisetzte wie von ihnen absorbieren ließ, so daß die Stadt auf die Versorgung durch Fremde geradezu angewiesen war (s. »Pseudo-Xenophon« 1,12). Die lange Abwesenheiten bedingende Tätigkeit des Fernhändlers war mit den Rechten und Pflichten eines Bürgers schwerlich noch vereinbar.[99] Das Imperium bot den Bürgern aller Schichten zudem (im jeweiligen Maßstab) ungewöhnlich lukrative Möglichkeiten des Erwerbs. Es bot darüber hinaus gerade auch der Oberschicht ein weites Feld von Entfaltungsmöglichkeiten im politischen und militärischen Bereich.[100] Die Entlastungsfunktion des Seereichs wie die Verfestigung demokratischer Strukturen bedingten weiter, daß die athenische Gesellschaft kaum (noch) solche Randgruppen hervorbrachte, die vermutlich am ehesten das gefahrvolle Geschäft der Seefahrt auf sich nahmen. Die bürgerlichen Unterschichten wurden durch Ansiedlungen, Kriegsdienst, diverse gewerbliche Beschäftigungsmöglichkeiten versorgt; politische Gegensätze innerhalb der Oberschicht führten in Athen nicht – wie in vielen anderen Poleis – zu blutigen Auseinandersetzungen, die in der Enteignung und Exilierung der je unterlegenen Fraktion kulminierten.[101] Die tendenzielle Unvereinbarkeit von Bürger- und Fernhändlerexistenz gehörte seit dem 5. Jahrhundert offenbar zur Tiefenstruktur der athenischen Gesellschaft (womit die Verknüpfung von Verhaltensmustern und Wertorientierungen mit der institutionellen Struktur bezeichnet sei).[102] Der Verlust des Seereichs änderte daran nichts, wofür sicherlich auch von Bedeutung war, daß insgesamt die wirtschaftlichen Verhältnisse in Athen nach dem verlorenen Krieg eine rasche und dauerhafte Konsolidierung erfuhren.[103]

Liturgien und Diäten

Als Konsequenz eines auf die Interdependenz bzw. Nicht-Unterscheidbarkeit von »Politik« und »Ökonomie« ausgerichteten Interpretationskonzepts müßte auch das Finanzsystem der Polis Athen nicht allein in Hinsicht auf seine Voraussetzung in Ressourcen aus dem Seereich und seine Auswirkungen auf das Anwachsen von Geldwirtschaft betrachtet werden, sondern auch auf die Rolle, welches es in einem politischen System erfüllt, das über die bürgerliche Gleichheit die Integration einer Gesellschaft leistet, in der große Unterschiede hinsichtlich Vermögen und Bildung fortbestehen.[104]

Mit Polanyis Idealtypen läßt sich diese Besonderheit der athenischen Gesellschaft nicht erfassen, weil bei ihm eine Kategorie fehlt, welche auf eine Integration dieser Art anwendbar wäre. Eine Applikation seiner Konzepte kann insofern ergiebig sein, als zu zeigen ist, daß seine auf universale Anwendbarkeit ausgelegten Kategorien angesichts der Entstehung eines politischen Systems, das allein auf der Selbstverwaltung einer Bürgerschaft basiert, nur mit spezifischen Einschränkungen zu verwenden sind.

Polanyis Grundannahme ist, daß in vormodernen Ordnungen ein Gütertransfer, der sich nach Maßgabe von Reziprozität und Redistribution vollzieht, im Einklang mit den jeweiligen Grundstrukturen und -werten der Ordnung steht. Durch die »Ökonomie« werde somit die Kohärenz der Mitglieder der Gemeinschaft gestärkt. Es handelt sich in seiner Vorstellung um Gesellschaften, die auf »Status« und nicht »Vertrag« basieren im Sinne der Unterscheidung von H. S. Maine bzw. um Ordnungen vom Typ der »Gemeinschaft« im Kontrast zur »Gesellschaft« im Sinne von Ferdinand Tönnies.[105] Indem Polanyi im wesentlichen auf die Dichotomie von »Gemeinschaft« und »Gesellschaft« fixiert bleibt, fehlen bei seinen umfassenden Typisierungen solche Differenzierungen, die für eine Gesellschaftsordnung angebracht sind, die sich ein partielles »Herauslösen« der Ökonomie leisten kann, weil sie über spezifisch politische Integrationsmechanismen verfügt.

Wiederum in *The Livelihood of Man* finden sich jedoch beachtenswerte Hinweise darauf, daß Polanyi dies im Prinzip erkannt hatte. Er beginnt seine Ausführungen über die »politische Ökonomie von Polis und Agora«[106] mit einer bei Herodot (1,153) überlieferten Geschichte. Der Perserkönig Kyros (der Große) erklärt dort, daß er sich vor den Griechen nicht fürchte, als einem Volk, das in seinen Städten (ganz

anders als die Perser) Marktplätze habe, auf denen man sich gegensei-
tig übervorteile. Darin steckt augenscheinlich (auch wenn Kyros dies
bei Herodot ironischerweise gegenüber spartanischen Gesandten
äußert) eine treffliche Illustration der Besonderheit der griechischen
Poleis, in denen Marktverkehr in erheblichem Maße möglich ist, ohne
daß damit eine Desintegration in Kauf genommen werden müßte.

Seine Hinweise auf die Bedeutung der Diätenzahlungen verweisen
auf wesentliche Elemente der Entfaltung des demokratischen Systems. Die Überlieferung in der *Athenaion Politeia* und bei Plutarch
besagt, daß Perikles die Diäten (für die Geschworenen) eingeführt
habe, um mit der Freigebigkeit Kimons konkurrieren zu können.[107]
Polanyis Auffassung ist im Prinzip zuzustimmen, daß mit der Einführung regelmäßiger Staatszahlungen die Chancen sinken mußten,
durch private Großzügigkeit Anhänger an sich zu binden. Überzeugend ist auch sein Hinweis auf den engen Konnex zwischen den
Staatszahlungen und der wachsenden Bedeutung des Marktes, insofern als einerseits die Zahlungen die Möglichkeit voraussetzen, sich
auf dem Markt zu versorgen, und andererseits regelmäßige staatliche
Leistungen in der Form von Naturallieferungen ohne einen administrativen Apparat nicht möglich gewesen wären.[108] Polanyis Ausführungen im einzelnen zeigen dann jedoch deutlich die Grenzen seines
begrifflichen Instrumentariums, wenn er den Gegensatz zwischen ari-
stokratischer Großzügigkeit nach der Art Kimons und den Zahlungen
durch die Polis als den zwischen zwei Zentren von Redistribution,
dem Herrengut und der demokratischen Polis, bezeichnet. Denn der
Begriff der Redistribution kann nur dann eine heuristische Funktion
erfüllen, wenn damit – wie auch immer im einzelnen – ein System von
Umverteilung durch Inhaber von Herrschaftspositionen bezeichnet
wird.

In Athen kann man Mitte des 5. Jahrhunderts nicht von einem Groß-
grundbesitz sprechen, der eine solche Funktion – gegenüber Bürgern
wohlgemerkt – gehabt hätte. Wieweit man Kimon für einen Ausnahmefall zu halten hat, kann dahingestellt bleiben. Bei allem Reichtum
ist jedenfalls seine aristokratische Großzügigkeit weder quantitativ
noch qualitativ mit den Diätenzahlungen vergleichbar. Kimons Freigebigkeit kam primär seinen eigenen Demengenossen zugute. Seine
Leistungen für die Polis insgesamt bestanden in glanzvollen Liturgien
und in der Finanzierung öffentlicher Bauten. Alle diese Möglichkeiten
waren durch die Einführung der Diätenzahlungen nicht genommen.
Was sich jedoch in der polemischen Darstellung der Quellen nieder-

schlägt, ist Kritik daran, daß – wie Kimons Beispiel zeigt – aristokratische Großzügigkeit und die Durchführung glanzvoller Liturgien nicht
(mehr) unmittelbar und dauerhaft in politische Macht umsetzbar waren. Die Pflege direkter Anhängerschaften durch Geschenke konnte
bei einer wachsenden politischen Partizipation im Regelfall eine politisch gewichtige Zahl von Bürgern kaum noch erfassen (anders sieht es
allerdings in den Unterabteilungen der Bürgerschaft aus).[109]

Das System der Liturgien war einerseits so eingerichtet, daß es den
Antrieb zu ehrenvoller, prestigeträchtiger Selbstdarstellung in der
Konkurrenz zu Standesgenossen aufnehmen konnte. Indem die Polis
zum Objekt der Largesse gemacht wurde, waren andererseits diese
Möglichkeiten so kanalisiert, daß die Begründung von Verpflich-
tungsverhältnissen (als Formen von sozusagen asymmetrischer Reziprozität) ausgeschlossen wurde, wie sie aus persönlichen Beziehungen
zwischen Spender und Empfänger erwachsen.

In der perikleischen Zeit entwickelte sich zudem eine Abneigung gegenüber solchen Leistungen von Bürgern für die Polis, die nicht in
Form von Liturgien erbracht wurden und somit potentiell eine unan-
gemessene Herausstellung eines einzelnen bedeuteten. Plutarch
(*Per.* 14) berichtet, Perikles habe den Widerstand gegen sein Baupro-
gramm dadurch überwunden, daß er erklärt habe, die Kosten selbst zu
übernehmen und seinen Namen auf alle Bauwerke setzen zu lassen.
Diese Geschichte wird man, was die Bezahlung der großen Tempel-
bauten angeht, sicherlich mit gehöriger Skepsis aufzunehmen haben.
Plutarchs Darstellung dürfte jedoch hinsichtlich der grundsätzlichen
Möglichkeit zutreffen, daß Perikles erfolgreich in dieser Art hätte ar-
gumentieren können, weil es nun eine deutliche Abneigung gegen die
private Finanzierung öffentlicher Bauten gab, wie sie Kimon noch
vorgenommen hatte. Dafür spricht die inschriftliche Überlieferung
eines Volksbeschlusses (der vielleicht der historische Kern von
Plutarchs Geschichte ist), mit dem ein Angebot Perikles' und seiner
Erben, ein der Wasserversorgung der Stadt dienendes Bauwerk zu
finanzieren, dankend abgelehnt und statt dessen eine Bezahlung aus
öffentlichen Mitteln angeordnet wird; denkbar ist, daß Perikles diese
Reaktion provozieren wollte.[110]

Für die Demokratie ist weiter charakteristisch, daß sie insofern eine
Abkoppelung der finanziellen Leistungsfähigkeit und -bereitschaft
für die Gesamtheit vom Status dessen, der sie erbringt, vornimmt, als
zum einen auch Metöken zu (bestimmten) Liturgien herangezogen
werden und zum anderen eine deutliche Trennung zwischen der

Übernahme von Liturgien und dem Anspruch auf die Ämter vollzogen wird; eine politische Privilegierung aufgrund finanzieller Leistungen wird damit – dem Grundsatz nach – ausgeschlossen. Dies gilt in der Praxis sicherlich nicht in gleichem Maße unter den überschaubaren Verhältnissen in den Unterabteilungen der Bürgerschaft, zumal in den Demen.[111] Eine gewisse weitere Einschränkung ist auch insofern zu machen, als die wichtigsten (Wahl-)Ämter wie die Strategie und die höchsten Schatzämter, welche permanente Abkömmlichkeit und zum Teil auch eigene Aufwendungen erforderten, weiterhin im Regelfall nur von Mitgliedern der liturgiefähigen Oberschicht übernommen werden konnten. Doch zeigt das Beispiel des Nikias, daß große Aufwendungen eines Politikers bei den Liturgien (Plutarch, *Nikias* 3) nicht notwendig eine dauerhafte politische Führungsrolle bedingten.

Für einen Teil der athenischen Oberschicht konnte ein so eingerichtetes System allerdings als Mechanismus der Umverteilung zugunsten des Demos erscheinen. Eine drastische Reaktion gegen die demokratische Trennung von finanzieller Leistung und politischer Berechtigung kam in den Umstürzen gegen Ende des Peloponnesischen Krieges zum Vorschein.[112] Im Laufe des 4. Jahrhunderts sind Ansätze zur Herausbildung eines Honoratiorensystems erkennbar, die auch eine gewisse Annäherung zwischen Amt und Liturgie implizieren.[113] Für diejenigen, die eine politische Führungsrolle spielen wollten, ist die Ausführung glanzvoller Liturgien ein wichtiges Mittel zur Gewinnung öffentlichen Ansehens; andere Teile der Oberschicht, die zu einem Rückzug aus der Politik neigen, zeigen eher die Tendenz, sich den finanziellen Anforderungen durch die Polis zu entziehen.[114] Doch bleibt auch mit der Entstehung eines »Euergetismus ob honorem« (der Verpflichtung zu geldwerten Leistungen an die Bürgerschaft mit der Übernahme bestimmter Ämter[115]), wie er in Ansätzen seit Mitte des 4. Jahrhunderts erkennbar wird und sich dann in hellenistischer Zeit durchsetzt[116], im Prinzip bestehen, daß die Leistungen der Wohlhabenden der gesamten Bürgerschaft (nicht den Armen) gegenüber erbracht werden und keine persönlichen Gefolgschaftsbindungen ermöglichen.[117] Und auch das politische Institutionensystem bleibt so eingerichtet, daß es (anders als das römische) keine nennenswerten Ansatzmöglichkeiten für Patronage und Klientelmechanismen bietet.[118] Unter der Herrschaft des Demetrios von Phaleron (317–307 v. Chr.) wurden die Liturgien als genuin demokratische Institution abgeschafft.[119]

Auch die Staatszahlungen sind nicht als Einrichtungen interner Umverteilung zu bezeichnen. Die Finanzmittel des Staates stammten vornehmlich aus den Tributzahlungen der Bündner (im 5. Jahrhundert), aus Zöllen, den Konzessionen für die Silberminen, Abgaben der Metöken; insgesamt also – darauf kommt es hier nur an – aus externen Quellen bzw. indirekten Abgaben, und nicht aus unmittelbar von den Bürgern aufzubringenden Steuern. Die Erhebung von *eisphorai* (Kriegssteuern) blieb – trotz ihrer beachtlichen Zahl – dem Grundsatz nach auch im 4. Jahrhundert eine außerordentliche Maßnahme; die Einführung des *proeisphora*-Verfahrens (bei dem die reichsten Bürger in Vorlage traten) bedeutete zudem in gewisser Weise die Aufnahme einer liturgieartigen Komponente.[120]

Zu den Besonderheiten der demokratischen Entwicklung Athens zählt gerade, daß das einzigartige System der Staatszahlungen an Bürger im zivilen Bereich im 4. Jahrhundert nicht nur beibehalten, sondern sogar ausgebaut wurde, obwohl Tribute nicht mehr zur Verfügung standen. Dies läßt sich, indem man Anregungen von Sally Humphreys aufgreift[121], sehr plausibel damit erklären, daß die Diäten (über ihre konkrete Funktion der Ermöglichung von Partizipation hinaus) auch bereits eine symbolische Repräsentation der Bürgereigenschaft darstellen. Erkennbar wird dies schon bei den Verfassungsumstürzen und -restaurationen von 411/10 und 404/3.[122] Seit etwa Mitte des 4. Jahrhunderts gewann diese Funktion der Staatszahlungen noch an Bedeutung, als (zum Teil als Rückwirkung von Maßnahmen zur Versorgungssicherung) die Abgrenzung zu nicht-bürgerlichen Schichten potentiell als gefährdet erscheinen konnte.[123] Sie wurde nun vornehmlich von den *Theorika* (»Theatergeldern«) erfüllt, die damit – nach einem Wort des athenischen Politikers Demades – geradezu als »Leim der Demokratie« gelten konnten.[124] Die polemische Formulierung der *Athenaion Politeia* (27,4), Perikles habe mit der Einführung der Geschworenendiäten dem Volk geschenkt, was diesem ohnehin gehöre, trifft gleichermaßen etwas Richtiges, wie sie notwendige Differenzierungen verwischt.

Die Einkünfte des Staates galten nach gemeingriechischer Tradition als Kollektivbesitz der Bürger; Überschüsse wurden häufig an diese verteilt.[125] Der von Themistokles 483/2 durchgesetzte Beschluß, die Einkünfte aus neuen Silberminen in Laureion nicht zu verteilen, sondern für die Flottenrüstung zu verwenden, hatte zweifellos einen tiefen Einschnitt in die athenische Praxis bedeutet. Doch war damit nicht grundsätzlich die Möglichkeit ausgeschlossen, staatliche Überschüsse an die Bürger zu verteilen. So verfuhr man mit der Schenkung von ägyptischem Getreide 445/4.

Die Zahlungen für Geschworene, Magistrate, Ratsmitglieder und (seit Beginn des 4. Jahrhunderts) Teilnehmer an der Volksversammlung entsprechen jedoch nicht diesem Prinzip. Die Diätenzahlungen sind an die Ausübung politischer Funktionen geknüpft, für die sie die grundsätzliche Abkömmlichkeit aller Bürger ermöglichen sollen. Das generelle Verteilungsprinzip kommt deutlicher im Falle der Mitte des 4. Jahrhunderts eingeführten Zahlungen von Theorika zum Vorschein.[126] Hier war später umstritten, ob die Überschüsse der öffentlichen Kassen vornehmlich zur Verteilung an die Bürger kommen oder zur Finanzierung einer Flottenrüstung gegen Makedonien verwendet werden sollten. Noch weiter gehen Xenophons (*Poroi*) Überlegungen, wie die Staatseinkünfte so zu erhöhen seien, daß allen Bürgern ein Auskommen ermöglicht werde. Die Verteilung der Einkünfte aus dem Silberbergbau soll nach diesem Konzept (dessen Realitätsnähe selbstredend problematisch ist) die Abkehr von einer Hegemonialpolitik ermöglichen; hier liegt eine genaue Umkehrung der von Themistokles inaugurierten Politik vor.[127]

In der Institution der Theatergelder und mehr noch an Xenophons Projekt zeigt sich seit der Mitte des 4. Jahrhunderts eine Tendenz zur Veränderung der Bürgeridentität: sie manifestiert sich nun eher in der Berechtigung zur Teilnahme an staatlichen Verteilungen, welche auch eine demonstrative Abgrenzung zu nichtbürgerlichen Schichten impliziert, als in der politischen Partizipation.[128]

Das Finanzsystem insgesamt entspricht (trotz der angedeuteten Veränderungstendenzen im 4. Jahrhundert) der Entstehung eines autonomen politischen Sektors, in dem im Prinzip kein Platz mehr für andere Loyalitäten als die des einzelnen Bürgers gegenüber der Gesamtheit der Bürgerschaft sein sollte. Die Herausbildung einer spezifisch öffentlichen Sphäre bedingt somit, daß solche Kategorien zur Erfassung sozialer Beziehungen nicht mehr greifen, in denen eine derartige Trennung zwischen öffentlichem und privatem Bereich nicht gegeben ist. Besonders aufschlußreich sind Situationen, in denen sich der Konflikt zwischen den herkömmlichen Normen und Verhaltensmustern und den neuen, in politicis geltenden erkennen lassen. Gerade im späten 5. Jahrhundert gibt es einige aufschlußreiche Beispiele.[129] Zu denken ist an das öffentliche Auftreten der Demagogen bzw. »neuen Politiker«, die auf ostentative Weise ihre ausschließliche Loyalität gegenüber der Bürgerschaft und ihre Sachkompetenz hervorkehren (was sich in der Substanz im übrigen bereits bei Perikles erkennen läßt[130]). Verwandtschafts- und Freundschaftsbeziehungen können in der Politik nur noch innerhalb eng gezogener Grenzen eine legitime Rolle spielen. Allerdings wäre die Bedeutung solcher Beziehungen schon für die Zeit seit Kleisthenes stark zu relativieren und auch bereits für die archaische Zeit zu problematisieren. Jedenfalls geraten solche Verbindungen, sofern sie zur Organisierung kompakter politischer Macht (über Vertretungen vor Gericht oder die Verfolgung von Einzelinteressen hinaus) eingesetzt werden, nun in den Bereich der Konspiration. Die Rolle der Hetairien während des Peloponnesischen Krieges ist ein prägnantes Beispiel.[131]

Spannungen ergeben sich ferner daraus, daß die interstaatlichen Beziehungen in vielem weiterhin auf Mechanismen der Reziprozität zwischen Aristokraten beruhen.[132] Thukydides Melesiou sah mit der nachgerade demonstrativen Mißachtung der Interessen der Mitglieder des Seebundes durch die perikleische Baupolitik die Beziehungen zu den Führungsschichten der Bündnerstädte gefährdet. Das neue Bürgerrechtsgesetz unterband für die Zukunft Familienverbindungen, die potentiell konkurrierende Loyalitäten begründen konnten.[133] Die wesentlich von Perikles eingeschärften prononciert bürgerlichen Normen konnten auch für ihn selbst Probleme bewirken. Zu Beginn des Krieges mit Sparta fürchtete er, der Spartanerkönig Archidamos könne die mit ihm bestehende Gastfreundschaft auf eine Weise ausspielen, welche ihn gegenüber der athenischen Bürgerschaft diskreditieren würde, indem er Perikles' Güter von der Verwüstung durch seine Truppen aussparte.[134]

Der Vorwurf der Bestechung im Zusammenhang mit den auswärtigen Beziehungen gehörte – wie die Komödien und Reden zeigen – geradezu zum Standardrepertoire der politischen Auseinandersetzung.[135] Eine besondere Problematik ergab sich zumal im Verkehr mit nichtgriechischen Staaten. Athenische Gesandtschaften am makedonischen oder persischen Hof befanden sich in einer delikaten Situation, wenn ihnen die Annahme von Gastgeschenken zu Hause als Bestechung ausgelegt werden konnte.[136] Die Schwierigkeit, fremde Bräuche zu verstehen, zeigt sich auch an Berichten über Phänomene einer Prestige-Ökonomie, wie einer *potlatch*-ähnlichen Zeremonie bei den Thrakern.[137]

Insgesamt hat sich aus einer Analyse der Verwendungsmöglichkeiten der auf universale Gültigkeit angelegten Kategorien und Konzepte der ökonomischen Anthropologie ergeben, daß ihre Applikation auf die griechische Geschichte besonders für solche Konstellationen auf-

schlußreich wird, in denen sie angesichts der Entwicklung der Spezifika des Bürgerstaates in der klassischen Polis nicht mehr greifen bzw.
in denen sie erheblicher Modifikation und Differenzierung bedürfen.
Es geht nicht darum, ein möglichst primitivistisches Bild der antiken
Ökonomie zu zeichnen [138], sondern eine Distanz zu gewinnen, die die
Besonderheiten der klassischen Polis schärfer erkennen läßt. Dies gilt
generell für die Verwendung anthropologischer Kategorien in der Althistorie heute. [139]

Anmerkungen

Ethnographie und Anthropologie bei Herodot:

1 F. Lieber, Erinnerungen aus meinem Zusammenleben mit Georg Berthold (sic!) Niebuhr, dem Geschichtsschreiber Roms, Heidelberg (1837) 202.
2 Vgl. u. a. Mühlmann (1984); Darnell (1974); Voget (1975). – Evans-Pritchard (1951) 20 ff. lehnt ein Zurückgehen hinter die Aufklärung ab, ohne die inhaltlichen Zusammenhänge und strukturellen Entsprechungen mit der antiken Tradition zu beachten; auch bei Harris (1968) beginnt die »Vorgeschichte« der wissenschaftlichen Anthropologie erst mit der Aufklärung.
3 Darunter leidet gelegentlich die sehr verdienstvolle Zusammenstellung aller einschlägigen Texte (in Übersetzung) von K. E. Müller (1972) und (1980).
4 Fornara (1983) 15; Timpe (1986).
5 F. Jacoby, »Hekataios« Nr. 3, RE 7,2 (1912) 2667–2769; Lesky (1965) 256 ff.
6 Cicero, *Über die Gesetze* 1,5.
7 Z. B. bei Pohlenz (1937/73) 184; Kluckhohn (1961) 27; Hodgen (1964) 21; Mair (1972) 17; Darnell (1974) 11. 13; Voget (1975) 7; Redfield (1985) 97; Humphreys (1987) 211 – jeweils mit mehr oder weniger deutlichem Vorbehalt bzw. als Zitat einer geläufigen Auffassung ausgegeben.
8 Myres (1908) 125. 135.
9 Die Herodot-Zitate im folgenden sind der griechisch-deutschen Ausgabe von J. Feix in der Tusculum Bücherei, München [3]1980, entnommen.
10 Aulus Gellius, *Attische Nächte* 3,10,11; Momigliano (1958/62); Evans (1968).
11 Hodgen (1964) 181 f. und pass.
12 Edition und Übersetzung von J. Kramer, Meisenheim 1980.
13 Momigliano (1957); ders. (1958/62); Grell (1975); Bitterli (1976) 43 f.
14 Herrmann (1967) 119; Cobet (1971) 95.
15 Heubner (1985).
16 Schadewaldt (1982) 271.
17 GKG III, 411.
18 Sharpe (1975) 3 – mit direktem Bezug auf Herodot; vgl. allgemein auch Evans-Pritchard (1968).
19 Bickerman (1952).
20 Œuvres Complètes de Voltaire, Mélanges VI, Paris (1879) 246f.; Hartog (1980) 15.

21 Vogt (1929/1962) 420.
22 Shaw (1982/83) 13; Lloyd (1975) 116 ff.
23 How/Wells (1912) 151.
24 Meuli (1935/62); Lloyd (1975) 78 f.
25 Lloyd (1988) 4.
26 Daebritz, »Hyperboreer«, RE 9,1 (1914) 258–279.
27 Das folgende zu den Kolchern nach Lloyd (1975) 161 f.
28 GKG III,409.
29 Pohlenz (1937/73) 196; vgl. auch Lloyd (1975) 162.
30 Allen (1939) 119 ff.; Hodgen (1964) 311 ff.
31 Die Hinweise auf die Rezeptionsgeschichte sind Wiesen (1980) entnommen.
32 Moravia (1973) 133 ff.
33 Volney (ed. Gaulmier) 62 f.
34 Hazard (1939) 40 f.; Hodgen (1964) 274; Scholder (1966) 98 ff.; Grell (1985).
35 Samuel Stanthorpe Smith, An Essay on the Causes of the Variety of Complexion and Figure in the Human Species, [2]1810, ed. W. D. Jordan, Cambridge/Mass. 1965, p. 73: »That time will efface the black complexion in them (scil.: the American negroes) I think very probable, as it has done in the colony which, according to the testimony of Herodotus, was anciently transferred from Egypt to Colchis« (zit. b. Wiesen 1980, 10). Vgl. Greene (1954) zum zeitgenössischen Diskussionszusammenhang.
36 Hartog (1980) 23 ff.
37 Heinimann (1945) 13 ff.; Backhaus (1976).
38 4,76,1; 4,80,5 mit 2,79,1; 2,91,1; Benardete (1969) 99; Hartog (1980) 36, A.3.
39 Rosellini/Saïd (1978); Saïd (1985).
40 Brown/Tyrell (1985).
41 Grassl (1904) 35 ff. – Dieses Muster zeigt sich wieder bei dem alexandrinischen Geographen Agatharchides (2. Jh. v. Ch.) bei der Beschreibung Arabiens und Ägyptens, die uns durch Diodor (2,49–54; 3,5–10) bekannt ist; vgl. Heeren (1817) II,1,246 ff.; K. E. Müller (1972) 281 ff.
42 3,100; 1,202; 1,203; 4,23.
43 1,202; 3,98,3.
44 4,23,4; 4,183,4.
45 4,2; 4,46; vgl. 4,186,1; 4,190.
46 4,2,2; 4,17 ff.; 4,46; 4,97,3; 4,109,1; Shaw (1982/83) 9.
47 Rosellini/Saïd (1978).
48 1,203,2; 3,101,1; vgl. 4,180,5.
49 Rosellini/Saïd (1978) 955 ff.
50 Rosellini/Saïd (1978) 969.
51 Gegen K. E. Müller (1972) 122.
52 Shaw (1982/83).
53 Platon, *Protagoras* 322 c.
54 Nestle (1941) 440, A. 55.
55 Vgl. noch Xanthos (älterer Zeitgenosse Herodots) bei Clemens Alexandri-

nus, *Stromateis* (*Teppiche*) 3,11,1; Antisthenes (Sokrates-Schüler) bei Athenaeus 220 c.

56 Kerferd (1981) 111 ff.
57 Ostwald (1986) 148 ff.
58 Graef, »Amazones«, RE 1 (1894) 1754–1789.
59 Carlier (1979); Tyrell (1982); Wagner-Hasel (1986).
60 Bacon (1961).
61 Long (1986).
62 Gould (1980); Mossé (1983 b) 103 ff.
63 Umgekehrt hat Aristoteles seine Kritik an Platons Vorschlag auch auf die (bei Herodot 4,180,6 bezeugte) Praxis bestimmter libyscher Stämme begründet, bei denen trotz Gruppenehe die Zuordnung der Kinder aufgrund äußerer Ähnlichkeiten erfolgte; *Politik* 1262 a 16–24.
64 Vgl. auch Vidal-Naquet (1970) zu der Tatsache, daß Mythen und Utopien über eine »Stadt der Sklaven« diese entweder in Kreta oder bei den Barbaren ansiedeln, nicht jedoch dort, wo »klassische« Kaufsklaverei herrschte, und daß man in bezug auf letztere Verhältnisse auch in solchen Umkehrschemata die Differenz zwischen dem Status von Frauen und dem von Sklaven beachtete. Vgl. auch Garlan (1981).
65 Strabo 7,3,4; Sextus Empiricus, *Grundriß der pyrrhonischen Skepsis* 3, 198 ff.
66 Diogenes Laertius, 7,188; Dio Chrysostomos 10,29 f.; Sextus Empiricus 3,205. 234.
67 Diogenes Laertius 7,33.
68 Diogenes Laertius 6,69; Sextus Empiricus 1,153; 3,200.
69 Diogenes Laertius 6,73; Sextus Empiricus 3,207.
70 Lovejoy / Boas (1935) 117 ff. 260 ff.; Nörr (1974) 44 ff.
71 Edelstein (1967) 32; K. Thraede, »Erfinder«, RAC 5 (1962) 1204 ff.; Waters (1985) 40 f. – Einen umfassenden Katalog solcher Erfinder bietet später Plinius, *Naturgeschichte* 7,57.
72 Lloyd (1975) 148.
73 Ob man die Kulturentstehungslehre in Diodor 1,8 unmittelbar auf Demokrit zurückführen kann (so Reinhardt 1912), ist in jüngerer Zeit umstritten; vgl. die Einwände bei Spoerri (1959), gefolgt von Burton (1972) 47 ff., und die Argumente für eine Rückkehr zur (modifizierten) Ausgangsthese bei Cole (1967).
74 Steinmetz (1969).
75 Detienne (1981).
76 [Platon] *Epinomis* 975 a; Aristoteles, *Nikomachische Ethik* 1148 b 20 ff.; Moschion fr. 6 (Nauck); Athenaeus 660 e–661 c (aus einer Komödie des Athenion, wohl 3. Jahrhundert v. Chr.).
77 Romilly (1966); vgl. aber zur Absetzung vom modernen Fortschrittsgedanken: den Boer (1977); Meier (1978) 296 f.
78 J. Burckhardt, GKG III,416.
79 Vgl. Schwartz (1929) 170, A.1: Thukydides »untersucht nirgendwo die Überlieferung auf ihre Entstehung und die Bedingung ihres Werdens, sondern nimmt sie als etwas Gegebenes und mißt sie an rational konstruierten und aus der Gegenwart abgezogenen Wahrscheinlichkeiten. Man kann ihn

mit der Aufklärung des 18. Jahrhunderts vergleichen, nicht mit der erst im 19. Jahrhundert entstandenen Geschichtswissenschaft«; ferner Meier (1978c) 90f.

80 Finley (1965/75) 18f.; Solmsen (1975) 237; Hunter (1982) 18ff.

81 Hodgen (1931); Leopold (1980) 49ff.

82 Billeter (1901) 20; Sikes (1914) 16f.; Bock (1966) 270; K. E. Müller (1972) 176.

83 Sh. Vitruv 2,14–6 (zur Entwicklung der Bauweise) für ein aufschluß-reiches späteres Beispiel dieses Verfahrens.

84 *Politeia* 452c; K. E. Müller (1972) 193.

85 *Politik* 1252b 18ff.; 1257a 25ff.; 1268b 38ff; 1295a 10ff.

86 Meuli (1935/62); Meek (1960); Pembroke (1967); Hampl (1975) 129ff.; Camps (1985); West (1988).

87 Myres (1907); Minns (1913).

88 Strasburger (1977) 40f. Schon Hellanikos von Mytilene (5. Jh.) hatte eine solche Sammlung mit Beispielen aus Herodot angelegt; Eusebius, *Praeparatio Evangelica* 10,3,16; Lesky (1965) 376.

89 K. E. Müller (1972) 213ff.

90 K. Thraede, »Euhemerismus«, RAC 6 (1966), 877–890.

91 R. Müller (1974).

92 Lovejoy/Boas (1935) 287ff.

93 Armstrong (1948); Lévy (1981); Kindstrand (1981) und zur Rezeptionsgeschichte Johnson (1959).

94 Trüdinger (1918) 59ff.; Strasburger (1977); Gabba (1981).

95 Polybios 9,1,4; 12,24,5; L. Pearson (1975).

96 Platon, *Hippias maior* 285d; Seneca, *Briefe an Lucilius* 88, 37ff.; Niebuhr (1858) 4; Momigliano (1950/66) 3ff.; Rawson (1985) Kap. 16.

97 Die Texte bei F. Wehrli, Die Schule des Aristoteles I, Basel 1944, 22ff.; Übersetzungen bei K. E. Müller (1972) 213ff.; zur Interpretation vgl. F. Wehrli, »Dikaiarchos«, RE Suppl. 11 (1968) 530f.; Bodei Giglioni (1986).

98 Diodor 1,8ff.; Arrian, *Indische Geschichte* 7–9.

99 Pompeius Trogus 44,5 (Zivilisierung der Spanier durch Augustus); Plinius, *Naturgeschichte* (= *n. h.*) 16,4.

100 Strabo 11,11,3; Sueton, *Claudius* 25,5.

101 Arrian 40,8; Strabo 4,1,5; vgl. Metzler (1988) für die Sicht von seiten der Nomaden.

102 Rohde (1876) Kap. II.

103 Dihle (1962) 208ff.; vgl. Dihle (1984) 47–60; 89–97.

104 Pfister (1955/76); Wittkower (1942); Friedman (1981) Kap. 1.

105 Diodor 3,52–55.

106 Strabo 4,4,3.

107 Riese (1875); Norden (1921).

108 Strabo 7,3,9 (aus Ephoros); Plinius, *n. h.* 6,53; 7,12; Pomponius Mela 3,7,59.

109 Aristoteles, *Nikomachische Ethik* 1148b 19ff.; *Politik* 1338b 19ff.; Diodor 3,15,2; 5,32,7; Strabo 4,5,4; 16,4,17; Artemidor 1,8; Cassius Dio 76,12;

zum Fortleben der Motive in der Spätantike sh. Dauge (1981) 580 ff.; speziell bei Ammianus Marcellinus: Wiedemann (1986); zur Übernahme in die christliche Literatur Speyer/Opelt (1967) 286 ff.; zum Weiterleben in Byzanz Lechner (1955). – In modernen ethnologischen Arbeiten werden die antiken Berichte gern als kumulative Evidenz für die Existenz des Phänomens des Kannibalismus in der Antike – und damit überhaupt – angesehen; Andree (1887) 12 ff.; Hogg (1958) 14 f.; Becher (1967) 249. Oder der Hinweis auf die Eigenart der Berichte (Nachrichten vom Hörensagen über die jeweils entlegenen Völker) dient dazu, eine Position zu stützen, die grundsätzlich – auch in späteren Epochen – Nachrichten über Kannibalismus als habituelle Ernährungsweise für Projektionen hält, so Arens (1979); vgl. zu seinen Schlußfolgerungen jedoch Brady (1982).

110 Sextus Empiricus 3,208; Cicero, *Pro Fonteio* 31; Caesar, *Bellum Gallicum* 6,16; Tacitus, *Germania* 9.39 (dazu Beck 1970); Plinius *n. h.* 30,13; Dionysios Hal. 1,38,2; Strabo 4,4,5.

111 Plinius, *n. h.* 7,9; vgl. schon Platon, *Gesetze* 782 c.

112 Schwenn (1915) 175 ff.

113 Tertullian, *Über die Spiele* 12,2 f.

114 Dionysios Hal. 1,38,2; Pomponius Mela 3,18; vgl. ferner Diodor 1,14,1 (zu Ägypten); Porphyrios, *De abstinentia* 2,2 (zu den Griechen).

115 Tertullian, *Apologie* 9 (dazu Barnes 1971, 13 ff.); Tertullian, *Adversus Marcionem* 1,1,3; Minucius Felix, *Octavius* 30 f.; Laktanz, *Divinae institutiones* 1,21.

116 Burkert (1972) 47; Versnel (1980) 591, A. 209.

117 Sallust, *Catilina* 22; Plutarch, *Cicero* 10,4; Cassius Dio 37,30; Tertullian, *Apologie* 9,9; G. Marasco, Sileno 7 (1981) 167–178.

118 Josephus, *Contra Apionem* 2,89 ff.

119 Tertullian, *Apol.* 2,5; 7,1; Minucius Felix, *Octavius* 9; Justin, *Apologie* 1,26,7.

120 Bickermann (1927); Speyer (1963); Henrichs (1970).

121 Sh. zu diesem Genre Gellius 9,4; Ziegler, Paradoxographoi, RE 18,2, 1137–1166.

122 Poseidonios ist nur indirekt überliefert. Die Crux der Interpretation ist, daß sehr divergierende Ansichten darüber bestehen, welche nicht unmittelbar als Entlehnungen bezeugte Texte auf ihn zurückgeführt werden können; die Edition von L. Edelstein/I. G. Kidd, Cambridge (1972) steht für eine zurückhaltende, die von W. Theiler, Berlin (1982) – einer Tradition der deutschen Forschung folgend – für eine eher großzügige Praxis der Zuschreibung. Auch Malitz (1983), der Übersetzungen der einschlägigen Texte bietet, geht von einer sehr weitreichenden Zuordnung, besonders von Passagen im Werk Diodors, aus.

123 Van der Vliet (1984).

124 Seneca, *Briefe an Lucilius* 90.

125 Timpe (1979); ders. (1989); Bringmann (1989); Flach (1989); Patzek (1988).

Altertum und Neue Welt:

1 Gudger (1924); Pfister (1955/76); Hodgen (1964) Kap. 1–2; Friedman (1981); Gerhardt (1988).
2 Hodgen (1964) 89ff.; Fisch (1984b).
3 Hodgen (1964) 97; Jones (1971) 398ff.; Connell (1973); Fried (1986); und zur Übertragung auf die Russen seit dem 16. Jh.: Klug (1987).
4 Janni (1978) zur antiken Tradition.
5 Hodgen (1964) 102.
6 Bitterli (1976); ders. (1986).
7 Stückelberger (1987); sowie Reichert (1988) zum Einfluß der Lektüre Marco Polos.
8 Rowe (1965); Scammell (1969); Elliott (1972); ders. (1976); Mollat (1975); Ryan (1981); Hassinger (1987).
9 Zit. nach Bitterli (Hg. 1980) 36f.
10 Hulme (1978); Reichert (1988) 40f.
11 Arens (1979).
12 Vgl. das Material in Kohl (Hg. 1982); Kohl (1987) 63ff.
13 Sh. nur den Bericht des Hans Staden (1557).
14 Lestringant (1982); Hassinger (1987) 98, A.32.
15 Pigafettas Begegnungen mit den Patagoniern; in Bitterli (Hg. 1980) 48–50.
16 Columbus; zit. nach Bitterli (Hg. 1980) 37; Peter Martyr Anghiera (ed. Klingelhöfer) I,37f. 351; II,224f.; Gaspar de Carvagal (1542) in: Rodriguez Monegal (Hg. 1982) 169ff.; Ulrich Schmidl (1567) ebd. 285ff.; Reichert (1988) 41. 58f; Lestringant, FS. R. Chevalier (1986) 297–319.
17 George (1958). – Oder vgl. Maines (1883, 229f.) Hinweise auf die britischen Vorstellungen über die Bewohner der Andaman Inseln, die als »missing link« zwischen Tier und Mensch galten.
18 Oviedo (ed. Stoudemire) 3; Elliott (1970) 32; Rech (1984).
19 Las Casas (ed. Poole) 343ff.; Konetzke (1963) 42; Hanke (1974) 42f. 105f.
20 Bitterli (Hg. 1980) 44.
21 Höffner (1947) 135.
22 Höffner (1947) ist grundlegend.
23 Fisch (1984) 210.
24 Engelhardt (1980); K. Repgen, HZ 241 (1985) 27–49.
25 Ziegler (1972); Albert (1980).
26 Cicero, *De officiis*, 1,35. 80; *De re publica* 3,35.
27 Deane (1963) Kap. 5; Russell (1975) 12ff. 16ff.
28 Russell (1975).
29 Vgl. z. B. Hartigan (1966) zu Augustin.
30 J. T. Johnson (1975) Kap. 1.
31 Cicero, *De re publica* 3,35; vgl. Vitoria, *De Indis* III,17.
32 Speyer/Opelt (1967). Vgl. Koselleck (1975/79): Hellenen–Barbaren als Beispiel »asymmetrischer Gegenbegriffe«; ferner Borst (1972/88).
33 Jüthner (1923).
34 Doerrie (1972) 152f.
35 Euripides, *Iphigenie in Aulis* 1400; *Helena* 276.

36 Platon, *Menexenos*, 242 d; Kiechle (1958).
37 Platon, *Politeia* 470 c.
38 Isokrates 5, 16; 4, 131; 12,163; Plut., *Moralia* 329 b (angebl. Rat des Aristoteles an Alexander, die Barbaren wie Sklaven zu behandeln); Baldry (1965).
39 Klees (1975) 181 ff.
40 *Politik* 1254 a 15 ff.; b 15 ff.
41 *Politik* 1254 b 27 ff.
42 *Politik* 1255 a 30 ff.; vgl. auch *Nikomachische Ethik* 1145 a 30; 1149 a 10.
43 *Politik* 1252 b 1 ff.
44 Snowden (1983).
45 Stoicorum Veterum Fragmenta (ed. H. Arnim) III, Nr. 352 (Philo).
46 Digesten 1,5,4, pr. und 1 (Florentinus); Dig. 1,1,4 pr. (Ulpian); Levy (1949) 12 ff.; Watson (1987).
47 Russell (1975) 162 f. 178.
48 *Politik* 1334 a 1.
49 Vergil, *Aeneis* 6, 853; weitere Belege bei Hengel (1976) 82 f.
50 Cicero, *De officiis* 3,107; Digesten 49,15,24.
51 Zur Anwendung auf die Germanen: Alföldi (1950); Dauge (1981) 624. 746 ff; vgl. weiter B. D. Shaw, P & P 105 (1984) 3–52.
52 Augustin, *Quaestiones in Heptateuchum* 6,10.
53 Deane (1963) Kap. 6; Höffner (1947) 38 ff; P. Brown, JRS 54 (1964) 107–116.
54 Höffner (1947) 47 ff.; Muldoon (1979); Fisch (1984) 183 ff.
55 Fioravanti (1981).
56 Wirz (1984) 14 ff.
57 Höffner (1947) 140 f.
58 Hanke (1959); ders. (1974) 100 ff.; Padgen (1982) 38 ff.; Fisch (1984) 227 ff.
59 Padgen (1982) 39.
60 Padgen (1982) 51.
61 Vgl. z. B. Tooley (1953).
62 Padgen (1982) 33.
63 Davis (1966) 446 ff.; Hodgen (1964) 417 f.; Elliott (1972) 107 f.; Popkin (1973); Lotter (1987).
64 Padgen (1982) 50 ff.
65 So bei Oviedo; Hanke (1974) 42 f., 105; vgl. de Pauw (1769) I,164: »Wenn die Spanier, nachdem sie die Indianer ermordet, nicht unerträgliche Gewissensbisse empfunden hätten, so würden sie sie, nachdem sie sie umgebracht hatten, nicht mit solcher Wuth verleumdet haben ... «.
66 Quirk (1954); Hanke (1974); Davis (1966) 165 ff.; Fernández-Santamaria (1975); ders. (1977) 196 ff.; Huxley (1980); Fisch (1984) 230 ff.; Pietschmann (1987).
67 Texte bei E. Schmitt (Hg. 1987) 471–475; Reinhard (1985) 59. – Eine äußerliche Parallele zum Ritual der Kriegseröffnung durch die römischen Fetialen (Livius 1,32) ist gegeben, doch muß offenbleiben, ob hier ein direkter Einfluß der antiken Tradition (so Rech 1984, 232) anzunehmen ist; und vor allem darf nicht übersehen werden, daß im römischen Fall die Behauptung einer konkreten Rechtsverletzung vorliegt.

68 Muldoon (1979) 140 ff.

69 Straub (1976) 56 f.

70 C. Schmitt (1950) 71 ff.; Grisel (1976); Fisch (1984) 212 ff.

71 *Politik* 1328 b 5 ff.; Padgen (1982) 68.

72 *De Indis* I,23 (ed. Schätzel 45).

73 *De Indis* I,24 (ed. Schätzel 45).

74 Padgen (1982) 107.

75 *De Indis* III,18 (ed. Schätzel 115).

76 *De Jure Belli* 13 (ed. Schätzel 131).

77 *De Indis* III,6 (ed. Schätzel 100).

78 Digesten 1, 1, 9; D. Nörr, SB München H. 101 (1989) pass.

79 *De potestate civili* 21 (zit. nach Truyol 1947, 51).

80 Die Behauptung dieses Rechts geht letztlich auf Augustins Kommentar
    zum Krieg Israels gegen die Amoriter zurück; *Quaestiones in Heptateuchum*
    4, 44.

81 *De Indis* III,6 (ed. Schätzel 101).

82 J. T. Johnson (1975) Kap. 3.

83 C. Schmitt (1950) 83; Fisch (1984) 215 ff.

84 *De Indis* III,15 (ed. Schätzel 111).

85 Spätere Autoren haben wiederum die Menschenopfer zur Begründung
    eines unmittelbar naturrechtlich gegebenen Herrschaftstitels der zivili-
    sierten Nationen herangezogen; so vor allem Francis Bacon (1629); auch
    Hugo Grotius (1625) verschärft gegenüber Vitoria wieder die Position,
    die eine Unterwerfung auf Grund von Verstößen gegen das Naturgesetz
    legitimiert; Fisch (1984) 251. 254 f.

86 Fisch (1984) 232 ff.

87 Las Casas (ed. Poole) 348; Hanke (1974) 86. 100; Padgen (1982) 137.

88 Padgen (1982) 81 ff.

89 Las Casas (ed. Poole) 186.

90 Fisch (1984) 239.

91 Las Casas (ed. Poole) Kap. 1–5; Padgen (1982) 126 ff.

92 Las Casas (ed. Poole) 50.

93 Las Casas (ed. Poole) 224.

94 Gemeint ist der Fall von 216 (Livius 22, 57, 6); vgl. zur Sache (und den
    Parallelfällen von 216 und 114) Radke (1980); Eckstein (1982).

95 Rech (1980).

96 Las Casas (ed. Poole) 221 ff. – Die Frage des Verhältnisses von Menschen-
    opfer und Kannibalismus ist seit dem späten 18. Jh. (Ch. Meiners; F. A.
    Wolf) als wissenschaftliches Problem wieder aufgegriffen worden;
    Schwenn (1915) 5, A. 2.

97 Las Casas hat sich vor allem auf die Kulturentstehungslehre bei Cicero,
    De Inventione 1,2 berufen; Padgen (1982) 140 f.; Rech (1987) 185 ff.

98 Den betonte wiederum Oviedo unter Berufung auf Plinius' (*n. h.* 28,4;
    30,12 f.) Abscheu gegenüber diesem Phänomen.

99 Lery (ed. 1977) 262 ff.; Gewecke (1986) 178 ff.

100 Montaigne (ed. Wuthenow) 92 f.

101 Padgen (1982) 151.

101a Elliott (1970) 33 ff.
102   Padgen (1982) Kap. 7.
103   Huddleston (1967) Kap. 1.
104   Jarcho (1959); Padgen (1982) 192 ff.
105   Padgen (1982) 195.
106   Von *conjeturas* ist Buch I, Kap. 25 die Rede.
107   Zum Atlantis-Mythos in der Aufklärung vgl. Vidal-Naquet (1982).
108   Huddleston (1967) 31. 34. 51. 114 f. 120; Allen (1949) 124.
109   Allen (1949) 119 ff.; Hodgen (1964) 311 f.; Huddleston (1967) Kap. 3–4.
110   Im folgenden nach der deutschen Übersetzung von 1752 zitiert. Vgl. zu Lafitau: Chinard (1913) 313 ff.; Tax (1955); Fenton (1969); Krauss (1978/87) 48 ff.; Kohl (1981/86) 77 ff.; Meek (1976) 57 ff.; Lemay (1976); Reim (1987); Rohbeck (1987) 81 ff. – K. Kälin, Indianer und Urvölker nach Jos. Fr. Lafitau (1681–1746), Fribourg 1943, war mir nicht zugänglich.
111   Zit. nach Meinecke (⁴1959) 72; für Herders Benutzung von Lafitau sh. auch A. R. Schmitt (1967) 62 f.
112   Hazard (1939) 37.
113   Lafitau (dt. 1752) 3.
114   Mühlmann (1984) 44 f.; Kohl (1981/86) 61. 78; Fenton (1969) 174; Burridge (1973) 164; Pitz (1987) 594.
115   Pembroke (1979) 277 f. mit den Quellenbelegen.
116   Lafitau (dt. 1752) 2 (Orthographie und Interpunktion modernisiert).
117   Vgl. zur Sache aber Meuli (1948) 1103 ff.; Wesel (1980) 113 f.
118   *Essai sur les mœurs*, Kap. VIII (ed. R. Pomeau, Paris 1963, I,30).
119   Vidal-Naquet (1974) 137 ff.
120   Kohl (1981/86) 262, A.159.
121   Momigliano (1958/62) 156.
122   Vgl. für die Kritik an Lafitaus Suche nach den Ursprüngen der Amerikaner z. B. die Vorrede in Kraft (1766) oder Robertson (zit. S. 72), für seine Verwendung als Quelle in der späteren französischen Diskussion Duchet (1971) pass. (sh. das Register).

Die Antike und der Fortschritt der Zivilisation:

1 *Two Treatises of Government*, II, § 49 (ed. Laslett 319).
2 Kaegi (1942); Klempt (1960); A. Seifert, AKG 68 (1986) 81–117.
3 J. W. Johnson (1962); Breisach (1983) 177 f.; A. Grafton, JWI 48 (1985) 100–143.
4 Allen (1949) 133 ff.; Scholder (1966) Kap. 4; Popkin (1976).
5 Engemann (1929); Van Kley (1971); Demel (1986).
6 Löwith (1953/79) 129 ff.
7 Jauss (1964); Schlobach (1978).
8 Scheele (1930).
9 Œuvres Complètes, ed. Depping, II, 388–398.
10 Krauss (1978/87) 52 ff.; Meek (1976) 27 f.; Graf (1985) 19 f.

11 Œuvres Complètes, II, 395.

12 Mazzarino (1979); Burke (1987).

13 Croce (1927) 122 ff.

14 Löwith (1953/79) 109: »Sie (scil.: die *Scienza Nuova*) nimmt nicht nur grundlegende Gedanken Herders und Hegels, Diltheys und Spenglers vorweg, sondern auch die besonderen Entdeckungen Niebuhrs und Mommsens im Bereich der römischen Geschichte, die Theorie Wolfs über Homer, die Interpretation der Mythologie durch Bachofen, die Rekonstruktion des antiken Lebens durch die Grimmsche Etymologie und die historische Auffassung des Rechts von Savigny, die *Cité Antique* von Fustel de Coulanges und die Klassenkampflehre von Marx und Sorel.«

15 Fellmann (1976).

16 *De rerum natura* 5, 995 ff.; R. Müller (1969); Büchner (1977).

17 Herodot 2, 3 f. zum Geschichtsbild der Ägypter.

18 Löwith (1953/79) 124 ff.

19 Sh. nur Montesquieu, *Perserbriefe* Nr. 36.

20 Einleitung, § 7 (= Übers. Auerbach 10).

21 Pitz (1987) 594 ff. 605 ff. – F. A. Wolf (1807) hat Vicos Pionierleistung anerkannt, zugleich aber den unmethodischen, spekulativen Charakter seiner Schlußfolgerungen betont.

22 II, 2, 5, § 470 (= Übers. Auerbach 97). – Die *Germania*-Editionen bzw. -Kommentare des Justus Lipsius stammen aus den 1580er Jahren.

23 III, 1, 6, § 841.

24 Crifò (1982/83); Burke (1987) 85 ff.

25 Pitz (1987) 609.

26 Pitz (1987) 615 ff.; Croce (1927) 182 ff.

27 Die Glaubwürdigkeit der Überlieferung über die römische Frühzeit war seit Ende des 17. Jahrhunderts von niederländischen (Perizonius) und französischen Philologen in Zweifel gezogen worden; in diesen Erörterungen war auch schon eine Liedertheorie in Umrissen erkennbar geworden; Momigliano (1957/69); Erasmus (1962); Bridenthal (1972) 200 f.

28 Meinecke (1959) 63.

29 Das galt auch für ethnographische Berichte; wenn sie der Auffassung widersprachen, daß überall Religion, Ehe und Bestattungssitten vorkommen; dann handelt es sich für Vico um die Märchen von Reisenden, die so den Absatz ihrer Bücher steigern wollen; I, 3, § 334.

30 Mazzarino (1979).

30a Wachsmuth (1895) 16 ff.; Momigliano (1966/77).

31 Burke (1987) 73.

32 Meek (1976) 25.

33 Œuvres de Turgot (ed. G. Schelle) I, 275–323; Meek (1973); ders. (1976) 68 ff.; Rohbeck (1987) 83 ff.

34 Œuvres de Turgot I, 303 f.

35 Meek (1976) 76 ff. 207 ff. (der allerdings den Nachdruck auf die Abweichungen vom sonst üblichen Vierstufenschema legt).

36 D. Forbes, zitiert nach Skinner (1967) 37.

37 Die folgenden Bemerkungen beruhen v. a. auf Medick (1973); ders. (1986); Lehmann (1960); Kettler (1965); Forbes (1966); Meek (1976) Kap. 4–5.
38 Ferguson, *Essay* (ed. Forbes 1966) 1; J. Millar, *Origin* (ed. Lehmann) 176f.
39 Vgl. allgemein zu der zumal mit Buffon assoziierten Kategorie der Naturgeschichte Lepenies (1976); ders. (1980); Reill (1986) 288ff.
40 D. Stewart, *Collected Works* X,34. – Vgl. Höpfl (1978) und zum Begriff der *histoire raisonnée* Leffler (1976).
41 D. Stewart, *Collected Works* X,34.
42 *Lectures on Jurisprudence* (ed. Meek/Raphael/Stein 1978) 14. – Meek (1976) Kap. 4 macht wahrscheinlich, daß Smith dieses Schema schon in seinen Vorlesungen der 1750er Jahre entwickelt hatte und ihm somit die Priorität für die Entwicklung dieser Kategorien zukommt.
43 Ferguson, *Essay*, 122.
44 Meier (1978c) 91f.
45 Ferguson, *Essay* 85.123f. 146; Millar, *Origin* 177.
46 Smith, *Lectures on Jurisprudence* 15ff.; Millar, *Origin* 176.
47 *The History of America*, I (1805) 309. Edmund Burke schrieb an Robertson (anläßlich der *History of America*):
    we possess at this time very great advantages towards the knowledge of human nature. We need no longer go to history to trace it in all stages and periods. History, from its comparative youth, is but a poor instructor. ...But now the great map of mankind is unrolled at once and there is no state of gradation of barbarism, and no mode of refinement which we have not the same moment under our view; the very different civility of Europe and China; the barbarism of Persia and of Abyssinia; the erratic manners of Tartary and Arabia; the savage state of North America and of New Zealand; zitiert nach D. Stewart, *Collected Works* X,154.
48 Evans-Pritchard (1951) 27; Stocking (1978) 521; vgl. zu Robertson, der zusätzlich von Experten Auskünfte per Fragebogen einholte, Duckworth (1983).
49 *Essay* (II,1) 80.
50 *Essay* (II,2) 85.
51 Harris (1968) 31ff.; Pembroke (1979) 279ff.
52 Vgl. die Reflexion über die Problematik dieser Quellengattung bei Millar, *Origin* 180f.
53 Klearch (Aristoteles-Schüler), bei Athenaeus 555d.
54 *Origin* 199 (Übers. nach Zirker 82).
55 *Origin* 202f. (Übers. nach Zirker 87f.).
56 *Of the Populousness of Ancient Nations* (1752); vgl. Finley (1981b) 34ff.
57 *Lectures on Jurisprudence*; sh. den Index, s. v. »Slavery«; *Der Wohlstand der Nationen* (ed. Recktenwald III,2, 318f.; IV,7, 493f.; IV,9, 579f.)
58 Davis (1966) 433ff.; Schneider (1988). Im 19. Jh. sind die ökonomischen Argumente gegen die Sklaverei, wie sie von abolitionistischer Seite vorgebracht wurden, verschiedentlich auf die antiken Verhältnisse übertragen worden, wobei weder die Stichhaltigkeit der Behauptungen für die zeitgenössischen Bedingungen noch ihre Stützung durch antike Quellen ausreichend überprüft wurde; besonders folgenreich sind Marx' Rückgriffe auf

die amerikanische Diskussion gewesen, da in der späteren marxistischen Sklavereidebatte die Unterschiede zwischen den Epochen zugunsten vermeintlich universal gültiger ökonomischer Bedingungen von Sklaverei eingeebnet wurden; Backhaus (1974); ders. (1975).

59 Stein (1980) 23 ff. zu Smiths und Millars Theorien der Rechtsentwicklung.

60 Gabba (1988). – Allerdings ist nicht zu verkennen, daß Ferguson hier über weite Strecken eine enttäuschend konventionelle Darstellung bietet.

61 D. Stewart, *Collected Works* X,58.

62 *Lectures on Jurisprudence* 540 f.

63 *Collected Works* II (1854) 242.

64 *Essay* 110 (Übers. H. Medick 243).

65 Schlenke (1956).

66 *A History of the Reign of the Emperor Charles V* . . . I,12.

67 Ebd. 14.

68 Note VI, ebd., 215–221.

69 Ebd., 213.

70 *History of America* I,292. 294.

71 Momigliano (1954/66) zur historiographiegeschichtlichen Einordnung.

71a Trevor-Roper (1963); Burrow (1985) 22 ff.

72 Gibbon, *Memoirs* 158.

73 *Decline and Fall* (ed. Bury = DF im folgenden) IV,160–169.

74 Ghosh (1983); Craddock (1989) 8.

74a Sh. das Material bei Demandt (1984); zu Gibbon ebd. 132 ff.

74b Gibbon ist vor allem von Goguets Werk über die Kulturentwicklung der alten Völker beeindruckt, auf das er in einer Fußnote verweist; vgl. allgemein zu Goguet: Spiess (1930).

75 DF IV,167 f.

76 DF I,212, A.69. – Der Reisebericht von Sir John Chardin über Persien und Indien stammt aus dem Jahre 1685; zu Chardin als Quelle für Montesquieu: Young (1968).

77 DF III,71 mit A.5. Die gleiche Aussage findet sich später bei Niebuhr (1828) 352 wieder, der auch auf den antiken Ursprung des Topos hinweist:
Die innere Geschichte der Jäger – und Hirtenvölker im asiatischen Norden gleicht sich durchaus: die der Hunnen und der Mongolen ist die nämliche, und die massagetische wird von beyden nicht verschieden gewesen seyn: der rohe Nomade einer Zeit ist in seinem Wesen, und den Ereignissen welche daraus entstehen, nicht anders als wie seine Heerden das Ebenbild derjenigen welche die nämlichen Steppen Jahrtausende vorher durchzogen. Nur die Annahme einer fremden Religion hat einige Veränderung in die Beschaffenheit dieser Völker gebracht. Diese Einförmigkeit entspricht der Ununterscheidbarkeit ihrer Individuen welche sich wie in den unverkünstelten Thierarten gleichen: man sagt, wer einen amerikanischen Indier gesehen habe, sah sie alle: und Hippokrates bemerkt daß alle Skythen sich ähnlich sähen.

78 DF III, 72, A.7.

79 DF III, 44.

80 DF I, 213.
81 DF I, 223.
82 DF I, 235.
83 DF I, 223.
84 DF I, 227.
85 DF I, 223.
86 DF I, 215. Als Quelle gibt Gibbon Charlevoix an.
87 DF I, 217.
88 DF I, 229, A.63.
89 Hölzle (1925); Hill (1958); Willoweit (1984).
90 *Geist der Gesetze* XI, 6 (ed. Forsthoff I, 228).
91 *Geist der Gesetze* XVIII, 11.30 (ed. Forsthoff I, 387 f. 409); Pitz (1987) 739 ff.
92 Furet (1977); Pocock (1976/77); ders. (1981).
93 Vgl. zur Rezeption der schottischen Literatur in Deutschland allgemein Waszek (1985).
94 *Idee zu einer Allgemeinen Geschichte in weltbürgerlicher Absicht*, Werkausgabe (ed. Weischedel) XI, 49 f.
95 Wesendonck (1876); Reill (1975); Iggers (1982).
96 Z. B. Schlözer (1772); zu Gatterer vgl. Benz (1932) 121 f.
97 Sh. für Nachweise Günther (1907) 37 ff.; Mühlmann (1984) 55 f.; Bitterli (1976) 327 ff. – Die einschlägigen Texte Kants finden sich in: Werkausgabe (ed. Weischedel) XII. – Das Beispiel des vielschreibenden Popularphilosophen Meiners zeigt, daß sich an diese Frage sehr früh kulturelle Wert- bzw. Unwert-Urteile anschließen konnten (nicht: mußten); vgl. Meiners (1793) und zu seiner Position Poliakov (1977) 200 f.; Ihle (1931) 102 ff.; Lotter (1987).
98 Hier zitiert nach der Ausgabe Wien 1817. – Zur Einordnung der *Ideen* sh. Blanke (1983); zu Heeren allgemein: Seier (1982).
99 Heeren (1817) I,1, VII.
100 Heeren (1817) I, 1, 109 rühmt Herodots »Wißbegierde«, seinen »unermüdeten Forschungsgeist«, sein »gesundes Urtheil« und seine »Bescheidenheit und anspruchslose Einfalt«.
101 Heeren (1817) I,2, 186 f. identifiziert (nach einer Vorgabe Gatterers) die herodoteischen »Menschenfresser« (die Herodot von den Skythen unterschieden habe) mit den Basternae, die Strabo (7,3,17) als Germanen identifiziert hatte. Er kommt dann zu dieser hübschen Bewertung: »Dem Vater der Geschichte bleibt also das Verdienst, der erste zu seyn, der unserer Vorfahren erwähnt, als sie noch in Thierfelle sich kleideten, und Menschenfleisch fraßen.« – Vgl. Engels zu Strabo 4, 5, 4; MEW 16, 488 f.
102 Fueter (1911) 386 ff.
103 Montesquieu, *Geist der Gesetze*, Buch XVIII bietet die klassische Formulierung dieses Modells, das ältere Ursprünge hat, über Bodin letztlich auf griechische Quellen zurückgeht; vgl. zur Dogmengeschichte Koebner (1951); Stelling-Michaud (1960/61); Venturi (1963); Richter (1973); Krader (1975) Kap. 1; Marshall/Williams (1982) Kap. 5. Kritik an diesem Konzept hat im 18. Jh. Justi (1762) formuliert.

104 Heeren (1817) I,1, 49. 53 ff. 288. 305 vgl. I,2,3. – Für ähnliche Ideen Herders sh. Schaumkell (1905) 142 f.

105 Heeren (1817) I,1, 5 f.

106 Blanke (1983) 151.

107 Heeren (1817) I,1,59; III,1,8; ders. (1817 b) 20 ff. – Hier besteht möglicherweise eine Verbindung zum Topos von der »orientalischen Abgeschlossenheit der Frauen« (dazu Wagner-Hasel 1989), der noch genauer nachzugehen wäre. Sh. immerhin die Zitate aus englischer Reiseliteratur bei Marshall/Williams (1982) 145.

108 Ebd. I,1,312 ff. 469 ff.

109 Niebuhr (1813/43); vgl. Blanke (1983) 154 ff. (auch zu dem maßlosen Angriff von Gervinus 1832). Vgl. auch Heinrich Heines Spott über Heerens »Ideen«; Ideen. Das Buch Le Grand (1826) Kap. XIV.

110 Niebuhr (1813/43) 111 f.

111 Blanke (1988).

112 Fuhrmann (1959); Latacz (1979); Pfeiffer (1982) 214 ff.; Grafton (1981).

113 Heeren (1817) III,116; Thiel (1985).

114 Niebuhr (1813/43) 124 ff.

115 Ryding (1975); Osterhammel (1987) 33 ff.; zur entsprechenden Tradition in der Mythenforschung: Burkert (1984), Einleitung.

Der Ursprung von Familie, Eigentum und Staat – im 19. Jahrhundert:

1 Heuß (1968).

2 Heuß (1968).

3 Sh. schon Orelli (1816).

4 Momigliano (1957/69); Bridenthal (1972).

5 Renker (1935) 50 f.; Christ (1968/83) 14 f.; Rytkönen (1968) 201 f.

6 RG I¹, 121. – Vgl. die spätere Replik – mit Verweis auf die Identifizierbarkeit von *survivals* – bei Tylor (1873) I,41 f.

7 Die Ausführungen zu Niebuhr und Indien beruhen auf Momigliano (1980/84) und (1982) 3 ff.

8 Heuß (1981).

8a Stokes (1959) Kap. 1; Krader (1975) 209 ff.; Minuti (1978); Kulke/Rothermund (1982) 263 ff.

8b Vgl. die Bemerkungen bei Hegel, Werke 12, 193 sowie zur Kompliziertheit der Rechtsverhältnisse, die sich auch nach der Regelung von 1793 nicht einfach europäischen Vorstellungen fügten, Marx, in: Krader (Hg. 1976) 388 ff.

9 Text bei Heuß (1981) 551; dazu Momigliano (1982) 11 f.

10 Rogerson (1978) 3 ff.; Reill (1985) 180 ff.

11 *Mosaisches Recht* I,2,13 f.

12 Reill (1980).

13 Mukherjee (1968) Kap. 6–7.

14 Myres (1916) 58 ff.; Poliakov (1977) 205 ff.

15 RG I¹, 37 f.

16 Schlegel (1816/47) 459 f.

17 Die Zitate werden nach dem Nachdruck München 1976 angegeben, je-
    doch mit der dort ebenfalls vermerkten Seitenzählung seit der 6. Auf-
    lage.

18 »The praehistoric chapters of Mommsen's book form one of the best appli-
    cations that we have ever seen of Comparative Philology as applied to hi-
    story«; Freeman (1859/80) 300; vgl. auch Myres (1916) 60.

19 Heuß (1988) 48.

20 Vgl. RG I¹ (1854) 124: »Die Theilung des Ackerlandes vermögen wir nicht
    mehr genau zu erkennen. Es ist nicht unwahrscheinlich, daß in ältester
    Zeit die gesamte Mark gemeinschaftlich bestellt ward . . .«

21 Vgl. die gleichförmige Argumentation bei Lange, RA I³, 212 ff. oder aus
    der heutigen juristischen Literatur Kaser (1971) 54. 121 f.; Wieacker (1988)
    197 f.; auch De Martino (1985) 16 ff.

22 Ihering (1894) 475.

23 RG I,36, A.3; 93, A.4; 182, A.1; vgl. zur Übernahme des südslawischen
    Beispiels Mayer (1910) 162 f.

24 Zu Mommsens Kieler Lehrern gehörte auch Georg Hanssen (Hartmann
    1908, 9; Heuß 1956, 10), der diese Theorie schon 1835–37 ausführlich
    vorgestellt hatte; auf persönliche Mitteilungen Hanssens, dessen Kollege
    in Leipzig Mommsen später war (Wickert 1964, 378), über württembergi-
    sche Verhältnisse berief sich Mommsen für seine Berechnungen des Er-
    tragsvermögens von zwei Jugera Ackerland; RG I,184, A.4.

25 Kübler, »Gens«, RE 7 (1910) 1176–1198, 1182.

26 Pöhlmann (1925) I,9.29; II,327 ff.

27 Übers. C. Dorminger, München⁷ 1981. –
    Sueborum gens est longe maxima et bellicosissima Germanorum omnium.
    hi centum pagos habere dicuntur, ex quibus quotannis singula milia arma-
    torum bellandi causa suis ex finibus educunt. reliqui, qui domi manserunt,
    se atque illos alunt. hi rursus invicem anno post in armis sunt, illi domi
    remanent. sic neque agri cultura nec ratio atque usus belli intermittitur. sed
    privati ac separati agri apud eos nihil est, neque longius anno remanere uno
    in loco colendi causa licet. neque multum frumento, sed maximam partem
    lacte atque pecore vivunt multumque sunt in venationibus. quae res et cibi
    genere et cotidiana exercitatione et libertate vitae, quod a pueris nullo offi-
    cio aut disciplina adsuefacti nihil omnino contra voluntatem faciunt, et
    vires alit et immani corporum magnitudine homines efficit. atque in eam se
    consuetudinem adduxerunt, ut locis frigidissimis neque vestitus praeter
    pelles haberent quicquam, quarum propter exiguitatem magna est corporis
    pars aperta, et lavarentur in fluminibus.

28 Agri culturae non student, maiorque pars eorum victus in lacte, caseo,
    carne consistit. neque quisquam agri modum certum aut fines habet pro-
    prios, sed magistratus ac principes in annos singulos gentibus cognationi-
    busque hominum quique una coierunt, quantum et quo loco visum est agri,
    adtribuunt atque anno post alio transire cogunt. eius rei multas adferunt
    causas: ne adsidua consuetudine capti studium belli gerendi agri cultura
    commutent; ne latos fines parare studeant potentioresque humiliores pos-

sessionibus expellant; ne accuratius ad frigora atque aestus vitandos aedificent; ne qua oriatur pecuniae cupiditas, qua ex re factiones dissensionesque nascuntur; ut animi aequitate plebem contineant, cum suas quisque opes cum potentissimis aequari videat.

29 Übers. J. Lindauer, München (1975). –
Nullas Germanorum populis urbes habitari satis notum est, ne pati quidem inter se iunctas sedes. colunt discreti ac diversi, ut fons, ut campus, ut nemus placuit. vicos locant non in nostrum morem conexis et cohaerentibus aedificiis: suam quisque domum spatio circumdat sive adversus casus ignis remedium sive inscitia aedificandi.

30 agri pro numero cultorum ab universis in vices occupantur, quos mox inter se secundum dignationem partiuntur; facilitatem partiendi camporum spatia praestant. arva per annos mutant, et superest ager. nec enim cum ubertate et amplitudine soli labore contendunt, ut pomaria conserant et prata separent et hortos rigent; sola terrae seges imperatur.

Die Übersetzung von *in vices* bietet eine besondere Crux. Die dem üblichen Sprachgebrauch entsprechende Wiedergabe im Sinne von »gemeinsam«, »für einander« ist hier belanglos, die Deutung »im Wechsel«, »im Turnus« läßt sich dagegen sonst nicht belegen und setzt die sachliche Auslegung im Sinne der periodischen Neuverteilung schon voraus; Much (1967) 332 f. Lund (1988) 180 f. emendiert die Stelle zu *in usum* und übersetzt: »Die Äcker werden nach der Zahl der Besteller von allen gemeinsam (zum Gebrauch) in Besitz genommen«, was besage, daß die Germanen – im Gegensatz zu den Römern – nur so viele Äcker bestellten, wie sie wirklich brauchten.

30a Böckenförde (1965/76).

31 Böckenförde (1961) Kap. 1.

31a Roscher (1861) 51: »Man kennt den Gegensatz von Robertson, welcher die Germanen des Tacitus mit den nordamerikanischen Wilden verglich, und J. Möser, welcher sie fast wie osnabrückische Vollbauern des 18. Jahrhunderts behandelte.«

32 Möser, SW 12,1, 49 f.; vgl. Schmidt (1975) 124 zur Annahme einer ungebrochenen Kontinuität.

33 Möser steht damit auch in der Tradition der Reichspublizistik und Reichshistorie; Knudsen (1986) 101 ff.

34 Möser, SW 12,1, 58 f.

35 Zum Gang der Forschung: Hanssen (1878/80); Meitzen (1895) I,19–27; Rachfahl (1900); Dopsch (1918) 8 ff.; Koehne (1928); Harstick (Hg. 1977) XXIX ff.

36 Vgl. Meitzen (1881); Hanssen hatte seinerseits auf Arbeiten des dänischen Agrarhistorikers Olufsen zurückgegriffen.

37 Vgl. Harnisch (1975).

38 Meitzen (1895) I,10–19 zu den methodischen Prämissen; ebenso Knapp (1897) 104 f.

39 Hanssen (1835/80) 31; (1878/80) 97; Meitzen (1895) I,24.

40 Böckenförde (1961) 134 ff.; Dickopf (1960) 156 ff.

41 Maurer (1854/96) 92 ff.

42 Hanssen (1880) I,2 f.; Dickopf (1960) 162.

43 Dopsch (1918) 24f.; Böckenförde (1961) 140f.
44 Maurer (1854/96) 3f.
45 Maurer (1854/96) 5.
46 Hanssen (1878/80) gibt eine Zusammenstellung der Pro- und Contra-Argumente.
47 Meitzen (1895) I,131ff.; II,648ff.
48 Hanssen (1880) I,2; Müllenhoff (1900) 371f.
49 Böckenförde (1961) 145f. zu Maurer.
50 Meitzen, »Feldgemeinschaft«, HdStW IV³ (1909) 57–79.
51 Goehrke (1964).
52 Dazu kritisch Meitzen (1881) 379f.
53 Rachfahl (1900) 4; Goehrke (1964) 151f.
54 Goehrke (1964) 155ff.
55 Burrow (1966) Kap. 5; Feaver (1969); Bock (1974); Collini et al. (1983) 209ff.; Kuper (1985).
56 Stein (1980) 86ff.
57 Tönnies (1887/1973) 158f.; ders. (1926) 93ff.
58 Maine (1861/1912) IX.
59 Maine (1883) 238.
60 Maine (1871) 22.
61 Zit. bei Burrow (1966) 161. – Vgl. zum Arierbegriff Siegert (1941/2).
62 Sh. nur Müllers Antrittsvorlesung als Inhaber eines neu geschaffenen Lehrstuhls in Oxford 1868, in: Müller (1875) 1–43. Zur Sprachwissenschaft in England vgl. Burrow (1967); zum Einfluß auf Maine: Burrow (1966) 148ff.; Collini et al. (1983) 209ff.; vgl. ferner Burkert (1980) 166ff.
63 Stein (1980) 96f.; ders. (1981) 127ff.
64 Maine (1871) 6.
65 Maine (1861/1912) Kap. V.
66 Maine (1861/1912) 274ff.; ders. (1871) 12.
67 Dewey (1972) 294. 310f.; Kuper (1985) 269. 278. – Dewey (1972) zeigt die Vielschichtigkeit und Widersprüchlichkeit der diversen ideologischen Konnotationen, mit denen die indische Dorfgemeinde im Laufe des 19. Jh. verbunden wurde.
68 Dumont (1966) 80ff.; Srinivas (1975); Kuper (1985) 277. 280.
69 Maine (1861/1912) 277f.; ders. (1886) 193: Haxthausen »the authority followed by Maine in his earlier works«. – Zur allgemein bekannten Urheberschaft Maines an der anonymen Rezension von 1886 sh. F. Pollock in Maine (1861/1912) 176.
70 Maine (1871) 11f.
71 Maine (1871) 11f.; Dewey (1972) 300ff.; Burrow (1974).
72 Maine (1883) Kap. VIII.
73 Bock (1974) 247ff.; Collini et al. (1983) 213f.
74 Maine (1883) 192f.
75 Maine (1883) 231.
76 Maine (1883) 283.
77 Maine (1883) 196f.; ders. (1886) 183.

78 Maine (1861/1912) 129 f.; vgl. die Replik bei Lubbock (1870) 2 f.

79 Vgl. Müllers Kritik an den »ignorant attempts at explaining classical myths from Melanesian tattle« und den »wild comparisons of Hebrew customs with the outrages of modern cannibals«; zit. bei Burrow (1967) 203.

80 Das folgende zu Fustel beruht v. a. auf Momigliano (1977); ders. (1982) 19 ff.; Momigliano/Humphreys (1980); Finley (1977/81) 8 ff.; vgl. ferner Christ (1981); Hartog (1984).

81 Maine (1883) 57 f. 75 f. 120 teilte später grundsätzlich die Annahme, daß zwischen Familienrecht und Ahnenkult ein Zusammenhang bestehe, wollte jedoch (umgekehrt wie Fustel) vom Vorrang der *patria potestas* ausgehen.

82 Fustel de Coulanges (1981) 47 f.

83 Z. B. Fustel de Coulanges (1864/1984) 112 = (1981) 137.

84 Vgl. die Bemerkungen in der Straßburger Antrittsvorlesung 1862 und in den Briefen an Warnkönig 1864; abgedruckt im Anhang von Fustel de Coulanges (1864/1984).

85 Revue de Synthèse Historique 2 (1901) 258.

86 »L'imitation maladroite de l'Antiquité nous a conduits à la Terreur«; Straßburger Antrittsvorlesung 1862; Fustel de Coulanges (1864/1984) 473.

87 Humphreys (1978) 197 ff.; dies. (1982/83); Ampolo (1980); Momigliano (1982/84); vgl. auch in bestimmten Hinsichten Warnke (1986).

88 Dieses Erbe Fustels prägte auch noch die französische Althistorie nach 1871, die sich ansonsten methodisch am Vorbild der deutschen Wissenschaft zu orientieren begann: Simon (1988).

89 Fueter (1911) 561 ff.; Stadler (1958) 321 ff.; Dickopf (1960) 340 ff.; E. J. Young (1968) 164 ff.; Grossi (1977) 125 ff.

90 Fustel de Coulanges (1885); ders. (1889/91).

91 Cesana (1983) 32 f.; S. A. Fusco, QS 28 (1988) 53–85.

92 Cesana (1983) 81 ff.

93 Werke I,450.

94 Werke X,114.

95 Gossman (1983); ders. (1984).

96 Gelzer (1969) passim.

97 Werke X,263. 252; zu den diversen brieflichen Äußerungen über Mommsen siehe das Register des Bandes.

98 Christ (1982) 49 ff.

99 Lange (1854) 805.

100 Werke VI,10. 50.

101 Werke II,139.

102 Vgl. die von Bachofen erwogenen Untertitel; Meuli (1948) 1096.

103 Werke II,11.

104 Ebd.

105 Meuli (1948) 1104 ff.

106 Merkelbach (1970) zum neuplatonischen Hintergrund.

107 Werke II,308 ff. 353 ff. 498 ff.

108 Lowie (1937) 40 f.

109 Werke II,85; vgl. Bachofen (1862).

110 Werke II,12.

111 Werke II,85 f.; vgl. zu diesen Texten Pembroke (1967) und zu den lykischen Inschriften, die in späterer Literatur als Beleg für matriarchalische
Strukturen angesehen wurden, Pembroke (1965). – Eine andere unmittelbar einschlägige Quellenstelle sind Polybios' (12,5,6ff.) Bemerkungen
über Vererbung in der Mutterlinie beim Adel im süditalienischen Lokroi;
Bachofen, Werke II,11; III,745 ff.; dazu aus heutiger Sicht Van Compernelle (1982).

112 Werke II,13. – Bachofens Mythendeutung steht in der Tradition Creu-
zers; Kramer (1977) 15 ff.; Gossman (1983) passim; Stagl (1988) 112 f.;
Graf (1988).

113 Ebd. 14.

114 Ein Vortrag Bachofens zum Thema auf der Philologenversammlung in
Stuttgart 1856 war durchaus freundlich aufgenommen worden; Meuli
(1948) 1093 f.

115 So Mühlmann (1984) 102. (Der Text ist anscheinend zuletzt 1966 revidiert worden, jedoch schon in Kenntnis der Neuausgabe der *Antiquarischen Briefe*, sh. 69.); Girtler (1979) 26.

116 Dörmann (1966); ders. (1968/69).

117 McLennan (1886) 319 ff.; Morgan (1877/1985) 348–50. Den wichtigsten
Hinweis hatte Morgan durch Ernst Curtius' *Griechische Geschichte* (engl.
1871) erhalten, in der über Bachofens Stuttgarter Vortrag von 1856 refe-
riert worden war, Morgan a. O.; sowie in Bachofen, Werke X,469; Dörmann (1968/69) 133.

118 McLennan (1886) 325, A.1.

119 Morgans »Geständnis«, daß er kein Deutsch kann: Brief v. 27.1.1881;
Bachofen, Werke X,510. – McLennan stöhnt über Bachofens »ponderous
German quarto« und empfiehlt statt dessen als lesbare Wiedergabe A. Gi-
raud-Teulon, *La mère chez certains peuples de l'antiquité*, 1876 – ein Buch, das
bei aller Bachofen-Begeisterung doch dessen These insofern erheblich
umformuliert, als der Konflikt zwischen Vater- und Mutterrecht mit dem
Einfall der (vaterrechtlich organisierten) Arier und Semiten in Gebiete
mutterrechtlicher Kulturen erklärt wird; Dörmann (1966) 525 f.

120 Meuli (1948) 1077.

121 Brief v. 10.11.1870; Werke X,449.

122 Dörmann (1966); Schuster (1987); die Briefe in Werke X; dazu das bei
Momigliano (1987) 93 f. erstmals abgedruckte Schreiben an Lubbock.

123 Morgan: »I was much interested in your remarks upon the Roman Gens
and the Roman political system. I cannot however raise myself up to your
high view of the Roman Gens. I see in it the the same institution I find in
the Iroquois gens, with the superadded development of new characteri-
stics from the elements of the organisation through time and experience.«
(13.3.1879; Werke X, 492); »European scholars have such special view of
the Roman gens and of the Greek *genos*, that they seem unwilling to think
of the Iroquois gens as the same organization.« (21.6.1880; ebd. 501); »I
think you European and particularly German scholars will be obliged to
recast some portion of your work upon the institutions of the Greeks and

Romans, and place these societies upon their true bases.« (12. 11. 1880; ebd. 505).

124 Bachofen: »You see that I agree with some of your foundamental ideas perfectly. But at the same time I confess, that great difficulties remain, that can't be overcome by the sole principle of gentilism as established in your work... I conclude: gentilism with all its surrounding combinations is a great groundwork of Roman history, but not the only one.« (4. 1. 1881; Werke X,508. 509).

125 Trautmann (1987) 194 ff.

126 Murphree (1961); Stocking (1974) 421 ff.; Fabian (1983) Kap. 1; Trautmann (1987); Kuper (1985 b).

127 Darauf wies McLennan (1886) 305 ff. hin.

128 Service (1981) 27 f.; Tooker (1985); Trautmann (1987).

129 Morgan (1908) 7.

130 Evans-Pritchard (1951) 31; Tax (1955) 456 ff.; Fortes (1969); Wesel (1980) 19 ff.

131 Die Begriffe Exogamie und Endogamie hat McLennan geprägt, dem Morgan vorhielt, die Einheiten nicht definiert zu haben, auf die sie zu beziehen seien; Morgan (1908) 435 ff.

132 Morgan (1908) 198. 204.

133 Vgl. Marx, in: Krader (Hg. 1976) 280.

134 Marx, in: Krader (Hg. 1976) 302. 307 betont gegenüber Morgan die Rolle der Eigentumsdifferenzierung für den Übergang zur politischen Gesellschaft.

135 Dörmann (1966) 556.

136 Service (1981) 28; Trautmann (1987) passim.

137 Engels, *Ursprung* 40, Ebd. 38 (= MEW 21, 38): »Während die Familie fortlebt, verknöchert das Verwandtschaftssystem, und während dies gewohnheitsmäßig fortbesteht, entwächst ihm die Familie. Mit derselben Sicherheit aber, mit der Cuvier aus den bei Paris gefundenen Marsupialknochen eines Tierskeletts schließen konnte, daß dies einem Beuteltiere gehörte und daß dort einst ausgestorbne Beuteltiere gelebt, mit derselben Sicherheit können wir aus einem historisch überkommenen Verwandtschaftssystem schließen, daß die ihm entsprechende, ausgestorbne Familienform bestanden hat.«

138 Fragment 52 (Wehrli).

139 Morgan (1908) 199 ff.; das Zitat 201.

140 Morgan (1908) 293.

141 Vgl. Engels, *Ursprung* 49 (= MEW 21, 46), Marx zitierend.

142 Morgan (1908) 362.

143 Nicht nur Niebuhr und Mommsen, auch Handbücher der »Altertümer« wie Wachsmuth und Hermann, die Morgan wiederholt zitiert, lagen in englischen Übersetzungen vor.

144 Muhlack (1983).

145 Morgan (1908) 209 f. (gegen Grote).

146 Morgan (1908) 192. 238 (gegen die gesamte Forschung).

147 De Martino (1958) Kap. 1.

148 Morgan an Bachofen (29. 4. 1878): »I am persuaded that the main features of Grecian and Latin Society in the legendary period and in the early years of civilization have been misunderstood; and that the truth of the matter may be reached by studying their early institutions in their archaic form as still found in the institutions of existing tribes of mankind.«; Bachofen, Werke X,479.

149 Zum Umgang von Engels mit Morgan und mit historischen Quellen überhaupt habe ich viel von der Bochumer Staatsarbeit (1980) von Horst W. Blanke profitiert: Militärwesen, Staat und Krieg im Altertum bei Friedrich Engels.

150 Die Morgan-Übersetzung erschien 1891 im Parteiverlag der SPD. Seit-dem waren Formulierungen gängig wie: Morgan sei »unter die sozialde-mokratischen Bildungsmittel aufgenommen« worden (Ratzel 1894/1906, 269; Pöhlmann 1925, 4) oder habe »einen Ehrenplatz unter den Kirchen-vätern der deutschen Socialdemokratie« erhalten (Grosse 1896, 3); sh. ferner u. a. Rachfahl (1900) 5; Below (1904) 459; ders. (1903/20) 12; Dopsch (1918) 43.

151 Text in Krader (Hg. 1976) 124–360.

152 Lucas (1964a) 54; ders. (1975) 397.

152a Zitiert nach MEW 21, XII.

153 Kelley (1984).

154 Die Zeitungsartikel von 1853, in: MEW 9; Ruben (1953/4); Thorner (1966); Lichtheim (1967); Song (1972) 64ff.; Krader (1975) 80ff.

155 Marx' Briefe an Engels vom 14. 3. und 25. 3. 1868, in: MEW 32. – Marx hat im Anschluß an Maurer seine ursprünglich noch Möser folgende Auf-fassung revidiert: Landau (1973).

156 Brief vom 25. 3. 1868.

157 Harstick (1988) 191 verweist auf unveröffentlichte Exzerpte von Marx und Engels.

158 Krader (Hg. 1976) 34; Harstick (1988) 194. Kovaleskij bietet mit den Ver-gleichen der Agrarverfassungen Mexikos, Perus, Algeriens und Indiens einerseits, Deutschlands und der Schweiz andererseits eine besonders ei-genwillige Zusammenstellung: sh. die Marxschen Exzerpte aus seinem Buch von 1879, in: Harstick (Hg. 1977).

159 MEW 4, 462.

160 Lucas (1964a) 160ff. mit dem Textvergleich Morgan–Marx–Engels.

161 Darwin selbst akzeptierte allerdings nicht die These einer ursprünglichen Promiskuität, sondern betonte Eifersucht als einen Faktor, der Selektion begünstigt. Maine (1886) machte sich dies Argument in seiner Replik auf McLennan zu eigen; Trautmann (1987) 250f.

162 *Ursprung* 75 (= MEW 21, 67f.).

163 Lucas (1964a) 169ff.

164 *Ursprung* 14 (= MEW 21, 476); Honigsheim (1928) 853.

165 *Ursprung* 12 (= MEW 21, 475).

166 *Ursprung* 113 (= MEW 21, 99), aus Marx' Exzerpt (Krader, Hg. 1976, 283) zitierend.

167 *Ursprung* 138–141 (= MEW 21, 119–21). Es geht um Liv. 39,19,5: die

Freigelassene, die zur Aufdeckung des Bacchanalien-Skandals beigetragen hat, erhält neben anderen Belohnungen das Recht zur *enuptio gentis*. Zur Berechtigung von Engels' Mommsen-Kritik: Capogrossi Colognesi (1988).

168　MEW 19 (425–473), 432–35 (jetzt auch in [2]MEGA I,25).

169　MEW 19 (317–330), 317–19 (jetzt auch in [2]MEGA I,25).

170　»Ein amerikanischer Autor, der keineswegs revolutionärer Tendenzen verdächtigt ist und in seinen Arbeiten von der Regierung in Washington unterstützt wird«; Marx bezieht sich auf Morgans Schlußplädoyer für ein »revival in a higher form, of the liberty, equality and fraternity of the ancient gentes«, (Morgan 1877/1985) 552; MEW 19, 386.

170a.　Sh. auch die Vorrede zur russischen Ausgabe des »Manifests« 1882, [2]MEGA I,25, 296.

171　Entwürfe eines Briefs an Vera Sassulitsch, MEW 19, 384–406, die jedoch in die Antwort, die nur in einigen Selbstzitaten besteht, nicht übernommen sind. Die Texte jetzt im Original in [2]MEGA I,25, 219–242. Engels hat 1875 gegenüber slawophilen Beschwörungen der russischen Dorfgemeinde diese als Grundlage eines orientalischen Despotismus qualifiziert und eine Chance für ihre Erhaltung allein darin gesehen, daß vor ihrer endgültigen Zerstörung die proletarische Revolution in Westeuropa ausbräche; Flüchtlingsliteratur V, [2]MEGA I,24, 414–425.

172　Vorwort zur 1. Auflage; *Ursprung* 9 (= MEW 21, 28f.). – Der Seitenhieb auf Freeman bezog sich auf einen Essay, den Morgan (1877/1985) 361, A.1 = (1908) 304, A.316 zitiert. Zu Freeman allgemein: Momigliano (1986).

173　*Ursprung* 151 (= MEW 21, 131).

174　*Ursprung* 152 (= MEW 21, 131).

175　*Ursprung* 154 (= MEW 21, 132). Die Deutung der Caesar- und Tacitus-Stelle findet sich entsprechend schon bei Morgan (1908) 304 – allerdings ohne die aparten Hinweise auf die Hintergründe der Terminologie beider Autoren. – In der *Germania* wird *gens* gerade nicht in dem von Engels gemeinten Sinn gebraucht; vgl. Perl (1982) 57.

176　Engels verweist auf die *Germania* 20,3 angeführte besondere Bindung zwischen Neffen und Mutterbrüdern. Die Deutung als Mutterrechts-Survival (vgl. Bachofen, Werke II,251, A.10. 434) hat bis in die Gegenwart in der Tacitus-Forschung nachgewirkt (kritisch dazu Lund 1988, 41ff.), während diese Konstellation im britischen Funktionalismus seit Mitte der 30er Jahre als ein Integrationselement in patrilinearen segmentären Gesellschaften verstanden wird (Fortes 1951, 27; Kuper 1983, 59ff.) – Zum Avunkulat in der (griechischen) Antike nach heutigem Forschungsstand vgl. Bremmer (1983).

177　*Ursprung* 158 (= MEW 21, 136).

178　Nearchos ap. Strabo 15,1,66. Die Stelle (in einer Sammlung von indischen Kuriositäten) läßt sich zwar als ein Hinweis auf Feldgemeinschaft von Verwandten verstehen, aber nicht als Beleg für Hausgenossenschaft, wie in *Ursprung* 69 behauptet wird.

179　*Ursprung* 68f. 157–159 (= MEW 21, 62. 135–137).

180　Skeptisch dazu Bernstein (1900).

181 H. Kellenbenz, »Wirtschaftsstufen«, Handwörterbuch der Sozialwissenschaften 12 (1965) 260–268; Winkel (1977) 175 ff.

182 Roscher (1888) § 71 (S. 256–264). – Die inhaltlichen Aussagen finden sich seit der Erstausgabe 1859, vgl. auch Roscher (1861). In den späteren Zusätzen finden sich u. a. auch Hinweise auf die einschlägigen Arbeiten von Maine und Laveleye.

183 Grossi (1977) 79–108; vgl. Lambert (1970).

184 Maine (1875) 1.3; Laveleye (1879) 2 f. 5 f.

185 Laveleye (1879) 3.

186 Das Kapitel über die »Überreste der alten Agrarverfassung in Deutschland«, das besonders den »Gehöferschaften« im Rheinischen gilt, ist für die deutsche Ausgabe eigens von Bücher verfaßt worden.

187 Besonderen Nachdruck auf die antiken Beispiele hat etwa gleichzeitig auch Violett (1872) gelegt, der unabhängig von Laveleye zu ähnlichen Ergebnissen gekommen war.

188 Laveleye (1879) Kap. 18.

189 Laveleye (1879) 356 f.; kritisch dazu Pöhlmann (1925) I,114.

190 Grossi (1977) 81. 110 ff.

191 Wesel (1985) 14 f.

192 So J. Kohler in einer Rezension 1883, zitiert nach Bachofen, Werke VI, 456; und im Nachruf auf Bachofen 1889, zitiert nach Heinrichs (Hg. 1975) 263.

193 Z. B. Schmoller (1899) – dazu polemisch Below (1904) 150 ff.; Friedrichs (1889); Kohler (1897); dazu die zahlreichen Nachweise bei (dem Kritiker) Brentano (1893) 101 ff.

194 Lamprecht (1889); ders. (1912) 111 ff.; dazu Viikari (1977) 212. 272 f.; sh. auch schon Dargun (1883).

194a Ferner Westermarck (1908); vgl. auch Schurtz (1902) sowie den Überblick über die Diskussionen bei Malinowski (1914).

195 Knapp (1897).

196 Wittich (1897); dazu Weber (1904/24) 513 ff.

197 Rachfahl (1900).

198 Weber (1904/24) 516 f.

199 Weber, Wg, 19 ff.

200 W. G. Simkhowitsch, »Mir«, Handwörterbuch der Staatswiss. ³VI (1910) 714–730.

201 Mayer (1910).

202 Lamprecht (1886) 442 ff.

203 Seebohm (1885); vgl. Burrow (1974).

204 Baden-Powell (1896); Weber, RS II, 79 f.

205 Below (1903/20) 19.

206 Deininger (1986).

207 Weber, Agrarverh., 227 ff. 287. – Zur Sache ist eine Studie von A. Winterling zu erwarten; vgl. vorläufig seine Rez. der Agrargeschichte, Gnomon 61 (1989) 401–407.

208 Nachweise bei F. Wernli, »Markgenossenschaft«, Handwörterbuch zur deutschen Rechtsgeschichte III (1984) 302–316.

209 Trüdinger (1918); Norden (1921); Wissowa (1921); dazu v. See (1981); Timpe (1989b).
210 Jankuhn (1976); Timpe (1979).
211 Sh. die grundsätzlichen Stellungnahmen WL 172; WuG 222 und weiteres bei Nippel (Ms. 1989).
212 Bedeutsam: Tenbruck (1987), dem aber nicht in allen Hinsichten zu folgen ist.
213 Nippel (Ms. 1987).
214 Mazza (1985).
215 Bücher (1893/1919); ders. (1898); dazu Schefold (1988).
216 Meyer (1895/1924).
217 Beloch (1899); ders. (1902).
218 Roussel (1976); Bourriot (1976); vgl. Welwei (1988).
219 Nippel (Ms. 1988); vgl. HZ 244 (1987) 750–753.

Ökonomische Anthropologie und griechische Wirtschaftsgeschichte:

1 Vgl. Polanyis Aufsatz (1971, posthum) über Menger.
2 Pearson (1957).
3 Köcke (1979); vgl. z. Neuorientierung um die Jahrhundertwende schon Koppers (1915/16).
4 Bohannan/Dalton (1965); Zeisel (1968); J. Congdon, Journal of Contemporary History 11 (1976) 167–183; Drucker (1981) 97–117.
5 Vgl. den Aufsatz (1922) über »sozialistische Rechnungslegung«.
6 Der folgende Text ist eine leicht modifizierte Version der Seiten 5–35 meines Aufsatzes: Die Heimkehr der Argonauten aus der Südsee. Ökonomische Anthropologie und die Theorie der griechischen Gesellschaft in klassischer Zeit, Chiron 12 (1982) 1–39. In den Anmerkungen sind gegenüber dem Aufsatz einerseits Kürzungen vorgenommen worden; zum anderen sind Nachträge neuerer Literatur hinzugekommen, ohne daß eine durchgängige Aktualisierung der Literaturnachweise zu allen hier berührten Einzelfragen auch nur erstrebt worden wäre.
7 Sh. ferner »Our Obsolete Market Mentality«, Polanyi (1968) 59–77 (= Polanyi 1979, 129–148).
8 Der Begriff der »Einbettung« stammt von Thurnwald (1932).
9 Polanyi (1978) 71ff.; ferner »The Economy as Instituted Process«, in: Polanyi (Hg. 1957) 243–269 (= Polanyi 1968, 139–174 = 1979, 219ff.).
10 Mauss (1925/78); Firth (1963) 222 zu Mauss' Malinowski-Rezeption.
11 Malinowski (1921).
12 Sh. prinzipiell schon Thurnwald (1936). Eine Auffächerung der Kategorien Redistribution und Reziprozität bietet Sahlins (1974) 185–275. Zur Kritik an Polanyi vgl. auch Veyne (1988) 67ff.
13 Godelier (1972) 288ff.; ders. (1973) 23ff.
14 Vgl. u. a. G. Dalton (1969); ders. (1975); ders. (1977); Röpke (1969); Firth (1972); McAdams (1974); Garlan (1973); Cook (1974); Vallensi (1974);

North (1977); Stanfield (1980); Dupré/Rey (1980); Halperin (1982); dies. (1984).
15 Vgl. Firth (1972) für eine vermittelnde Position.
16 »The Semantics of Money Use«, Polanyi (1968) 175–203 = Polanyi (1979) 317–345; Melitz (1970); P. Grierson (1978).
17 »Ports of Trade in Early Societies«, Polanyi (1968) 238–260 (= 1979, 284–299).
18 P. J. H. Grierson (1903/80); Price (1980).
19 S. Herodot 4,196. – Auch dies ist zum ethnologischen Wandermotiv geworden, wie die späteren Zeugnisse für die Serer (Chinesen) – u. a. Ammianus Marcellinus 23,6,68; Plinius, *Naturalis Historia* 6,54; Pomponius Mela 3,7,60 – zeigen; vgl. Dihle (1984) sowie zur Rezeption des Motivs bei Autoren des 16. Jahrhunderts Hodgen (1964) 142. 160, A.67.
20 Hodges (1978).
21 Geertz (1980).
22 Peukert (1978); M. Johnson (1980).
23 Verständnislos Heichelheim (1960); eine fundierte Kritik findet sich bei Ste.Croix (1960).
24 Renger (1984).
25 Vgl. jetzt Finleys eigenen Rückblick (1985) 177 ff.
26 Finley (1985) 26. 160.
27 Humphreys (1978) 42 (= Polanyi 1979, 20 f.); Finley (1970/74) 39, A.45; 42, A.56; ders. (1975) 117.
28 Nippel (Ms. 1988); vgl. HZ 244 (1987) 750–753.
29 Finley (1957/58).
30 Finley (1954/79); ders. (1955); Donlan (1982); Wagner-Hasel (1988).
31 Quiller (1981); Morris (1986).
32 Gallant (1982) 112. 122.
33 Duby (1977) 52 ff.; Hodges (1982); vgl. auch für das spätere Mittelalter Le Goff (1988) 16 f.
34 Polanyi (1978) 84 ff.; ders. (1979) 387 f.
35 Polanyi (1979) 388.
36 »Aristotle Discovers the Economy«, in: Polanyi (Hg. 1957) 64–94 (= Polanyi 1968, 78–115 = 1979, 149–185).
37 Aristoteles *Politik* 1256a 1–1258b 8; *Nikomachische Ethik* 1132b 31 ff. – 1133b 28.
38 Spahn (1984) zum begriffsgeschichtlichen Niederschlag.
39 Ste.Croix (1981) 183 ff.
40 Grundlegend ist Finley (1952); vgl. ders. (1953); Millett (1982); zur Bedeutung von Verpachtungen jetzt Osborne (1988).
41 Humphreys (1978) 49 f. (= Polanyi 1979, 29 ff.).
42 Platon, *Gesetze* 952 d–953 e; Aristoteles, *Politik* 1326b 39–1327a 40; 1331a 30–1331b 3.
43 »Marketless Trading in Hammurabi's Time«, in: Polanyi (Hg. 1957) 12–26 (= Polanyi 1979, 300–316).
44 Humphreys (1978) 43 f. (= Polanyi 1979, 22); Gledhill/Larsen (1982); Breuer (1985) 120 f.; ders. (1987) 95. Dieser Befund verschlägt jedoch nicht grundsätzlich gegen Polanyis Konzept; vgl. Renger (1979).

45 Polanyi (1979) 287; Breuer (1987) 136.
46 Sh. schon Larsen (1960).
47 MacDowell (1978) 158.
48 H. J. Wolff (1968) 173 f.
49 Möglicherweise wurden auch die Fischpreise überwacht; MacDowell (1978) 157.
50 Rhodes (1981) 577 f.
51 Lysias 22; Kohns (1964); Seager (1966); Stanton (1985); Figueira (1986).
52 Humphreys (1978) 50 ff. (= Polanyi 1979, 31 ff.).
53 Finley (1970/74) 35.
54 De Roover (1958).
55 Anderson (1970) 50 ff.: Pritchett (1971) 41 ff.; Ste.Croix (1972) 399 f.; Garlan (1975) 137 ff.
56 MacDowell (1978) 157 f.
57 Rhodes (1981) 579; Gauthier (1981).
58 Austin / Vidal-Naquet (1984) 56 f.
59 Finley (1965) 26 f. 34 f.; Pleket (1973) 247 f.
60 Humphreys (1978) 56.
61 Humphreys (1978) 173; Pippidi (1973); Khazanov (1979).
62 Gernet (1909) ist grundlegend.
63 Davies (1978) 58 f.; Schmitz (1988) 116 ff. 311 ff.; Garnsey (1988) 120 ff.
64 Finley (1978) 117 ff.
65 Ste.Croix (1972) 47. 314; Isager / Hansen (1975) 55 f.
66 Isager / Hansen (1975) 56 f.; Hopper (1979) 195 ff.
67 Kritisch (aber auch recht verständnislos) dazu jetzt Figueira (1984).
68 Polanyi (1977) XXI–XXIII.
69 Polanyi (1977) Kap. 12: »Local Markets: The Political Economy of Polis and Agora«; Kap. 13: »Local Markets and Overseas Trade«.
70 Polanyi (1977) Kap. 14: »Securing Grain Imports«; Kap. 15: »The Growth of Market Trade«.
71 Polanyi sieht dies in den Manipulationen des Kleomenes in Ägypten während der 320er Jahre (vgl. Isager / Hansen 1975, 200 ff.), überschätzt aber deren Bedeutung auf Dauer (vgl. Figueira 1984, 28 ff.).
72 Polanyi (1977) 205. 214.
73 Gajdukevič (1971) 69. 79, A.49.
74 Gauthier (1972) 90 ff.
75 Isokrates 17,57; Tuplin (1982).
76 Demosthenes 20, 30 ff.; Tod (Hg.), Greek Historical Inscriptions Nr. 167; Gauthier (1972) 91, A.74; Hopper (1979) 88 f.
77 Demosthenes 34,8; Isager / Hansen (1975) 207.
78 Burstein (1978).
79 Polanyi (1977) 214. 230 f.
80 Gajdukevič (1971) 75 f.; Brashinsky (1971); Pippidi (1973) 69 f.; Mossé (1975) 78.
81 Gajdukevič (1971) passim.
82 Hasebroek (1928) 120 f.
83 Schönert-Geiss (1971); Will (1972) 663 f., 669 f.

84 Demosthenes 56,9; Hopper (1979) 83.
85 Erxleben (1974); Ste.Croix (1974); Millett (1983).
86 Cohen (1973); MacDowell (1978) 231 ff.
87 Hasebroek (1923); Erxleben (1974) 482 ff.
88 Hopper (1979) 84 f.
89 Mossé (1962) 59 f.; Gauthier (1976) 121 ff.; Hopper (1979) 86.
90 Francotte (1910); Bolkestein (1939) 259 ff.; Hopper (1979) 86 f. 90 f.;
    Veyne (1988) 239 ff.; Gauthier (1985); vgl. auch Pleket (1985) 150; ferner
    Kingsley (1986) zur Rolle von Alexanders Kämmerer Harpalos sowie
    Günther (1988) zu Beispielen aus Milet.
91 Kuenzi (1923); Bolkestein (1939) 254 ff.; Hands (1968) 39. 97. 175; Veyne
    (1988) 191 f.
92 Isager/Hansen (1975) 200 ff.; Hopper (1979) 86.
93 Finley (1985) 132 ff.; Pleket (1979).
94 Rickman (1980) mit dem Hinweis bei Nippel (1988) 265, A.13; jetzt
    Garnsey (1988) 231 ff.
95 Humphreys (1978) 159–174.
96 Ste.Croix (1972) 393 ff.
97 Garlan (1974) 44 ff.; Will (1975) 306 ff.
98 Vgl. Cartledge (1983) zu den Thesen von Bravo (1977) und Mele (1979)
    über einen in der archaischen Zeit von Abhängigen der Großgrundbesit-
    zer betriebenen Handel; ferner Reed (1984).
99 Hopper (1979) 109; vgl. auch Montgomery (1986).
100 Hansen (1980) zu den zahllosen Ämtern im Seebund.
101 Gehrke (1985).
102 Mossé (1983).
103 Nippel (1980) 113 ff.
104 Meier (1978 b); ders. (1980) 247 ff.
105 Polanyi (1979) 153 f.
106 Polanyi (1977) Kap. 12.
107 AP 27,3–4; Plutarch, *Kimon* 10; *Perikles* 11.
108 Humphreys (1978) 170 f.
109 Das schließt Spielräume für Patronage nicht aus, nur daß diese sich nicht
    mehr unmittelbar in politische Macht umsetzen ließ; vgl. die Überle-
    gungen bei Finley (1986) 56 ff.; dazu Ch. Meier, Gnomon 58 (1986) 498 ff;
    Millet, in: Wallace-Hadrill, Patronage in Anc. Soc. (1989) 15–47.
110 Woodhead (1973); Davies (1971) 459 mit A.1; Boersma (1970) 74 f.
111 Daverio-Rocchi (1978).
112 Nippel (1980) 74. 89.
113 Veyne (1988) 179 ff.; vgl. aber die Vorbehalte in meiner Rezension,
    Frankfurter Allgemeine Zeitung 14.03.1989; Daverio-Rocchi (1978);
    Rhodes (1979/80); Seager (1973); Nippel (1980) 104 ff.
114 Nippel (1980) 111 f. 114.
115 Veyne (1988) 193 ff.
116 Veyne (1988) 232 ff.
117 Bolkestein (1939) ist grundlegend zum Fehlen einer Armenpolitik.
118 Meier (1978 b); ders. (1980) 247 ff.; Nippel (1980) 100 ff.

119 Gehrke (1978) 171 ff.
120 Thomsen (1964); ders. (1977).
121 Humphreys (1978) 141. 145. 147.
122 Nippel (1980) 91 mit A.27. 97.
123 Nippel (1980) 110. 116. 119.
124 Plutarch, *Moralia* 1011 B.
125 Latte (1968).
126 Hansen (1976); Rhodes (1979/80) 312 f.; ders. (1981) 514 ff.
127 Lauffer (1975) 185 f.
128 Humphreys (1978) 145; Mossé (1980).
129 Humphreys (1977/78).
130 Connor (1971); Nippel (1980) 69 ff.
131 Connor (1971) 25 ff. 197 f.; Nippel (1980) 88, A.11.
132 Marek (1984); Herman (1987) 130 ff.
133 Nippel (1980) 66.
134 Thukydides 2,13; Herman (1987) 143 ff.
135 Wankel (1982); Harvey (1985).
136 Perlman (1976); Wankel (1982) 39.
137 Thukydides 2,97,3 f.; Xenophon, *Anabasis* 7,3,15 ff.; Mauss (1921); Finley
     (1955) 178, A.35 (mit weiteren Parallelen); vgl. Mauss (1925) für eine Dar-
     stellung des *potlatch* bei den Kelten durch Poseidonios.
138 So die Annahme von Neesen (1985).
139 Nippel (1988 b).

Bibliographie

Acosta, J. de: Historia natural y moral de las Indias, hg. v. E. O'Gorman, Mexico 1962.

Acosta, J. de: The Natural & Moral History of the Indies, hg. v. C. R. Markham, 2 Bde, ND New York 1963.

Albert, S. (1980): Bellum Iustum. Die Theorie des »gerechten Krieges« und ihre politische Bedeutung für die auswärtigen Auseinandersetzungen Roms in republikanischer Zeit, Kallmünz.

Alföldi, A. (1950): Die ethische Grenzscheide am römischen Limes, Schweiz. Beiträge zur allgemeinen Geschichte 8: 37–50.

Allen, D. C. (1949): The Legend of Noah. Renaissance rationalism in art, science and letters, Urbana, Ill.

Ampolo, C. (1980): Le origini di Roma e la »Cité antique«. Mélanges d'Archéologie et d' Histoire de l'Ecole Française de Rome. Antiquité 92: 567–575.

Anderson, J. K. (1970): Military Theory and Practice in the Age of Xenophon, Berkeley.

Andree, R. (1887): Die Anthropophagie. Eine ethnograph. Studie, Leipzig.

Arens, W. (1979): The Man-Eating Myth. Anthropology and Anthropophagy, Oxford.

Armstrong, A. M. C. (1948): Anacharsis the Scythian, G&R 17: 18–23.

Austin, M. M. / Vidal-Naquet, P. (1984): Gesellschaft und Wirtschaft im alten Griechenland, München.

Bachofen, J. J., Werke: Gesammelte Werke hg. v. K. Meuli, bisher 8 Bde, Basel 1943–1967.

Bachofen, J. J. (1862): Das Lykische Volk und seine Bedeutung für die Entwicklung des Alterthums, Freiburg i. Br.

Backhaus, W. (1974): Marx, Engels und die Sklaverei, Düsseldorf.

Backhaus, W. (1975): John Elliott Cairnes und die Erforschung der antiken Sklaverei, HZ 220: 543–567.

Backhaus, W. (1976): Der Hellenen-Barbaren-Gegensatz und die Hippokratische Schrift *peri aeron bydaton topon*, Historia 25: 170–185.

Bacon, H. H. (1961): Barbarians in Greek Tragedy, New Haven.

Baden-Powell, B. H. (1896): The Indian Village Community, London.

Baldry, H. C. (1965): The Unity of Mankind in Greek Thought, Cambridge.

Barnes, T. D. (1971): Tertullian. A Historical and Literary Study, Oxford.

Bebel, A. (1910): Die Frau und der Sozialismus, [51]Stuttgart.

Becher, H. (1967): Die endokannibalistischen Riten als früheste Erscheinungs-
form der Anthropophagie, Zs. f. Ethnologie 92: 248–253.

Beck, H. (1970): Germanische Menschenopfer in der literarischen Überlieferung, in: H. Jankuhn (Hg.), Vorgeschichtliche Heiligtümer und Opfer-
plätze in Mittel- und Nordeuropa, Göttingen: 240–258.

Beloch, J. (1899): Die Grossindustrie im Altertum, Zs. f. Socialwissenschaft 2:
18–26.

Beloch, J. (1902): Zur griechischen Wirtschaftsgeschichte, Zs. f. Socialwissenschaft 5: 95–103; 169–179.

Below, G.v. (1903/20): Das kurze Leben einer viel genannten Theorie. Über
die Lehre vom Ureigentum (1903), in: Probleme der Wirtschaftsgeschichte,
Tübingen: 1–26.

Below, G.v. (1904): Zur Würdigung der historischen Schule der Nationalökonomie, Zs. f. Socialwissenschaft 7: 143–185; 221–237; 304–329; 367–391;
451–466; 654–659; 710–716; 787–804.

Benardete, S. (1969): Herodotean Inquiries, The Hague.

Benz, T. (1932): Die Anthropologie in der Geschichtsschreibung des 18. Jahrhunderts, Diss. Bonn.

Bernstein, E. (1900): Bemerkungen über Engels' Ursprung der Familie, Socia-
listische Monatshefte 4: 447–457.

Bickermann, E. J. (1927): Ritualmord und Eselskult. Ein Beitrag zur Geschichte antiker Publizistik, Monatsschrift für Geschichte und Wissenschaft des Judentums 71 (= N. F. 35): 171–187; 255–264.

Bickerman, E. J. (1952): Origines Gentium, CPh 47: 65–81.

Billeter, G. (1901): Griechische Anschauungen über die Ursprünge der Kultur, Beilage zum Programm der Kantonsschule Zürich.

Bitterli, U. (1976): Die »Wilden« und die »Zivilisierten«. Die europäisch-
überseeische Begegnung, München.

Bitterli, U. (Hg. 1980): Die Entdeckung und Eroberung der Welt. Dokumente
und Berichte. I: Amerika, Afrika; München.

Bitterli, U. (1986): Alte Welt – neue Welt. Formen des europäisch-übersee-
ischen Kulturkontakts vom 15. bis zum 18. Jahrhundert, München.

Blanke, H. W. (1983): Verfassungen, die nicht rechtlich, aber wirklich sind.
A. H. L. Heeren und das Ende der Aufklärungshistorie, Beiträge zur Wissenschaftsgeschichte 6: 143–164.

Blanke, H. W. (1988): Die Kritik der Alexanderhistoriker bei Heyne, Heeren,
Niebuhr und Droysen, Storia della storiografia 13: 106–127.

Bock, K. E. (1966): The Comparative Method of Anthropology, CSSH 8:
269–280.

Bock, K. E. (1974): Comparison of Histories: The Contribution of Henry
Maine, CSSH 16: 232–262.

Bodei Giglioni, G. (1986): Dicearco e la riflessione sul passato, Rivista Storica
Italiana 98: 629–652.

Böckenförde, E.-W. (1961): Die deutsche verfassungsgeschichtliche Forschung im 19. Jahrhundert, Berlin.

Böckenförde, E.-W. (1965/76): Die Historische Rechtsschule und das Problem der Geschichtlichkeit des Rechts (1965), in: Staat, Gesellschaft, Freiheit; Frankfurt 1976: 9-41.

Boersma, J. S. (1970): Athenian Building Policy from 561 to 404 B. C., Groningen.

Bohannan, P. / Dalton, G. (1965): Karl Polanyi (1886–1964), AmA 67: 1508–1511.

Bolgar, R. R. (Hg. 1979): Classical Influences on Western Thought A. D. 1650–1870, Cambridge.

Bolkestein, H. (1939): Wohltätigkeit und Armenpflege im vorchristlichen Altertum, Utrecht.

Borst, A. (1972/88): Barbaren, Geschichte eines europäischen Schlagworts (1972), in: Barbaren, Ketzer und Artisten, München 1988: 19–31.

Bourriot, F. (1976): Recherches sur la nature du genos, Lille / Paris.

Brashinsky, J. B. (1971): Epigraphical Evidence on Athens's Relations with the North Pontic Greek States, in: Acta of the 5 th Intern. Congress of Greek and Latin Epigraphy (1967), Oxford: 119–123.

Brady, I. (1982): The Myth-Eating Man, AmA 84: 595–611.

Bravo, B. (1977): Remarques sur les assises sociales, les formes d'organisation et la terminologie du commerce maritime grec à l'époque archaïque, DHA 3: 1–59.

Breisach, E. (1983): Historiography. Ancient, Mediaeval & Modern, Chicago.

Bremmer, J. (1983): The Importance of the Maternal Uncle and Grandfather in Archaic and Classical Greece and Early Byzantium, ZPE 50: 173–186.

Brentano, L. (1893): Die Volkswirthschaft und ihre konkreten Grundbedingungen, Zs. f. Social- und Wirtschaftsgeschichte 1: 77–148.

Breuer, S. (1985): Stromuferkultur und Küstenkultur. Geographische und ökologische Faktoren in Max Webers »ökonomischer Theorie der antiken Staatenwelt«, in: W. Schluchter (Hg.), Max Webers Sicht des antiken Christentums, Frankfurt: 111–150.

Breuer, S. (1987): Imperien der Alten Welt, Stuttgart.

Bridenthal, R. (1972): Was There a Roman Homer? Niebuhr's Thesis and Its Critics, H&T 11: 193–213.

Bringmann, K. (1989): Topoi in der taciteischen Germania, in: H. Jankuhn / D. Timpe (Hgg. 1989): 59–78.

Brown, F. S. / Tyrell, W. B. (1985): *Ektilosanto*, a reading of Herodotus' Amazons, CJ 80: 297–302.

Bücher, K. (1893/1919): Die Entstehung der Volkswirtschaft. Vorträge und Aufsätze. Erste Sammlung (1893), 11Tübingen 1919.

Bücher, K. (1898): Die Wirtschaft der Naturvölker, Dresden.

Büchner, K. (1977): Die Kulturgeschichte des Lukrez, in: Latinität und Alte Kirche. Fs. R. Hanslick, Wien: 39–55.

Burckhardt, J., GKG: Griechische Kulturgeschichte (1898–1902), ND München 1977.

Burke, P. (1987): Vico. Philosoph, Historiker, Denker einer neuen Wissenschaft, Berlin.

Burkert, W. (1972): Homo Necans. Interpretationen altgriechischer Opferriten und Mythen, Berlin.

Burkert, W. (1980): Griechische Mythologie und die Geistesgeschichte der Moderne, in: Les études classiques aux XIXe et XXe siècles: leur place dans l'histoire des idées, Entretiens sur l'antiquité classique XXVI, Genf: 159–207.

Burkert, W. (1984): Die orientalisierende Epoche in der griechischen Religion und Literatur, SB Heidelberg, Nr. 1.

Burridge, K. (1973): Encountering Aborigines. A Case Study: Anthropology and the Australian Aboriginal, New York.

Burrow, J. W. (1966): Evolution and Society: A Study in Victorian Social Theory, Cambridge.

Burrow, J. W. (1967): The Uses of Philology in Victorian England, in: Ideas and Institutions of Victorian Britain. Essays in Honour of G. K. Clark, hg. v. R. Robson, London: 180–204.

Burrow, J. W. (1974): »The Village Community« and the Uses of History in Late Nineteenth-Century England, in: N. McKendrick (Hg.), Historical Perspectives. Studies in English Thought and Society in Honour of J. H. Plumb, London: 255–284.

Burrow, J. W. (1985): Gibbon, Oxford.

Burstein, M. (1978): IG II^2 653, Demosthenes and Athenian Relations with Bosporus in the Fourth Century B. C., Historia 27: 428–436.

Burton, A. (1972): Diodorus Siculus, Book I: A Commentary, Leiden.

Camps, G. (1985): Pour une lecture naïve d'Hérodote. Les récits libyens, (IV. 168–199), Storia della storiografia 7: 38–59.

Capogrossi Colognesi, L. (1988): Engels' »origin« and Its Significance for an Analysis of the Early Roman Institutions, in: J. Herrmann/J. Köhn (Hgg.), Familie, Staat und Gesellschaftsformation, Berlin (DDR): 128–135.

Carlier, J. (1979): Voyage en Amazonie grecque, AAntHung 27: 381–405.

Cartledge, P. (1983): »Trade and Politics« Revisited: Archaic Greece, in: P. Garnsey/K. Hopkins/C. R. Whittaker (Hgg.), Trade in the Ancient Economy, London: 1-15.

Cesana, A. (1983): Johann Jakob Bachofens Geschichtsdeutung, Basel.

Chiapelli, F. (Hg. 1976): First Images of America. The Impact of the New World on the Old, 2 Bde, Berkeley.

Chinard, G. (1913): L'Amérique et le rêve exotique dans la littérature française au XVIIe et XVIIIe siècle, Paris, ND Genf 1970.

Christ, K. (1968/83): Römische Geschichte und Universalgeschichte bei Barthold Georg Niebuhr (Saeculum 19, 1968), in: Römische Geschichte und Wissenschaftsgeschichte III, Darmstadt 1983: 1–25.

Christ, K. (1981): Einleitung, in: Fustel de Coulanges 1981: 9–20.

Christ, K. (1982): Römische Geschichte und deutsche Geschichtswissenschaft, München.

Cobet, J. (1971): Herodots Exkurse und die Frage der Einheit seines Werkes, Wiesbaden.

Cohen, E. E. (1973): Ancient Athenian Maritime Courts, Princeton.

Cole, T. (1967): Democritus and the Sources of Greek Anthropology, American Philological Association. Philological Monographs Nr. XXV, Cleveland.

Collini, S./Winch, D./Burrow, J. (1983): That Noble Science of Politics. A Study in Nineteenth-Century Intellectual History, Cambridge.

Condorcet: Entwurf einer historischen Darstellung der Fortschritte des menschlichen Geistes, hg. v. W. Alff, Frankfurt 1976.

Connell, C. W. (1973): Western Views on the Origins of the »Tartars«: an example of the influence of myth in the second half of the thirteenth century, Journal of Medieval & Renaissance Studies 3: 115–137.

Connor, W. R. (1971): The New Politicians of Fifth-Century Athens, Princeton.

Cook, S.(1974): »Structural Substantivism«: A Critical Review of Marshall Sahlins' »Stone Age Economics«, CSSH 16: 355–379.

Craddock, P. (1989): Edward Gibbon, Luminous Historian, 1772–1794, Baltimore.

Crifò, G. (1982/83): Die Tendenz zur Vereinigung des Getrennten: Jurisprudenz und Politik im Denken Vicos, Jahrbuch des Wissenschaftskollegs zu Berlin: 67–80.

Croce, B. (1927): Die Philosophie Giambattista Vicos, Tübingen.

Dalton, G. (1969): Theoretical Issues in Economic Anthropology, CA 10: 63–102.

Dalton, G. (1975): Karl Polanyi's Analysis of Long-Distance Trade and His Wider Paradigm, in: J. A. Sabloff/ C. C. Lamberg-Karlovsky (Hgg.), Ancient Civilization and Trade, Albuquerque, New Mexico: 63–132.

Dalton, G. (1977): Economic Anthropology, American Behavioural Scientist 20: 635–656.

Dargun, L. (1883): Mutterrecht und Raubehe und ihre Reste im germanischen Recht und Leben, Breslau.

Darnell, R. (Hg. 1974): Readings in the History of Anthropology, New York.

Dauge, Y. A. (1981): Le Barbare. Recherches sur la conception romaine de la barbarie et de la civilisation, Brüssel.

Daverio-Rocchi, G. (1978): Transformations de rôle dans les institutions d'Athènes au IVe siècle par rapport aux changements dans la société, DHA 4: 33–50.

Davies, J. K. (1971): Athenian Propertied Families, 600–300 B. C., Oxford.

Davies, J. K. (1978): Democracy and Classical Greece, Brighton.

Davis, D. B. (1966): The Problem of Slavery in Western Culture, Ithaca, N. Y. 1966.

Deane, H. (1963): The Political and Social Ideas of St. Augustine, New York.

Deininger, J. (1986): Einleitung zu Weber, Agrargeschichte: 1–54.

Demandt, A. (1984): Der Fall Roms. Die Auflösung des Römischen Reiches im Urteil der Nachwelt, München.

De Martino, F. (1958): Storia della Costituzione Romana, I^2, Neapel.

De Martino, F. (1985): Wirtschaftsgeschichte des alten Rom, München.

Demel, W. (1986): Antike Quellen und die Theorien des 16. Jahrhunderts zur Frage der Abstammung der Chinesen, Saeculum 37: 199–211.

Den Boer, W. (1977): Progress in the Greece of Thucydides, Mededelingen der

Koninklijke Nederlandse Akadamie van Wetenschappen, Afd. Letter-
kunde, n.s. 40, Nr. 2.

De Roover, R. (1958): The Concept of the Just Price: Theory and Economic
Policy, Journal of Economic History 18: 418–434.

Detienne, M. (1981): Between Beasts and Gods, in: R. L. Gordon (Hg.),
Myth, Religion and Society, Cambridge: 215–228; 270–271.

Dewey, C. (1972): Images of the Village Community: A Study in Anglo-In-
dian Ideology, Modern Asian Studies 6: 291–328.

Dickopf, K. (1960): Georg Ludwig von Maurer. 1790–1872, Kallmünz.

Dihle, A. (1962): Zur hellenistischen Ethnographie, in: Grecs et Barbares.
Entretiens sur l'antiquité classique VIII, Genf: 205–232.

Dihle, A. (1984): Antike und Orient. Gesammelte Aufsätze, Heidelberg.

Dörmann, J. (1966): Bachofens »Antiquarische Briefe« und die zweite Bearbeitung des »Mutterrechts«, in: Bachofen, Werke VIII: 523–602.

Dörmann, J. (1968/69): Bachofen – Morgan, Anthropos 63/64: 129–138.

Docrric, H. (1972): Die Wertung der Barbaren im Urteil der Griechen.
Knechtsnaturen? Oder Bewahrer und Künder heilsbringender Weisheit?,
in: Antike und Universalgeschichte. Festschrift H. E. Stier, Münster:
146–175.

Donlan, W. (1982): Reciprocities in Homer, CW 75: 137–175.

Dopsch, A. (1918): Wirtschaftliche und soziale Grundlagen der europäischen
Kulturentwicklung Bd. I, Wien.

Drucker, P. F. (1981): Zaungast der Zeit, Düsseldorf.

Duby, G. (1977): Krieger und Bauern, Frankfurt.

Duchet, M. (1971): Anthropologie et Histoire au Siècle des Lumières, Paris.

Duckworth, M. (1987): An Eighteenth-Century Questionnaire: William
Robertson on the Indians, Eighteenth Century Life 11: 36–49.

Dumont, L. (1966): The »Village Community« from Munro to Maine, Contributions to Indian Sociology 9: 67–89.

Dupré, G./Rey, P. Ph. (1980): Reflections on the Pertinence of a Theory of
the History of Exchange, in: H. Wolpe (Hg.), The Articulation of Modes of
Production, London: 128–160.

Eckstein, A. M. (1982): Human Sacrifice and Fear of Military Disaster in Re-
publican Rome, American Journal of Ancient History 7: 69–95.

Edelstein, L. (1967): The Idea of Progress in Classical Antiquity, Baltimore.

Elliott, J. H. (1970): The Old World and the New, 1492–1650, Cambridge.

Elliott, J. H. (1972): The Discovery of America and the Discovery of Man,
Proceedings of the British Academy 58: 101–125.

Elliott, J. H. (1976): Renaissance Europe and America: A Blunted Impact?, in
Chiapelli (Hg. 1976) I: 11–23.

Engelhardt, P. (1980): Die Lehre vom »gerechten Krieg« in der vorreformato-
rischen und katholischen Tradition, in: R. Steinweg et al., Der gerechte
Krieg: Christentum, Islam, Marxismus, Frankfurt: 72–124.

Engels, F., Ursprung: Der Ursprung der Familie, des Privateigentums und
des Staats. Im Anschluß an Lewis H. Morgans Forschungen, Berlin (DDR)
[7]1964.

Engemann, W. (1929): Das ethnographische Weltbild Voltaires, Zs. f. Ethnologie 61: 263–277.

Erasmus, H. J. (1962): The Origins of Rome in Historiography from Petrarch to Perizonius, Assen.

Erxleben, E. (1974): Die Rolle der Bevölkerungsklassen im Außenhandel Athens im 4. Jahrhundert v.u. Z., in: E. Ch. Welskopf (Hg.), Hellenische Poleis, Bd. I, Darmstadt: 460–520.

Evans, J. A. S. (1968): Father of History or Father of Lies: the reputation of Herodotus, CJ 64: 11–17.

Evans-Pritchard, E. E. (1951): Social Anthropology, London.

Evans-Pritchard, E. E. (1968): Theorien über primitive Religionen, Frankfurt.

Faber, K.-G./Meier, Ch. (Hgg. 1978): Historische Prozesse, München.

Fabian, J. (1983): Time and the Other. How Anthropology Makes Its Object, New York.

Feaver, G. (1969): From Status to Contract. A Biography of Sir Henry Maine 1822–1888, London.

Fellmann, F. (1976): Das Vico-Axiom: Der Mensch macht die Geschichte, Freiburg.

Fenton, W. N. (1969): J. F. Lafitau (1681–1746), Precursor of Scientific Anthropology, Southwestern Journal of Anthropology 25 (1969): 183–187.

Ferguson,A.: An Essay on the History of Civil Society, 1767, hg. v. D. Forbes, Edinburgh 1966.

Ferguson, A.: Versuch über die Geschichte der bürgerlichen Gesellschaft, hg. u. übers. v. Z. Batscha/H. Medick, Frankfurt 1986.

Fernández-Santamaria, J. A. (1975): Juan Ginés de Sepúlveda on the Nature of the American Indians, The Americas 31: 434–451.

Fernández-Santamaria, J. A. (1977): The State, War and Peace. Spanish Political Thought in the Renaissance 1516–1559, Cambridge.

Figueira, T. (1984): Karl Polanyi and Ancient Greek Trade: The Port of Trade, AncW 10: 15–30.

Figueira, T. (1986): Sitopolai and Sitophylakes in Lysias' »Against the Grain-dealers«: Governmental Intervention in the Athenian Economy, Phoenix 40: 149–171.

Finley, M. I. (1952): Studies in Land and Credit in Ancient Athens, 500–200 B. C., New Brunswick.

Finley, M. I. (1953): Land, Debt, and the Man of Property in Classical Athens, PSQ 68: 249–268 (auch in: Finley 1981, Kap. 4).

Finley, M. I. (1954/79): The World of Odysseus (1954), ²London 1977; dt.: Die Welt des Odysseus, München 1979.

Finley, M. I. (1955): Marriage, Sale and Gift in the Homeric World, RIDA 3. ser. 2: 167–194 (= Finley 1981, Kap. 14).

Finley, M. I. (1957/58): The Mycenaean Tablets and Economic History, Ec. Hist. Rev. 2. ser. 10: 128–141 (= Finley 1981, Kap. 12).

Finley, M. I. (1965): Classical Greece, in: Commerce et Politique dans l'Antiquité (= IIème Conf. Intern. d'Histoire Ec., Aix-en-Provence 1962, t. 1) Paris: 11–35.

Finley, M. I. (1965/75): Myth, Memory and History (H&T 4, 1965), in: The Use and Abuse of History, London 1975, Kap. 1.

Finley, M. I. (1970/74): Aristotle and Economic Analysis (P&P 47, 1970), in: ders. (Hg.), Studies in Ancient Society, London 1974: 26–52.

Finley, M. I. (1975): Anthropology and the Classics, in: ders., The Use and Abuse of History, London: 102–119.

Finley, M. I. (1977/81): The Ancient City: From Fustel de Coulanges to Max Weber and Beyond (CSSH 19, 1977), in: Finley (1981): 3–23.

Finley, M. I. (1978): The Fifth-Century Athenian Empire: A Balance-Sheet, in: P. Garnsey/C. R. Whittaker (Hgg.), Imperialism in the Ancient World, Cambridge: 103–126 (= Finley 1981, Kap. 3).

Finley, M. I. (1981): Economy and Society in Ancient Greece, London.

Finley, M. I. (1981b): Die Sklaverei in der Antike, München.

Finley, M. I. (1985): The Ancient Economy, ^{2}London.

Finley, M. I. (1986): Das politische Leben in der antiken Welt, München.

Fioravanti, G. (1981): Servi, rustici, barbari: interpretazione medievali della *Politica* aristotelica, ASNP III. ser. 11: 399–429.

Firth, R. (1963): The Place of Malinowski in the History of Economic Anthropology, in: ders. (Hg.), Man and Culture. An Evaluation of the Work of Bronislaw Malinowski, London: 209–227.

Firth, R. (1972): Methodological Issues in Economic Anthropology, Man 7: 467–475.

Fisch, J. (1984): Die europäische Expansion und das Völkerrecht, Stuttgart.

Fisch, J. (1984b): Der märchenhafte Orient. Die Umwertung einer Tradition von Marco Polo bis Macaulay, Saeculum 35: 246–266.

Flach, D. (1989): Die Germania des Tacitus in ihrem literaturgeschichtlichen Zusammenhang, in: Jankuhn/Timpe (Hgg. 1989): 27–58.

Fontenelle: De l'origine des fables, in: Œuvres Complètes, ed. G.-B. Depping (Paris 1818), ND Genf 1968, II: 388–398.

Forbes, D. (1966): Introduction, in: A. Ferguson, Essay: XIII–XLI.

Fornara, C. W. (1983): The Nature of History in Greece and Rome, Berkeley.

Fortes, M. (1951): Social Anthropology at Cambridge since 1900, Cambridge.

Fortes, M. (1969): Kinship and the Social Order. The Legacy of Lewis Henry Morgan, Chicago.

Francotte, H. (1910): Le pain à bon marché et le pain gratuit dans les cités grecques, in: ders., Mélanges de droit public grec, Liège: 291–312.

Freeman, E. A. (1859/80): Mommsen's History of Rome (1859), in: Historical Essays. Second Series, ^{2}London 1880.

Fried, J. (1986): Auf der Suche nach der Wirklichkeit. Die Mongolen und die europäische Erfahrungswissenschaft im 13. Jahrhundert, HZ 243: 287–332.

Friedman, J. B. (1981): The Monstrous Races in Medieval Art and Thought, Cambridge/Mass.

Friedrichs, K. (1889): Über den Ursprung des Matriarchats, Zs. f. vergleichende Rechtswissenschaft 8: 370–383.

Fueter, E. (1911): Geschichte der neueren Historiographie, München/Berlin.

Fuhrmann, M. (1959): Friedrich August Wolf, Deutsche Vierteljahresschrift für Literaturwissenschaft & Geistesgeschichte 33: 187–236.

Furet, F. (1977): Civilization and Barbarism in Gibbon's History, in: G. W. Bowersock et al., Edward Gibbon and the Decline and Fall of the Roman Empire, Cambridge/Mass.: 159–166.

Fustel de Coulanges, N. D. (1864/1984): La Cité Antique (1864), Paris 1984.

Fustel de Coulanges, N. D. (1885): Les Germains connaissaient – ils la propriété des terres?, in: Recherches sur quelques Problèmes d'Histoire, Paris: 188–313.

Fustel de Coulanges, N. D. (1889/91), Le Problème des origines de la propriété foncière, Revue des questions historiques 45, 1889; engl.: The Origin of Property in Land, London 1891.

Fustel de Coulanges, N. D. (1981): Der antike Staat, Stuttgart.

Gabba, E. (1981): True History and False History in Classical Antiquity, JRS 71: 50–62.

Gabba, E. (1988): Adam Ferguson e la storia di Roma, in: Alte Geschichte und Wissenschaftsgeschichte. Festschrift K. Christ, Darmstadt: 202–221.

Gajdukevič, V. F. (1971): Das Bosporanische Reich, Berlin.

Gallant, T. W. (1982): Agricultural Systems, Land Tenure, and the Reforms of Solon, Annual of the British School of Athens 77: 111–124.

Garlan, Y. (1973): La place de l'économie dans les sociétés anciennes, La Pensée 171: 118–127.

Garlan, Y. (1974): Recherches de poliorcétique grecque, Paris.

Garlan, Y. (1975): War in the Ancient World, London.

Garlan, Y. (1981): Les sociétés sans esclaves dans la pensée politique grecque, Klio 63: 131–140.

Garnsey, P. (1988): Famine and Food Supply in the Graeco-Roman World, Cambridge.

Gauthier, Ph. (1972): Symbola. Les étrangers et la justice dans les cités grecques, Nancy.

Gauthier, Ph. (1976): Un commentaire historique des Poroi de Xénophon, Genf.

Gauthier, Ph. (1981): De Lysias á Aristote (Ath.pol. 51,4): le commerce du grain à Athènes et les fonctions des sitophylaques, RD 59: 5–28.

Geertz, C. (1980): Ports of Trade in Nineteenth-Century Bali, Res. Ec. Anthr. 3: 109–122.

Gehrke, H. J. (1978): Das Verhältnis von Politik und Philosophie im Wirken des Demetrios von Phaleron, Chiron 8: 149–193.

Gehrke, H. J. (1985): Stasis. Untersuchungen zu den inneren Kriegen in den griechischen Staaten des 5. und 4. Jahrhunderts v. Chr., München.

Gelzer, Th. (1969): Die Bachofen-Briefe, Schweiz. Zeitschrift f. Geschichte 19: 777–869.

George, K. (1958): The Civilized West Looks at Primitive Africa: 1400–1800, Isis 49: 62–72.

Gerhardt, Ch. (1988): Gab es im Mittelalter Fabelwesen?, Wirkendes Wort 38: 156–171.

Gernet, L. (1909): L'approvisionnement d'Athènes en blé au Ve et au IVe siècle, in: G. Bloch et al., Mélanges d'histoire ancienne, Paris: 269–391 (ND New York 1979).

Gewecke, F. (1986): Wie die neue Welt in die alte kam, Stuttgart.

Ghosh, P. R. (1983): Gibbon's Dark Ages: Some Remarks on the Genesis of the *Decline and Fall*, JRS 73: 1–23.

Gibbon, E.: The History of the Decline and Fall of the Roman Empire, ed. J. B. Bury, 7 Bde, ⁶London 1912.

Gibbon, E.: Memoirs of My Life, ed. G. Bonnard, London 1966.

Girtler, R. (1979): Kulturanthropologie. Entwicklungslinien, Paradigmata, Methoden, München.

Gledhill, J./Larsen, M. (1982): The Polanyi Paradigm and a Dynamic Analysis of Archaic States, in: C. Renfrew (Hg.), Theory and Explanation in Archaeology, New York· 197–229.

Godelier, M. (1972): Rationalität und Irrationalität in der Ökonomie, Frankfurt.

Godelier, M. (1973): Ökonomische Anthropologie, Hamburg.

Godelier, M. (1984): Karl Polanyi et la »place changeante« de l'économie dans les sociétés, in: ders., L'Idéel et le Matériel, Paris: 213–267.

Goehrke, C. (1964): Die Theorien über Entstehung und Entwicklung des »Mir«, Wiesbaden.

Goguet, A.-Y. (1760–62): Untersuchungen von dem Ursprung der Gesezze, Künste und Wissenschaften wie auch ihrem Wachsthum bei den alten Völkern, Übers. G. Chr. Hamburger, 3 Teile, Lemgo.

Gossman, L. (1983): Orpheus Philologus. Bachofen versus. Mommsen on the study of antiquity, Philadelphia (Transactions Am. Philosophical Sciety 73, pt. 5).

Gossman, L. (1984): Basle, Bachofen and the Critique of Modernity in the Second Half of the Nineteenth Century, JWI 47: 136–185.

Gould, J. (1980): Law, Custom and Myth. Aspects of the social position of women in classical Athens, JHS 100: 38–59.

Graf, F. (1985): Griechische Mythologie, München/Zürich.

Graf, F. (1988): La materia come maestra. La teoria del simbolo e dei miti di Johann Jakob Bachofen e i suoi presupposti storico-scientifici, QS 28: 17–40.

Grafton, A. (1981): *Prolegomena* to Friedrich August Wolf, JWI 44: 101–129.

Grassl, A. (1904): Herodot als Ethnologe, Diss. München.

Greene, J. C. (1954): The American Debate on the Negro's Place in Nature, 1780–1815, JHI 15: 384–396.

Grell, C. (1985): Hérodote et la bible. Tradition chrétienne et histoire ancienne dans la France moderne (XVI–XVIIIe siècle), Storia della storiografia 7: 60–91.

Grierson, P. J. H.(1903/80): The Silent Trade (1903), wieder in: Res. Ec. Anthr. 3 (1980) 1–74.

Grierson, Ph. (1978): The Origins of Money, Res. Ec. Anthr. 1: 1–35.

Grisel, E. (1976): The Beginnings of International Law and General Public Law Doctrine: Francisco de Vitoria's *De Indiis prior*, in: Chiapelli (1976) I: 305–325.

Grosse, E. (1896): Die Formen der Familie und die Formen der Wirthschaft, Freiburg i. Br.

Grossi, P. (1977): »Un altro modo di possedere«. L'emersione di forme alternative di proprietà alla coscienza giuridica postunitaria, Mailand.

Gudger, E. W. (1924): Pliny's Historia naturalis. The most popular natural history ever published, Isis 6: 269–281.

Günther, F. (1907): Die Wissenschaft vom Menschen. Ein Beitrag zum deutschen Geistesleben im Zeitalter des Rationalismus, Gotha.

Günther, W. (1988): Milesische Bürgerrechts- und Proxenieverleihungen der hellenistischen Zeit, Chiron 18: 383–419.

Halperin, R. H. (1982): New and Old in Economic Anthropology, AmA 84: 339–349.

Halperin, R. H. (1984): Polanyi, Marx, and the Institutional Paradigm in Economic Anthropology, Res. Ec. Anthr. 6: 245–272.

Hammerstein, N. (Hg. 1988): Deutsche Geschichtswissenschaft um 1900, Stuttgart.

Hampl, F. (1975): Herodot. Ein kritischer Forschungsbericht nach methodischen Gesichtspunkten, GB 4: 97–136.

Hands, A. R. (1968): Charities and Social Aid in Greece and Rome, London.

Hanke, L. (1959): Aristotle and the American Indians. A Study in Race Prejudice in the Modern World, London.

Hanke, L. (1974): All Mankind Is One. A Study of the Disputation Between Bartolomé de Las Casas and Juan Ginés de Sepúlveda in 1550 on the Intellectual and Religious Capacity of the American Indians, DeKalb, Illinois.

Hansen, M. H. (1976): The Theoric Fund and the *graphe paranomon* against Apollodorus, GRBS 17: 235–246.

Hansen, M. H. (1980): Seven Hundred *Archai* in Classical Athens, GRBS 21: 151–173.

Hanssen, G. (1835 / 1880): Ansichten über das Agrarwesen der Vorzeit; zuerst 1835/37; in: Hannsen (1880): 1-76.

Hanssen, G. (1878/80): Wechsel der Wohnsitze und Feldmarken in germanischer Urzeit (Zs. ges. Stw. 34, 1878), in: Hanssen (1880): 77–98.

Hanssen, G. (1880): Agrarhistorische Abhandlungen I, Leipzig.

Harnisch, H. (1975): August Meitzen und seine Bedeutung für die Agrar- und Siedlungsgeschichte, Jb. f. Wirtschaftsgeschichte 1975/I: 97–119.

Harris, M. (1968): The Rise of Anthropological Theory. A history of theories of culture, London.

Harstick, H.-P. (Hg. 1977): Karl Marx über Formen vorkapitalistischer Produktion. Vergleichende Studien zur Geschichte des Grundeigentums 1879 bis 1880, Frankfurt.

Harstick, H.-P. (1988): Engels' »Ursprung« im Spiegel des handschriftlichen Nachlasses, in: J. Herrmann / J. Köhn (Hgg.), Familie, Staat und Gesellschaftsformation, Berlin (DDR): 189–212.

Hartigan, R. S. (1966): St. Augustine on War and Killing: the problem of the innocent, JHI 27: 195–204.

Hartmann, L. M. (1908): Theodor Mommsen. Eine biographische Skizze, Gotha.

Hartog, F. (1980): Le miroir d'Hérodote: essai sur la représentation de l'autre, Paris.

Hartog, F. (1984): Préface, in: Fustel de Coulanges (1864/1984): V–XXIV.

Harvey, F. D. (1985): *Dona Ferentes*: Some Aspects of Bribery in Greek Politics, in: Crux. Essays presented to G. E. M. de Ste. Croix, Exeter: 76–117.

Hasebroek, J. (1923): Die Betriebsformen des griechischen Handels im 4. Jahrhundert, Hermes 58: 393–425.

Hasebroek, J. (1928): Staat und Handel im Alten Griechenland, Tübingen.

Hassinger, E. (1987): Die Rezeption der Neuen Welt durch den französischen Späthumanismus (1550–1620), in: Reinhard (Hg. 1987): 89–132.

Hazard, P. (1939): Die Krise des europäischen Geistes, Hamburg.

Heeren, A. H. L. (1817): Ideen über die Politik, den Verkehr und den Handel der vornehmsten Völker der alten Welt, 3 Teile in 5 Bde., Wien.

Heeren, A. H. L. (1817b): Handbuch der Geschichte der Staaten des Alterthums (^{2}1810), Wien.

Hegel, G. W. F., Werke 12: Vorlesungen über die Philosophie der Geschichte, Werke, Neuausgabe Frankfurt 1986, Bd. 12.

Heichelheim, F. (1960): Rez. Polanyi (Hg. 1957), Journal of the Economic and Social History of the Orient 3: 108–110.

Heinimann, F. (1945): Nomos und Physis. Herkunft und Bedeutung einer Antithese im griechischen Denken des 5. Jahrhunderts v. Chr. Basel, ND Darmstadt 1980.

Heinrichs, H.-J. (Hg. 1975): Materialien zu Bachofens »Das Mutterrecht«, Frankfurt.

Hengel, M. (1976): Juden, Griechen und Barbaren. Aspekte der Hellenisierung des Judentums in vorchristlicher Zeit, Stuttgart.

Henrichs, A. (1970): Pagan Ritual and the Alleged Crimes of the Early Christians: a Reconsideration, in: Kyriakon. Festschrift Johannes Quasten, Münster, I: 18–35.

Herman, G. (1987): Ritualised Friendship and the Greek City, Cambridge.

Herrmann, J. (1967): Nomos bei Herodot und Thukydides, Gedächtnisschrift Hans Peters, Berlin: 116–124.

Heubner, F. (1985): Studien zum Barbarenbegriff bei Herodot, in: E. Kluwe (Hg.), Kultur und Fortschritt in der Blütezeit der griechischen Polis, Berlin/DDR: 91–108.

Heuß, A. (1956): Theodor Mommsen und das 19. Jahrhundert, Kiel.

Heuß, A. (1968): Niebuhr und Mommsen, Antike und Abendland 14: 1–17.

Heuß, A. (1981): Barthold Georg Niebuhrs wissenschaftliche Anfänge, Göttingen.

Heuß, A. (1988): Theodor Mommsen als Geschichtsschreiber, in: Hammerstein (Hg. 1988): 37–95.

Hildebrand, R. (1896): Recht und Sitte auf den verschiedenen wirtschaftlichen Kulturstufen, Jena.

Hildebrand, R. (1907): Recht und Sitte auf den primitiveren wirtschaftlichen Kulturstufen, Jena (2. Auflage von Hildebrand 1896).

Hill, C. (1958): The Norman Yoke, in: Puritanism and Revolution, London: 58–126.

Hodgen, M. T. (1931): The Doctrine of Survivals, AmA 33: 307–324.

Hodgen, M. T. (1964): Early Anthropology in the Sixteenth and Seventeenth Centuries, Philadelphia.

Hodges, R. (1978): Ports of Trade in Early Medieval Europe, Norwegian Archeological Review 11: 97–117.

Hodges, R. (1983): Dark Age Economics: The Origins of Towns and Trade A. D. 600–1000, London.

Höffner, J. (1947): Christentum und Menschenwürde. Das Anliegen der spanischen Kolonialethik im goldenen Zeitalter, Trier.

Hölzle, E. (1925): Die Idee einer altgermanischen Freiheit vor Montesquieu, München (Beiheft 5 der HZ).

Höpfl, H. M. (1978): From Savage to Scotsman: Conjectural History in the Scottish Enlightenment, Journal of British Studies 17: 19–40.

Hogg, G. (1958): Cannibalism and Human Sacrifice, London.

Honigsheim, P. (1928): Die geistesgeschichtliche Stellung der Anthropologie, Ethnologie, Urgeschichte und ihrer Hauptrichtungen, in: Festschrift P. W. Schmidt, Wien: 844–864.

Hopper, R. J.(1979): Trade and Industry in Classical Greece, London.

How, W. W. / Wells, J. (1912): A Commentary on Herodotus, 2 Bände, Oxford.

Huddleston, L. E. (1967): Origins of the American Indians. European Concepts 1492–1729, Austin.

Hulme, P. (1978): Columbus and the Cannibals: a study of the reports of anthropophagy in the journals of Christopher Columbus, Ibero-Amerikanisches Archiv N. F. 4: 115–139.

Hume, D.: Of the Populousness of Ancient Nations (1752), in: The Philosophical Works, ed. T. H. Green / T. H. Grose, London 1882, ND Aalen 1964, III: 381–463.

Humphreys, S. C. (1969/78): History, Economics and Anthropology: The Work of Karl Polanyi, H&T 8, 1969: 165–212, wieder in: Humphreys (1978): 31–75 (dt. als Vorwort zu Polanyi 1979).

Humphreys, S. C. (1977/78): Public and Private Interests in Classical Athens, CJ 73: 97–104.

Humphreys, S. C. (1978): Anthropology and the Greeks, London.

Humphreys, S. C. (1982/3): Fustel de Coulanges and the Greek »Genos«, Sociologia del Diritto 9, Nr. 3: 37–44.

Humphreys, S. C. (1987): Law, Custom and Culture in Herodotus, Arethusa 20: 211–220.

Hunter, V. (1982): Past and Process in Herodotus and Thucydides, Princeton.

Huxley, G. L. (1980): Aristotle, Las Casas and the American Indians, Proceedings of the Royal Irish Academy 80: 57–68.

Iggers, G. G. (1982): The University of Göttingen 1760–1800 and the Transformation of Historical Scholarship, Storia della storiografia 2: 11–37.

Ihering, R.v. (1894): Vorgeschichte der Indoeuropäer, Leipzig.

Ihle, A. (1931): Christoph Meiners und die Völkerkunde, Göttingen.

Isager, S./Hansen, M. H. (1975): Aspects of Athenian Society in the Fourth Century B. C. A Historical Introduction to and Commentary on the Paragraphe Speeches and the Speech against Dionysodorus in the Corpus Demosthenicum, Odense.

Jankuhn, H. (1976): Siedlung, Wirtschaft und Gesellschaft der germanischen Stämme in der Zeit der römischen Angriffskriege, ANRW II, 5. 1: 65–126.

Jankuhn, H./Timpe, D. (Hgg. 1989): Beiträge zum Verständnis der Germania des Tacitus, Göttingen.

Janni, P. (1978): Etnografia e mito. La storia dei Pigmei, Rom.

Jarcho, S. (1959): Origin of the American Indian as Suggested by Fray Joseph de Acosta (1589), Isis 50: 430–438.

Jauss, H. R. (1964): Ästhetische Normen und geschichtliche Reflexion in der »Querelle des Anciens et des Modernes«, in: Ch. Perrault, Parallèle des Anciens et des Modernes en ce qui regarde les arts et les sciences, ND München 1964: 8-64.

Johnson, J. T. (1975): Ideology, Reason, and the Limitation of War. Religious and Secular Concepts 1200–1740, Princeton.

Johnson, J. W. (1959): The Scythian: His Rise and Fall, JHI 20: 250–257.

Johnson, J. W. (1962): Chronological Writing: Its Concepts and Development, H&T 2: 124–145.

Johnson, M.(1980): Polanyi, Peukert and the Political Economy of Dahomey, Journal of African History 21: 395–398.

Jones, W. R. (1971): The Image of the Barbarian in Medieval Europe, CSSH 13: 376–407.

Jüthner, J. (1923): Hellenen und Barbaren. Aus der Geschichte des Nationalbewußtseins, Leipzig.

Justi, J. H. G. von (1762): Vergleichungen der europäischen mit den asiatischen und anderen vermeintlich barbarischen Regierungen, Berlin/Stettin/ Königsberg; ND Königstein 1978.

Kaegi, W. (1942): Voltaire und der Zerfall des christlichen Geschichtsbildes, in: Historische Meditationen, Zürich: 221–248.

Kant, I.: Schriften zur Anthropologie, Geschichtsphilosophie, Politik und Pädagogik, 1 und 2 (= Werkausgabe, hg. v. W. Weischedel, Bde XI und XII), Frankfurt 1968, ND Frankfurt 1977.

Kaser, M. (1971): Das Römische Privatrecht I, München.

Kelley, D. R. (1984): The Science of Anthropology: An Essay on the Very Old Marx, JHI 45: 245–262.

Kerferd, G. B. (1981): The Sophistic Movement, Cambridge.

Kettler, D. (1965): The Social and Political Thought of Adam Ferguson, Columbus/Ohio.

Khazanov, A. M. (1979): Les formes de dépendance des agriculteurs par rapport aux nomades antiques de steppes eurasiatique, in: Terre et paysans dépendants dans les sociétés antiques (Coll. Besancon 1974), Paris: 229–247.

Kiechle, F. (1958): Zur Humanität in der Kriegführung der griechischen Staaten, Historia 7: 129–156.

Kindstrand, J. F. (1981): Anacharsis. The Legend and the Apophthegmata, Uppsala.

Kingsley, B. M. (1986): Harpalos in the Megarid (333–331 B. C.) and the Grain Shipments from Cyrene, ZPE 66: 165–177.

Klees, H. (1975): Herren und Sklaven, Wiesbaden.

Klempt, A. (1960): Die Säkularisierung der universalhistorischen Auffassung, Göttingen.

Kluckhohn, C. (1961): Anthropology and the Classics, Providence, Rh. I.

Klug, E. (1987): Das »asiatische« Rußland. Über die Entstehung eines europäischen Vorurteils, HZ 245: 265–289.

Knapp, G. F. (1897): Grundherrschaft und Rittergut, Leipzig.

Knudsen, J. B. (1986): Justus Möser and the German Enlightenment, Cambridge.

Koebner, R. (1951): Despot and Despotism: Vicissitudes of a Political Term, JWI 14: 275–302.

Köcke, J. (1979): Some Early German Contributions to Economic Anthropology, Res. Ec. Anthr. 2: 119–167.

Koehne, C. (1928): Die Streitfragen über den Agrarkommunismus der germanischen Urzeit, Berlin.

Kohl, K.-H. (1981/86): Entzauberter Blick. Das Bild vom Guten Wilden (Berlin 1981), Frankfurt 1986.

Kohl, K.-H. (Hg. 1982): Mythen der Neuen Welt. Zur Entdeckungsgeschichte Lateinamerikas, Berlin.

Kohl, K.-H. (1987): Abwehr und Verlangen. Zur Geschichte der Ethnologie, Frankfurt.

Kohler, J. (1897): Zur Urgeschichte der Ehe. Totemismus, Gruppenehe, Mutterrecht, Stuttgart.

Kohns, H. P. (1964): Die staatliche Lenkung des Getreidehandels in Athen (zu Lysias, or. 22), in: Festschrift F. Oertel, Bonn: 146–166.

Konetzke, R. (1963): Entdecker und Eroberer Amerikas, Frankfurt.

Koppers, W. (1915/16): Die ethnologische Wirtschaftsforschung, Anthropos 10/11: 611–651; 971–1079.

Koselleck, R. (1975/79): Zur historisch-politischen Semantik asymmetrischer Gegenbegriffe (1975), in: Vergangene Zukunft, Frankfurt 1979: 211–259.

Krader, L. (1975): The Asiatic Mode of Production. Sources, Development and Critique in the Writings of Karl Marx, Assen.

Krader, L. (Hg. 1976): Karl Marx. Die ethnologischen Exzerpthefte, Frankfurt.

Kraft, J. (1766): Die Sitten der Wilden, zur Aufklärung des Ursprungs und Aufnahme der Menschheit, Kopenhagen.

Kramer, F. (1977): Verkehrte Welten. Zur imaginären Ethnographie des 19. Jahrhunderts, Frankfurt.

Krauss, W. (1978/87): Zur Anthropologie des 18. Jahrhunderts (Berlin/DDR 1978), Frankfurt 1987.

Kuenzi, A. (1923): Epidosis. Sammlung freiwilliger Beiträge zur Zeit der Not in Athen, Diss. Bern.

Kulke, H./Rothermund, D. (1982): Geschichte Indiens, Stuttgart.

Kuper, A. (1983): Anthropology and Anthropologists. The modern British school, [2]London.

Kuper, A. (1985): Ancestors: Henry Maine and the Constitution of Primitive Society, History and Anthropology 1: 265–286.

Kuper, A. (1985b): The Development of Lewis Henry Morgan's Evolutionism, Journal of the History of the Behavioral Sciences 21: 3-22.

Lafitau, J. F.: Die Sitten der amerikanischen Wilden im Vergleich zu den Sitten der Frühzeit, 1752, hg. v. H. Reim, Leipzig/Weinheim 1987.

Lambert, P. (1970): Émile de Laveleye (1822–1892), History of Political Economy 2: 263–283.

Lamprecht, K. (1886): Deutsches Wirtschaftsleben im Mittelalter I,1, Leipzig 1886, ND Aalen 1969.

Lamprecht, K. (1889): Zur Socialgeschichte der deutschen Urzeit, in: Festgabe f. G. Hanssen, Tübingen: 61–72.

Lamprecht, K. (1912): Deutsche Geschichte I[5], Berlin.

Landau, P. (1973): Karl Marx und die Rechtsgeschichte, Tijdschrift voor Rechtsgeschiedenis 41: 361–371.

Lange, L. (1854): Die neuesten Darstellungen der ältesten Zeiten der römischen Geschichte, Allgemeine Monatsschrift f. Wiss. und Lit.: 793–859.

Lange, L., RA: Römische Alterthümer, Bd I[3], Berlin 1876.

Larsen, J. A. O. (1960): Diskussionsbeitrag, in: C. H. Kraeling/ R. M. Adams (Hgg.), City Invincible, Chicago: 216–218.

Las Casas, Bartolomé de: In Defense of the Indians, hg. v. S. Poole, DeKalb, Illinois 1974.

Las Casas, Bartolomé de: Kurzgefaßter Bericht von der Verwüstung der Westindischen Länder, hg. v. H.-M. Enzensberger, Frankfurt 1966.

Latacz, J. (1979): Tradition und Neuerung in der Homerforschung. Zur Geschichte der Oral poetry-Theorie, in: ders. (Hg.), Homer. Tradition und Neuerung, Darmstadt: 25–44.

Latte, K. (1968): Kollektivbesitz und Staatsschatz in Griechenland, in: Kleine Schriften, München: 294–312.

Lauffer, S. (1975): Das Bergbauprogramm in Xenophons Poroi, Miscellanea Graeca 1: 171–194.

Laveleye, E. de (1879): Das Ureigenthum. Autorisierte deutsche Fassung, herausgegeben und vervollständigt von K. Bücher, Leipzig.

Lechner, K. (1955): Byzanz und die Barbaren, Saeculum 6: 292–306.

Leffler, P. K. (1976): The »Histoire raisonnée« 1660–1720: a pre-Enlightenment genre, JHI 37: 219–240.

Lehmann, W. C. (1960): John Millar of Glasgow 1735–1801, Cambridge.

Lemay, E. (1976): Histoire de l'antiquité et découverte du nouveau monde chez deux auteurs du XVIIIe siècle, in: Th. Besterman (Hg.), Studies on Voltaire and the Eighteenth Century 153: 1313–1328.

Leopold, J. (1980): Culture in Comparative and Evolutionary Perspective. E. B. Tylor and the Making of Primitive Culture, Berlin.

Lepenies, W. (1976): Das Ende der Naturgeschichte, München.

Lepenies, W. (1980): Naturgeschichte und Anthropologie im 18. Jahrhundert, HZ 231: 21–41.

Lery, Jean de: Unter Menschenfressern am Amazonas. Brasilianisches Tagebuch 1556–1558,[2] Tübingen 1977.

Lesky, A. (1965): Geschichte der griechischen Literatur, [2]Bern.

Lestringant, F. (1982): Catholiques et cannibales. Le thème du cannibalisme dans le discours protestant au temps des guerres de religion, in: J.-C. Margolin/ R. Sauzet (Hgg.), Pratiques et discours alimentaires à la renaissance, Paris: 233–245.

Levy, E. (1949): Natural Law in Roman Thought, SDHI 15: 1-23.

Lévy, E. (1981): Les origines du mirage scythe, Ktema 6: 57–68.

Lichtheim, G. (1967): Oriental Despotism, in: The Concept of Ideology and Other Essays, New York: 62–93.

Lloyd, A. B. (1975): Herodotus Book II, vol. I: Introduction, Leiden.

Lloyd, A. B. (1976): Herodotus Book II, vol. II: Commentary 1–98, Leiden.

Lloyd, A. B. (1988): Herodotus Book II, vol. III: Commentary 99–182, Leiden.

Locke, J.: Two Treatises of Government, ed. P. Laslett, Cambridge 1960.

Löwith, K. (1953/79): Weltgeschichte und Heilsgeschehen (1953), Stuttgart 1979.

Long, T. (1986): Barbarians in Greek Comedy, Carbondale & Edwardsville.

Lotter, F. (1987): Christoph Meiners und die Lehre von der unterschiedlichen Wertigkeit der Menschenrassen, in: H. Boockmann/H. Wellenreuther (Hgg.), Geschichtswissenschaft in Göttingen, Göttingen: 30–75.

Lovejoy, A. O./Boas, G. (1935): Primitivism and Related Ideas in Antiquity, Baltimore.

Lowie, R. H. (1937): The History of Ethnological Theory, New York.

Lubbock, J. (1870): The Origin of Civilization and the Primitive Condition of Man, London.

Lucas, E. (1964a): Die Rezeption Lewis H. Morgans durch Marx und Engels, Saeculum 15: 153–176.

Lucas, E. (1964b): Marx' Studien zur Frühgeschichte und Ethnologie 1880–1882. Nach unveröffentlichten Exzerpten, Saeculum 15: 327–343.

Lucas, E. (1975): Der späte Marx und die Ethnologie, Saeculum 26: 386–402.

Lund, A. A. (1988): P. Cornelius Tacitus, Germania (Wiss. Kommentare zu griech. u. lat. Schriftstellern), Heidelberg.

McAdams, R. J. (1974): Anthropological Perspectives on Ancient Trade, CA 15: 239–258.

MacDowell, D. M. (1978): The Law in Classical Athens, London.

McLennan, J. F. (1886): Studies in Ancient History, [2]London.

Maine, H. S. (1861/1912): Ancient Law. Its Connection with the Early History of Society and Its Relation to Modern Ideas (1861), hg. v. F. Pollock, 1906, ND London 1912.

Maine, H. S. (1871): Village-Communities in the East and West, London.

Maine, H. S. (1875): Lectures on the Early History of Institutions, London.

Maine, H. S. (1883): Dissertations on Early Law and Custom, London.

Maine, H. S. (1886): Rez. McLennan, The Patriarchal Theory, The Quarterly Review 162: 181–209.

Mair, L. (1972): An Introduction to Social Anthropology, ²Oxford.

Malinowski, B. (1914): Soziologie der Familie, Die Geisteswissenschaften 1: 883–886; 911–914; 1080–1082.

Malinowski, B. (1921): The Primitive Economics of the Trobriand Islanders, The Economic Journal 31: 1-16.

Malinowski, B. (1922/1979): The Argonauts of the Western Pacific (1922), zit. nach der deutschen Ausgabe: Argonauten des westlichen Pazifik (B. M., Schriften in vier Bänden I), Frankfurt 1979.

Malitz, J. (1983): Die Historien des Poseidonios, München.

Marek, Ch. (1984): Die Proxenie, Frankfurt.

Marg, W. (Hg. 1962): Herodot. Eine Auswahl aus der neueren Forschung, Darmstadt.

Marshall, P. J. / Williams, G. (1982): The Great Map of Mankind. Perceptions of New Worlds in the Age of Enlightenment, Cambridge/Mass.

Maurer, G. L. v. (1854/96): Einleitung zur Geschichte der Mark-, Hof-, Dorf- und Stadtverfassung und der öffentlichen Gewalt (1854), 2. Auflg. hg. v. H. Cunow, Wien 1896.

Mauss, M. (1921): Une forme ancienne de contrat chez les Thraces, REG 34: 388–397.

Mauss, M. (1925): Sur un texte de Posidonius. Le suicide, contre-prestation suprême, Revue Celtique 42: 324–329.

Mauss, M. (1925/78): Essai sur le don (1925); zit. nach der deutschen Übersetzung in: M. M., Soziologie und Anthropologie, Frankfurt (1978) II: 9–144.

Mayer, A. (1910): Die bäuerliche Hauskommunion (Zadruga) in den Königreichen Kroatien und Slavonien, Diss. Heidelberg.

Mazza, M. (1985): Meyer vs. Bücher: Il dibattito sull' economia antica nella storiografia tedesca tra otto e novecento, Società e Storia 29: 508–546.

Mazzarino, S. (1979): Vico, Holland and Modern Conceptions of History, Quaderni Catanesi 1: 355–372.

Medick, H. (1973): Naturzustand und Naturgeschichte der bürgerlichen Gesellschaft, Göttingen.

Medick, H. (1986): Einleitung zu Ferguson, Versuch: 7–91.

Meek, C. K. (1960): The Niger and the Classics: the History of a Name, Journal of African History 1: 1–17.

Meek, R. L. (1973): Turgot on Progress, Sociology and Economics, Cambridge.

Meek, R. L. (1976): Social Science and the Ignoble Savage, Cambridge.

Meier, Ch. (1978): Ein antikes Äquivalent des Fortschrittsgedankens: das »Könnens-Bewußtsein« des 5. Jahrhunderts v. Chr., HZ 226: 265–316.

Meier, Ch. (1978b): Entstehung und Besonderheit der griechischen Demokratie, Zs.f. Politik 25: 1-31.

Meier, Ch. (1978c): Prozeß und Ereignis in der griechischen Historiographie des 5. Jahrhunderts und vorher, in: Faber/Meier (Hgg. 1978): 69–97.

Meier, Ch. (1980): Die Entstehung des Politischen bei den Griechen, Frankfurt.

Meinecke, F. (1959): Die Entstehung des Historismus, [4]München.

Meiners, Ch. (1793): Grundriß der Geschichte der Menschheit, Lemgo 1793, ND Königstein 1981.

Meitzen, A. (1881): Georg Hanssen als Agrarhistoriker, Zs. ges. Stw. 37: 371–417.

Meitzen, A. (1895): Siedlung und Agrarwesen der Westgermanen und Ostgermanen, der Kelten, Römer, Finnen und Slawen, 2 Bde, Berlin, ND Aalen 1963.

Mele, A. (1979): Il commercio greco arcaico, Neapel.

Melitz, J. (1970): The Polanyi School of Anthropology on Money, AmA 72: 1020–1040.

Merkelbach, R. (1970): Johann Jakob Bachofen und das Mutterrecht, Antaios 11: 250–273.

Metzler, D. (1988): Widerstand von Nomaden gegen zentralistische Staaten im Altertum, in: T. Yuge/M. Doi (Hgg.), Forms of Control and Subordination in Antiquity, Tokio: 86–94.

Meuli, K. (1935/62): Scythica (Hermes 70, 1935), in: W. Marg (Hg. 1962): 455–470.

Meuli, K. (1948): Nachwort, in: Bachofen, Werke III: 1011–1128.

Meyer, Ed. (1895/1924): Die wirtschaftliche Entwicklung des Altertums (1895), in: Kleine Schriften I[2], Halle 1924: 79–168.

Meyer, Ed. (1907/10) Geschichte des Altertums, Bd I,1: Einleitung. Elemente der Anthropologie (1907), [3]Stuttgart 1910.

Michaelis, J. D. (1770): Mosaisches Recht, I. Teil, Frankfurt/M.

Millar, J.: Vom Ursprung des Unterschieds in den Rangordnungen und Ständen der Gesellschaft (Übers. H. Zirker) Frankfurt 1985.

Millar, J.: The Origin of the Distinction of Ranks ([3]1779) in: W. C. Lehmann (1960): 175–322.

Millett, P. (1982): The Attic *horoi* Reconsidered, Opus 1: 219–249.

Millett, P. (1983): Maritime Loans and the Structure of Credit in Fourth-Century Athens, in: P. Garnsey/K. Hopkins/C. R. Whittaker (Hgg.), Trade in the Ancient Economy, London: 36–52.

Minns, E. H. (1913): Scythians and Greeks, Cambridge.

Minuti, R. (1978): Proprietà della terra e despotismo orientale. Aspetti di un dibattito sull India nella seconda metà del settecento, Materiali per una storia della cultura giuridica 8: 29–177.

Möser, J., SW: Sämtliche Werke. Bd 12,1: Osnabrückische Geschichte. Allgemeine Einleitung 1768, hg. v. P. Göttsching, Oldenburg 1964.

Mollat, M. (1975): Humanisme et grandes découvertes, Francia 3: 221–235.

Momigliano, A. D. (1950/66): Ancient History and the Antiquarian, (JWI 13, 1950) in: Studies in Historiography, London 1966: 1-39.

Momigliano, A. D. (1954/66): Gibbon's Contribution to Historical Method

(Historia 2, 1954: 450–468), in: Studies in Historiography, Oxford 1966: 40–55.

Momigliano, A. D. (1957): Erodoto e la storiografia moderna, Aevum 31: 74–84.

Momigliano, A. D. (1957/69): Perizonius, Niebuhr and the Character of Early Roman Tradition (JRS 47, 1957), dt. in: V. Pöschl (Hg.) Römische Geschichtsschreibung, Darmstadt 1969: 312–339.

Momigliano, A. D. (1958/62): The Place of Herodotus in the History of Historiography (History 43, 1958), dt. in: Marg (Hg. 1962): 137–156.

Momigliano, A. D. (1966/77): Vico's Scienza Nuova: Roman »Bestioni« and Roman »Eroi«, (H&T 5, 1966), in: Essays in Ancient and Modern Historiography, Oxford 1977: 253–276.

Momigliano, A. D. (1977): The Ancient City of Fustel de Coulanges, in: Essays in Ancient and Modern Historiography, Oxford: 325–343.

Momigliano, A. D./Humphreys, S. C. (1980): Foreword, in: N. D. Fustel de Coulanges, The Ancient City, Boston: IX–XXIII.

Momigliano, A. D. (1980/84): Alle origini dell' interesse per Roma arcaica: Niebuhr e l'India (Rivista Storica Italiana 92, 1980), in: Settimo Contributo alla Storia degli Studi Classici e del Mondo Antico, Rom 1984.

Momigliano, A. D. (1982): New Paths of Classicism in the Nineteenth Century, Middletown (History & Theory Beiheft 21).

Momigliano, A. D. (1982/84): Fustel de Coulanges e la recente ricerca su Roma antica (Sociologia del Diritto 9, 1982) in: Settimo Contributo alla Storia degli Studi Classici e del Mondo Antico, Rom 1984: 179–186.

Momigliano, A. D. (1986): Two Types of Universal History. The Cases of E. A. Freeman and Max Weber, Studi Classice 24: 7–17.

Momigliano, A. D. (1987): Johann Jakob Bachofen: From Roman History to Matriarchy, in: Ottavo Contributo... Rom: 91–107.

Mommsen, Theodor: Römische Geschichte, ND, 8 Bde, München 1976.

Montaigne, Michel de: Essais, hg. v. R.-R. Wuthenow, Frankfurt 1976.

Montesquieu: Vom Geist der Gesetze. Übers. E. Forsthoff, 2 Bde, Tübingen 1951.

Montesquieu: Größe und Werdegang Roms. Übers. L. Schuckert, Frankfurt 1980.

Montesquieu: Perserbriefe. Übers. J. v. Stackelberg, Frankfurt 1988.

Montgomery, H. (1986): »Merchants Fond of Corn«. Citizens and Foreigners in the Athenian Grain Trade, SO 61: 43–61.

Moravia, S. (1973): Beobachtende Vernunft. Philosophie und Anthropologie in der Aufklärung, Berlin.

Morgan, L. H. (1877/1985): Ancient Society (1877), ND Tucson, Arizona 1985.

Morgan, L. H. (1908): Die Urgesellschaft. Übers. v. W. Eichhoff/K. Kautsky (zuerst 1891); Stuttgart 1908, ND Wien 1987.

Morris, I. (1986): Gift and Commodity in Archaic Greece, Man 21: 1–17.

Mossé, C. (1962): La Fin de la Démocratie athénienne, Paris.

Mossé, C. (1975): Le IV siècle, in: E. Will/C. Mossé/P. Goukowsky, Le monde grec et l'orient, II, Paris: 11–244.

Mossé, C. (1980): Aristote et le *theorikon*, Fs. E. Manni, Rom, V: 1605–1612.

Mossé, C. (1983): The »World of the Emporium« in the Private Speeches of Demosthenes, in: P. Garnsey/K. Hopkins/C. R. Whittaker (Hgg.), Trade in the Ancient Economy, London: 53–63.

Mossé, C. (1983b): La femme dans la Grèce antique, Paris.

Much, R. (1967): Die Germania des Tacitus, 3. Aufl., hg. v. W. Lange/H. Jankuhn, Heidelberg.

Mühlmann, W. E. (1984): Geschichte der Anthropologie, [3]Wiesbaden.

Müllenhoff, K. (1900): Deutsche Altertumskunde IV: Die Germania des Tacitus, Berlin.

Müller, F. M. (1875): Chips from a German Workshop, Bd. IV, London.

Müller, K. E. (1972): Geschichte der antiken Ethnographie und ethnologischen Theoriebildung I, Wiesbaden.

Müller, K. E. (1980): Geschichte der antiken Ethnographie und ethnologischen Theoriebildung II, Wiesbaden.

Müller, R. (1969): Lukrez V 1011 ff. und die Stellung der epikureischen Philosophie zum Staat und zu den Gesetzen, in: O. Jurewicz/H. Kuch (Hgg.), Die Krise der griechischen Polis, Berlin/DDR: 63–76.

Müller, R. (1974): Die epikureische Gesellschaftstheorie, [2]Berlin/DDR.

Muhlack, U. (1983): Die deutschen Auswirkungen auf die englische Altertumswissenschaft am Beispiel George Grotes, in: M. Bollack/H. Wissmann (Hgg.), Philologie und Hermeneutik im 19. Jahrhundert, II, Göttingen: 376–422.

Mukherjee, S. N. (1968): Sir William Jones. A study in eighteenth-century British attitudes to India, Cambridge.

Muldoon, J. (1979): Popes, Lawyers and Infidels. The Church and the Non-Christian World 1250–1550, Liverpool.

Murphree, I. L. (1961): The Evolutionary Anthropologists: The Progress of Mankind, Proceedings American Philosophical Society 105: 265–300.

Myres, J. L. (1907): The Sigynnae of Herodotus. An ethnological problem of the early iron age, in: Anthropological Essays Presented to Edward Burnett Tylor, Oxford: 255–276.

Myres, J. L. (1908): Herodotus and Anthropology, in: R. R. Marett (Hg.), Anthropology and the Classics, Oxford: 121–168.

Myres, J. L. (1916): The Influence of Anthropology on the Course of Political Science, Berkeley.

Neesen, L. (1985): Die griechische Polis – nur ein Import- und Konsumzentrum?, MBAH 4: 49–66.

Nestle, W. (1941): Vom Mythos zum Logos. Die Selbstentfaltung des griechischen Denkens, ND Stuttgart 1975.

Neumann, K. J. (1900): Die Grundherrschaft der römischen Republik, die Bauernbefreiung und die Entstehung der Servianischen Verfassung, Straßburg.

Niebuhr, B. G., RG[1]: Römische Geschichte, 2 Bde, Berlin 1811/12.

Niebuhr, B. G. (1813/43): Rez. Heeren *Ideen* III,1, (Jenaische Allgemeine Literaturzeitung 1813), in: Kleine historische und philologische Schriften. Zweite Sammlung, Bonn 1843: 107–158.

Niebuhr, B. G. (1828): Untersuchungen über die Geschichte der Skythen, Geten und Sarmaten, in: Kleine historische und philologische Schriften I, Bonn: 352–398.

Niebuhr, B. G. (1851): Vorträge über alte Länder- und Völkerkunde, an der Universität zu Bonn gehalten, hg. v. M. Isler, Berlin.

Niebuhr, B. G. (1858): Vorträge über römische Alterthümer, an der Universität zu Bonn gehalten, hg. v. M. Isler, Berlin.

Niebuhr, B. G. (1873): Römische Geschichte. Neue Ausgabe von M. Isler, 3 Bde, Berlin.

Nippel, W. (1980): Mischverfassungstheorie und Verfassungsrealität in Antike und früher Neuzeit, Stuttgart.

Nippel, W. (1988): Aufruhr und »Polizei« in der römischen Republik, Stuttgart.

Nippel, W. (1988b): Sozialanthropologie und Alte Geschichte, in: Ch. Meier / J. Rüsen (Hgg.),Historische Methode, München: 300–318.

Nippel, W. (1988c): Arnaldo Momigliano (1908–1987), Storia della storiografia 14: 3-7.

Nippel, W. (Ms. 1987): Prolegomena zu Eduard Meyers Anthropologie (erscheint in: A. Demandt/W. Calder, Hgg., Eduard Meyer, der Universalhistoriker, ca. 1990).

Nippel, W. (Ms. 1988): Finley and Weber. Some Comments and Theses (erscheint in: Opus, ca. 1990).

Nippel, W. (Ms. 1989): Max Webers althistorisches Werk (erscheint in: Geschichte und Gesellschaft 1990).

Nörr, D. (1974): Rechtskritik in der römischen Antike, München (SB Bayr. Akad. Wiss., Phil.-hist. Kl. Nr. 77).

Norden, E. (1921): Die Germanische Urgeschichte in Tacitus' Germania, ND Darmstadt 1971.

North, D. C. (1977): Markets and Other Allocation Systems in History: The Challenge of Karl Polanyi, Journal of European Economic History 6: 703–716.

Orelli, J. K. von (1816): Vico und Niebuhr, Schweizerisches Museum 1: 184–192.

Osborne, R. (1988): Social and Economic Implications of the Leasing of Land and Property in Classical and Hellenistic Greece, Chiron 18: 279–323.

Osterhammel, J. (1989): Distanzerfahrung. Darstellungsweisen des Fremden im 18. Jahrhundert, in: H.-J. König et al. (Hgg.), Der europäische Beobachter außereuropäischer Kulturen (= Zs. f. Hist. Forschung, Beiheft 7), Berlin: 9–42.

Ostwald, M. (1986): From Popular Sovereignty to the Sovereignty of Law. Law, society and politics in fifth-century Athens, Berkeley.

Oviedo, Gonzalo Fernández de: Natural History of the West Indies, ed. S. A. Stoudemire, Chapel Hill 1959.

Padgen, A. (1982): The Fall of Natural Man. The American Indian and the origins of comparative ethnology, Cambridge.

Patzek, B. (1988): Die historischen Bedingungen des Fremdverstehens in Tacitus' »Germania«, HZ 247: 27–51.

Pauw, C. de (1769): Philosophische Untersuchungen über die Amerikaner, oder wichtige Beyträge zur Geschichte des menschlichen Geschlechts, 2 Bde, Berlin.

Pearson, H. W. (1957): The Secular Debate on Economic Primitivism, in: Polanyi (Hg. 1957): 3–11.

Pearson, L. (1975): Myth and archaelogia in Italy and Sicily – Timaeus and his predecessors, Yale Classical Studies 24: 171–195.

Pembroke, S. (1965): Last of the Matriarchs: A Study in the Inscriptions of Lycia, Journal of the Economic and Social History of the Orient 8: 217–247.

Pembroke, S. (1967): Women in Charge. The function of alternatives in early Greek tradition and the ancient idea of matriarchy, JWI 30: 1–35.

Pembroke, S. (1979): The Early Human Family: Some Views 1770–1870, in: Bolgar (Hg. 1979): 275–291.

Perl, G. (1982): Die gesellschaftliche Terminologie in Tacitus' Germania, SB Akad. Wiss. DDR Nr. 15/G: 56–66.

Perlman, S. (1976): On Bribing Athenian Ambassadors, GRBS 17: 223–233.

Peter Martyr von Anghiera: Acht Dekaden über die neue Welt, hg. u. übers. v. H. Klingelhöfer, 2 Bde, Darmstadt 1972/75.

Peukert, W. (1978): Der atlantische Sklavenhandel von Dahomey (1740–1797), Wiesbaden.

Pfeiffer, R. (1982): Die Klassische Philologie von Petrarca bis Mommsen, München.

Pfister, F. (1955/76): Von den Wundern des Morgenlandes (Deutsches Jahrbuch f. Volkskunde 1, 1955), in: Kleine Schriften zum Alexanderroman, Meisenheim/Glan 1976: 120–142.

Pietschmann, H. (1987): Aristotelischer Humanismus und Inhumanität? Sepúlveda und die amerikanischen Ureinwohner, in: Reinhard (Hg. 1987): 143–166.

Pippidi, D. M. (1973): Le problème de la main-d'œuvre agricole dans les colonies grecques de la Mer Noire, in: M. I. Finley (Hg.), Problèmes de la terre en Grèce ancienne, Paris: 63–82.

Pitz, E. (1987): Der Untergang des Mittelalters. Die Erfassung der geschichtlichen Grundlagen Europas in der politisch-historischen Literatur des 16. bis 18. Jahrhunderts, Berlin.

Pleket, H. W. (1973): Economic History of the Ancient World and Epigraphy. Some introductory remarks, in: Akten d. VI. Intern. Kongresses f. Griech. u. Lat. Epigraphik (1972), München: 243–257.

Pleket, H. W. (1979): Rez. Isager/Hansen (1975), Mnemosyne 32: 445–448.

Pleket, H. W. (1985): Rez. P. Garnsey/C. R. Whittaker (Hgg.), Trade and Famine in Classical Antiquity, Cambridge 1983, Gnomon 57: 148–154.

Pocock, J. G. A. (1976/77): Gibbon's Decline and Fall and the World View of the Late Enlightenment, Eighteenth-Century Studies 10: 287–303.

Pocock, J. G. A. (1981): Gibbon and the Shepherds: the Stages of Society in the *Decline and Fall*, History of European Ideas 2: 193–202.

Pöhlmann, R.v. (1893): Die Feldgemeinschaft bei Homer, Zs. f. Social- und Wirtschaftsgeschichte 1: 1–42.

Pöhlmann, R.v. (1925): Geschichte der sozialen Frage und des Sozialismus in der antiken Welt, hg. v. F. Oertel, München ³1925, ND Darmstadt 1984.

Pohlenz, M. (1937/73): Herodot, der erste Geschichtsschreiber des Abendlandes (1937), ND Darmstadt 1973.

Polanyi, K. (1922): Sozialistische Rechnungslegung, AfS 49: 377–420.

Polanyi, K. (Hg. 1957): = Polanyi et al. (Hgg.): Trade and Market in the Early Empires, New York.

Polanyi, K. (1968): Primitive, Archaic, and Modern Economies: Essays of K. P., ed. by G. Dalton, Garden City, N. Y.

Polanyi, K. (1971): Carl Menger's Two Meanings of »Economic«, in: G. Dalton (Hg.), Studies in Economic Anthropology, Washington: 16–24.

Polanyi, K. (1977): The Livelihood of Man, ed. by H. W. Pearson, New York.

Polanyi, K. (1978): The Great Transformation. Politische und ökonomische Ursprünge von Gesellschaften und Wirtschaftssystemen, Frankfurt.

Polanyi, K. (1979): Ökonomie und Gesellschaft, Frankfurt.

Poliakov, L. (1977): Der arische Mythos, Wien.

Popkin, R. H. (1973): The Philosophical Basis of Eighteenth Century Racism, in: H. E. Pagliaro (Hg.), Racism in the Eighteenth Century, London: 245–262.

Popkin, R. H. (1976): The Development of Religious Scepticism and the Influence of Isaac la Peyrère's Pre-Adamism and Bible Criticism, in: R. R. Bolgar (Hg.), Classical Influences on European Culture A. D. 1500–1700, Cambridge: 271–280.

Price, J. A. (1980): On Silent Trade, Res. Ec. Anthr. 3: 75–96.

Pritchett, W. K. (1971): The Greek State at War I, Berkeley.

Quiller, B. (1981): The Dynamics of the Homeric Society, SO 56: 109–155.

Quirk, R. E. (1954): Some notes on a Controversial Controversy: Juan Ginés de Sepúlveda and Natural Servitude, Hispanic-American Historical Review 34: 357–364.

Rachfahl, F. (1900): Zur Geschichte des Grundeigentums, Jahrbücher für Nationalökonomie und Statistik 74 (3. Folge 19): 1-33; 161–216.

Radke, G. (1980): Anmerkungen zu den kultischen Maßnahmen in Rom während des zweiten punischen Krieges, Würzburger Jahrbücher für die Altertumswissenschaft 6b: 105–121.

Ratzel, F. (1894/1906): Lewis Morgans Forschungen über die Entwicklung des Staates (1894), in: Kleine Schriften II, München 1906: 269–283.

Rawson, E. (1985): Intellectual Life in the Late Roman Republic, Oxford.

Rech, B. (1980): Las Casas und die Kirchenväter, JBLA 17: 1–47.

Rech, B. (1984): Zum Nachleben der Antike im spanischen Überseeimperium. Der Einfluß antiker Schriftsteller auf die Historia General y Natural de las Indias des Gonzalo Fernández de Oviedo (1478–1557), Gesammelte Aufsätze zur Kulturgeschichte Spaniens 31: 181–244.

Rech, B. (1987): Bartolomé de Las Casas und die Antike, in: Reinhard (Hg. 1987): 167–197.

Redfield, J. (1985): Herodotus the Tourist, CPh 80: 97–118.

Reed, C. M.(1984): Maritime Traders in the Archaic Greek World: A Typology of those Engaged in the Long-Distance-Transfer of Goods by Sea, AncW 10: 31–43.

Reichert, F. (1988): Columbus und Marco Polo – Asien in Amerika. Zur Literaturgeschichte der Entdeckungen, Zeitschrift f. Historische Forschung 15: 1–64.

Reill, P. H. (1975): The German Enlightenment and the Rise of Historicism, Berkeley.

Reill, P. H. (1980): Barthold Georg Niebuhr and the Enlightenment Tradition, German Studies Review 3: 9-26.

Reill, P. H. (1985): Die Geschichtswissenschaft um die Mitte des 18. Jahrhunderts, in: R. Vierhaus (Hg.), Wissenschaften im Zeitalter der Aufklärung, Göttingen: 163–193.

Reill, P. H. (1986): Narration and Structure in Late Eighteenth-Century Historical Thought, H&T 25: 286–298.

Reim, H. (1987): Kommentar in: Lafitau, Die Sitten der amerikanischen Wilden, ND 1987.

Reinhard, W. (1983): Geschichte der europäischen Expansion. I: Die Alte Welt bis 1818, Stuttgart.

Reinhard, W. (1985): Geschichte der europäischen Expansion. II: Die Neue Welt, Stuttgart.

Reinhard, W. (Hg. 1987): Humanismus und Neue Welt, Weinheim.

Reinhardt, K. (1912): Hekataios von Abdera und Demokrit, Hermes 47: 144–150.

Renger, J. (1979): Interaction of Temple, Palace and »private Enterprise« in the Old Babylonian Economy, in: E. Lipiński (Hg.), State and Temple Economy in the Ancient Near East I, Leuven: 249–256.

Renger, J. (1984): Patterns of Non-Institutional Trade and Non-Commercial Exchange in Ancient Mesopotamia at the Beginning of the Second Millenium B. C., in: A. Archi (Hg.), Circulations of Goods in Non-Palatial Context in the Ancient Near East, Rom: 31–123.

Renker, F. (1935): Niebuhr und die Romantik, Leipzig.

Rhodes, P. J. (1979/80): Athenian Democracy after 403 B. C., CJ 75: 305–323.

Rhodes, P. J. (1981): A Commentary on the Aristotelian *Athenaion Politeia*, Oxford.

Richter, M. (1973): »Despotism«, Dictionary of the History of Ideas, New York, II: 1–19.

Rickman, G. (1980): The Corn Supply of Ancient Rome, Oxford.

Riese, A. (1875): Die Idealisirung der Naturvölker des Nordens in der griechischen und römischen Literatur, Programm des Städtischen Gymnasiums, Frankfurt/M.

Robertson, W.: The History of America, 3 Bde, Edinburgh 1805.
Robertson, W.: The History of the Reign of the Emperor Charles V, 4 Bde, Edinburgh 1813.
Rodriguez Monegal, E. (1982): Die Neue Welt. Chroniken Lateinamerikas von Kolumbus bis zu den Unabhängigkeitskriegen, Frankfurt.
Röpke, J. (1969): Nationalökonomie und Ethnologie, Sociologus 19: 101–134.
Rogerson, J. W. (1978): Anthropology and the Old Testament, Oxford.
Rohbeck, J. (1987), Die Fortschrittstheorie der Aufklärung, Frankfurt.
Rohde, E. (1876): Der griechische Roman, ND Darmstadt 1960.
Romilly, J. de (1966): Thucydide et l'idée de progrès, ASNP II. ser., 35: 143–191.
Roscher,W. (1861): Über die Landwirthschaft der ältesten Deutschen, in: Ansichten der Volkswirthschaft aus dem geschichtlichen Standpunkte, Leipzig: 47–80.
Roscher, W. (1888): Nationalökonomik des Ackerbaus und der verwandten Urproductionen, [12]Stuttgart.
Rosellini, M. / Saïd, S. (1978): Usages de femmes et autres nomoi chez les »sauvages« d'Hérodote, ASNP ser. III, 8: 949–1005.
Roussel, D. (1976): Tribu et Cité. Études sur les groupes sociaux dans les cités grecques aux époques archaïques et classiques, Paris.
Rowe, J. H. (1965): The Renaissance Foundations of Anthropology, AmA 67: 1–20.
Ruben, W. (1953/4): Karl Marx über Indien und die Indienliteratur vor ihm, Wiss. Zs. d. Humboldt-Univ. Berlin, Gesellschafts- u. Sprachwiss. Reihe, Jg. 3, Nr. 2: 69–100.
Russell, F. H. (1975): The Just War in the Middle Ages, Cambridge.
Ryan, M. T. (1981): Assimilating New Worlds in the Sixteenth and Seventeenth Centuries, CSSH 23: 519–538.
Ryding, J. N. (1975): Alternatives in Nineteenth-Century German Ethnology: a case study in the sociology of science, Sociologus 25: 1-28.
Rytkönen, S. (1968): Barthold Georg Niebuhr als Politiker und Historiker, Helsinki.

Sahlins, M. (1974): Stone Age Economics, London.
Saïd, S. (1985): Usages de femmes et »sauvagerie« dans l'ethnographie grecque d'Hérodote à Diodore et Strabon, in: La femme dans la monde méditerranéen, I: Antiquité, Lyon: 137–150.
Ste. Croix, G. E. M. de (1960): Rez. Polanyi (Hg. 1957), Ec. Hist. Rev. 2. ser., 12: 510–511.
Ste. Croix, G. E. M. de (1972): The Origins of the Peloponnesian War, London.
Ste. Croix, G. E. M. de (1974): Ancient Greek and Roman Maritime Loans, in: Debits, Finance and Profits. Essays in Honour of W. T. Baxter, London: 41–59.
Ste. Croix, G. E. M. de (1981): The Class Struggle in the Ancient Greek World, London.

206   Bibliographie

Scammell, G. V. (1969): The New Worlds and Europe in the Sixteenth Century, HJ 12: 389–412.

Schadewaldt, W. (1982): Die Anfänge der Geschichtsschreibung bei den Griechen, Frankfurt.

Schaumkell, E. (1905): Geschichte der deutschen Kulturgeschichtsschreibung von der Mitte des 18. Jahrhunderts bis zur Romantik im Zusammenhang mit der allgemeinen geistigen Entwicklung, Leipzig.

Scheele, M. (1930): Wissen und Glauben in der Geschichtswissenschaft. Studien zum historischen Pyrrhonismus in Frankreich und Deutschland, Heidelberg.

Schefold, B. (1988): Karl Bücher und der Historismus in der deutschen Nationalökonomie, in: Hammerstein (Hg. 1988): 239–268.

Schlegel, A. W. (1816/47): Rez. Niebuhr, RG[1] (1816), in: Sämmtliche Werke, Bd. XII, hg. v. E. Böcking, Leipzig 1847: 444–512.

Schlenke, M. (1956): Aus der Frühzeit des englischen Historismus. William Robertsons Beitrag zur methodischen Grundlegung der Geschichtswissenschaft im 18. Jahrhundert, Saeculum 7: 107–125.

Schlobach, J. (1978): Die klassisch-humanistische Zyklentheorie und ihre Anfechtung durch das Fortschrittsbewußtsein der französischen Frühaufklärung, in: Faber/Meier (Hgg. 1978): 127–142.

Schlözer, A. L. (1772): Vorstellung seiner Universalhistorie, Göttingen & Gotha.

Schmidt, P. (1975): Studien über Justus Möser als Historiker, Göppingen.

Schmitt, A. R. (1967): Herder und Amerika, The Hague/Paris.

Schmitt, C. (1950): Der Nomos der Erde im Völkerrecht des Jus Publicum Europaeum, Köln.

Schmitt, E. (Hg. 1987): Dokumente zur Geschichte der europäischen Expansion. Bd 3: Der Aufbau der Kolonialreiche, München.

Schmitz, W. (1988): Wirtschaftliche Prosperität, soziale Integration und die Seebundpolitik Athens, München.

Schmoller, G. (1899): Die Urgeschichte der Familie: Mutterrecht und Gentilverfassung, Schmollers Jahrbuch 23: 1-21.

Schneider, H. (1988): Schottische Aufklärung und antike Gesellschaft, in: Alte Geschichte und Wissenschaftsgeschichte. Festschrift K. Christ, Darmstadt: 431–464.

Schönert-Geiss, E. (1971): Die Wirtschafts- und Handelsbeziehungen zwischen Griechenland und der nördlichen Schwarzmeerküste im Spiegel der Münzfunde (6.–1. Jh.v.u. Z.), Klio 53: 105–117.

Scholder, K. (1966): Ursprünge und Probleme der Bibelkritik im 17. Jahrhundert, München.

Schurtz, H. (1902): Altersklassen und Männerbünde, Berlin.

Schuster, M. (1987): Bachofen, das Mutterrecht und die Ethnologie, in: Johann Jakob Bachofen (1815–1887). Eine Begleitpublikation zur Ausstellung im Historischen Museum Basel 1987: 91–105.

Schwartz, E. (1929): Das Geschichtswerk des Thukydides, [2]Bonn.

Schwenn, F. (1915): Die Menschenopfer bei den Griechen und Römern, Gießen.

Seager, R. (1966): Lysias Against the Corndealers, Historia 15: 172–184.

Seager, R. (1973): Elitism and Democracy in Classical Athens, in: F. C. Jaher (Hg.), The Rich, the Well-Born and the Powerful, Urbana, Ill.: 7–26.

See, K.v. (1981): Der Germane als Barbar, Zs. f. internationale Germanistik 13: 42–72.

Seebohm, F. (1885): Die englische Dorfgemeinde, Heidelberg (zuerst englisch 1883).

Seier, H. (1982): Arnold Herrmann Ludwig Heeren, in: H.-U. Wehler (Hg.), Deutsche Historiker IX, Göttingen: 61–80.

Service, E. R. (1981): The Mind of Lewis H. Morgan, CA 22: 25–43.

Sharpe, E. J. (1975): Comparative Religion: a history, London.

Shaw, B. D. (1982/83): »Eaters of Flesh, Drinkers of Milk«: The Ancient Mediterranean Ideology of the Pastoral Nomad, AncSoc 13/14: 5–31.

Siegert, H. (1941/42): Zur Geschichte der Begriffe »Arier« und »arisch«, Wörter und Sachen 22 (= N. F. 4): 73–99.

Sikes, E. E. (1914): The Anthropology of the Greeks, Cambridge.

Simon, Ch. (1988): Alte Geschichte in der Dritten Republik 1871–1914, Storia della storiografia 13: 29–66.

Skinner, A. (1967): Natural History in the Age of Adam Smith, Political Studies 15: 32–48.

Smith, A.: Der Wohlstand der Nationen. Übers. H.-C. Recktenwald, München 1978.

Smith, A.: Lectures on Jurisprudence, hg. v. R. L. Meek/D. D. Raphael/ P. G. Stein, Oxford 1978.

Snowden, F. M. (1983): Before Color Prejudice. The ancient view of blacks, Princeton.

Solmsen, F. (1975): Intellectual Experiments of the Greek Enlightenment, Princeton.

Song, D.-Y. (1972): Die Bedeutung der Asiatischen Welt bei Hegel, Marx und Max Weber, Diss. Frankfurt.

Spahn, P. (1984): Die Anfänge der antiken Ökonomik, Chiron 14: 301–323.

Speyer, W. (1963): Zu den Vorwürfen der Heiden gegen die Christen, JAC 6: 129–135.

Speyer, W./Opelt, I. (1967): Barbar, JAC 10: 251–290.

Spiess, E. (1930): Der früheste Versuch einer allgemeinen Kulturgeschichte auf evolutionistischer Grundlage, in: Studien aus dem Gebiete von Kirche und Kultur. Festschrift Gustav Schnürer, Paderborn: 208–265.

Spoerri, W. (1959): Späthellenistische Berichte über Welt, Kultur und Götter, Basel.

Srinivas, M. N. (1975): The Indian Village: Myth and Reality, in: Studies in Social Anthropology. Essays in Memory of E. E. Evans-Pritchard, Oxford: 43–85.

Staden, Hans: Wahrhaftige Historia und Beschreibung einer Landschaft der wilden, nackten, grimmigen Menschenfresser, in der Neuen Welt Amerika gelegen, Marburg 1557, ND Kassel 1978.

Stadler, P. (1958): Geschichtsschreibung und historisches Denken in Frankreich 1789–1871, Zürich.

Stagl, J. (1988): Johann Jakob Bachofen und »Das Mutterrecht«, Archiv f. Kulturgeschichte 70: 109–129.

Stanfield, J. R. (1980): The Institutional Economics of Karl Polanyi, Journal of Economic Issues 14: 593–614.

Stanton, G. R. (1985): Retail Pricing of Grain in Athens, Hermes 113: 121–123.

Stein, P. (1980): Legal Evolution. The story of an idea, Cambridge.

Stein, P. (1981): Die Idee der Evolution im Recht, Nachr. Akad. d. Wiss. Göttingen Nr. 5.

Steinmetz, F. (1969): Staatengründung – aus Schwäche oder natürlichem Geselligkeitsdrang?, in: P. Steinmetz (Hg.), Politeia und res publica, Wiesbaden: 181–199.

Stelling-Michaud, S. (1960/61): Le mythe du despotisme oriental, Schweiz. Beiträge zur allgemeinen Geschichte 18/19: 328–346.

Stewart, D.: Biographical Memoirs of Adam Smith, William Robertson, Thomas Reid, in: Collected Works X, ed. W. Hamilton, Edinburgh 1858.

Stocking, G. W. (1974): Some Problems in the Understanding of Nineteenth Century Evolutionism, in: R. Darnell (Hg.), Readings in the History of Anthropology, New York: 407–425.

Stocking, G. W. (1978): Die Geschichtlichkeit der Wilden und die Geschichte der Ethnologie, in: Geschichte und Gesellschaft 4: 520–535.

Stokes, E. (1959): The English Utilitarians and India, Oxford.

Strasburger, H. (1977): Umblick im Trümmerfeld der griechischen Geschichtsschreibung, in: Historiographia Antiqua. Commentationes Lovanienses in honorem W. Peremans septuagenarii editae, Leuven: 3–52.

Straub, E. (1976): Das Bellum Justum des Hernán Cortés in Mexico, Köln.

Stückelberger, A. (1987): Kolumbus und die antiken Wissenschaften, Archiv f. Kulturgeschichte 69: 331–340.

Tax, S. (1955): From Lafitau to Radcliffe-Brown. A short history of the study of social organization, in: F. Eggan (Hg.), Social Anthropology of North American Tribes, Chicago: 445–481.

Tenbruck, F. (1987): Max Weber and Eduard Meyer, in: W. J. Mommsen/J. Osterhammel (Hgg.), Max Weber and his Contemporaries, London: 234–267.

Thiel, R. (1985): Arnold Heeren und Johann Gottfried Herder. Ergänzungen zur Vorgeschichte der Oral-Poetry-Theorie, Quaderni Urbinati di Cultura Classica, n.s. 21, Nr. 3: 139–144.

Thomsen, R. (1964): Eisphora, Kopenhagen.

Thomsen, R. (1977): War Taxes in Classical Athens, in: Armées et fiscalité dans le monde antique, Paris: 135–144.

Thorner, D. (1966): Marx on India and the Asiatic Mode of Production, Contributions to Indian Sociology 9: 33–66.

Thurnwald, R. (1932): Werden, Wandel und Gestaltung der Wirtschaft im Lichte der Völkerforschung, Berlin.

Thurnwald, R. (1936): Gegenseitigkeit in Aufbau und Funktionieren der Gesellungen und Institutionen, in: Festgabe f. F. Tönnies, Leipzig: 275–296.

Timpe, D. (1979): Die germanische Agrarverfassung nach den Berichten Caesars und Tacitus', in: H. Beck et al. (Hgg.), Untersuchungen zur eisenzeitlichen und frühmittelalterlichen Flur in Mitteleuropa und ihrer Nutzung, Göttingen: 11–40.

Timpe, D. (1986): Ethnologische Begriffsbildung in der Antike, in: H. Beck (Hg.), Germanenprobleme in heutiger Sicht. (1. Ergänzungsband zum Reallexikon d. germanischen Altertumskunde), Berlin/New York: 22–40.

Timpe, D. (1989): Die Absicht der Germania, in: Jankuhn/Timpe (Hgg. 1989): 106–127.

Timpe, D. (1989b): Einleitung, in: Jankuhn/Timpe (Hgg. 1989): 7–15.

Tönnies, F. (1887/1973): Gemeinschaft und Gesellschaft (1887), ⁸1935, ND Darmstadt 1973.

Tönnies, F. (1926): Soziologische Studien und Kritiken. Zweite Sammlung, Jena.

Tooker, E. (1985): Foreword, in: Morgan (1877/1985): XV–XXXII.

Tooley, M.J (1953): Bodin and the Medieval Theory of Climate, Speculum 28: 64–83.

Trautmann, Th. R. (1987): Lewis Henry Morgan and the Invention of Kinship, Berkeley.

Trevor-Roper, H. R. (1963): The Historical Philosophy of the Enlightenment, Studies on Voltaire and the 18th Century 27: 1667–1687.

Truyol, Antonio (1947): Die Grundzüge des Völkerrechts bei Francisco de Vitoria, Zürich.

Trüdinger, K. (1918): Studien zur Geschichte der griechisch-römischen Ethnographie, Basel.

Tuplin, C. (1982): Satyros and Athens: IG II² 212 and Isokrates 17.57, ZPE 49: 121–128.

Turgot: Plan de deux discours sur l'histoire universelle, in: Œuvres de Turgot, hg. v. G. Schelle, Paris 1913, I: 275–323.

Tylor, E. B. (1873): Die Anfänge der Cultur. 2 Bde, Leipzig.

Tyrrell, W. B. (1982): Amazon customs and Athenian patriarchy, ASNP ser. III, 12: 1213–1237.

Vallensi, L. et al. (1974): Pour une histoire anthropologique: la notion de réciprocité, Annales 29: 1309–1380 (auch englisch, in: Res. Ec. Anthr. 4, 1981: 1–93).

Van Compernelle, R. (1982): Gründung und frühe Gesetzgebung von Lokroi Epizephyrioi, in: M. L. Lazzarini/ders., Probleme des archaischen Griechenlands, Konstanz: 21–39.

Van der Vliet, E. C. (1984): L'ethnographie de Strabon, idéologie ou tradition?, in: F. Prontera (Hg.), Strabone. Contributi allo studio della personalità e dell'opera, I, Perugia 1984: 27–86.

Van Kley, E. J. (1971): Europe's »Discovery« of China and the Writing of World History, AHR 76: 358–385.

Venturi, F. (1963): Oriental Despotism, JHI 24: 133–142.

Versnel, H. S. (1980): Destruction, *devotio* and despair in a situation of anomy. The mourning for Germanicus in triple perspective, in: Perennitas. Studi in onore di Angelo Brelich, Rom: 541–618.

Veyne, P. (1988): Brot und Spiele, Frankfurt.

Vico, G.: La Scienza Nuova Seconda, Hg. F. Nicolini, 2 Bände, ⁴Bari 1953.

Vico, G.: Die neue Wissenschaft über die gemeinschaftliche Natur der Völker, übers. v. E. Auerbach (1924), ND Reinbek 1966.

Vico, G.: Die neue Wissenschaft von der gemeinschaftlichen Natur der Völker, Auswahl, Übersetzung u. Einleitung v. F. Fellmann, Frankfurt 1981.

Victoria, Franciscus de: De indis recenter inventis et de jure belli Hispanorum in barbaros relectiones. Vorlesungen über die kürzlich entdeckten Inder und das Recht der Spanier zum Kriege gegen die Barbaren 1539, hg. v. W. Schätzel, Tübingen 1952.

Vidal-Naquet, P. (1970): Esclavage et gynécocratie dans la tradition, le mythe et l'utopie, in: C. Nicolet (Hg.), Recherches sur les structures sociales dans l'antiquité classique, Paris: 63–80.

Vidal-Naquet, P. (1974): Les jeunes. Le cru, l'enfant grec et le cuit, in: J. Le Goff/P. Nora (Hgg.), Faire de l'histoire III, Paris: 137–168.

Vidal-Naquet, P. (1982): Hérodote et l'Atlantide: entre les Grecs et les Juifs. Réflexions sur l'historiographie du siècle des lumières, QS 8: 3–76.

Vidal-Naquet, P. (1989): Der Schwarze Jäger. Denkformen und Gesellschaftsformen der griechischen Antike, Frankfurt (Enthält auch V.-N. 1970; 1974).

Viikari, M. (1977): Die Krise der »historistischen« Geschichtsschreibung und die Geschichtsmethodologie Karl Lamprechts, Helsinki.

Viollett, P. (1872): Caractère collectif des premiéres propriétés immobilières, Bibliothèque de l'Ecole de Chartres 33: 455–504.

Voget, F. W. (1975): A History of Ethnology, New York.

Vogt, J. (1929/62): Herodot in Ägypten (1929), in: Marg (Hg. 1962): 412–433.

Volney: Voyage en Égypte et en Syrie, (hg. v. J. Gaulmier), Paris 1959.

Voltaire: Essai sur les mœurs, ed. R. Pomeau, 2 Bde., Paris 1963.

Wachsmuth, C. (1895): Einleitung in das Studium der Alten Geschichte, Leipzig.

Wagner-Hasel, B. (1986): Männerfeindliche Jungfrauen? Ein kritischer Blick auf Amazonen in Mythos und Geschichte, Feministische Studien 5: 86–105.

Wagner-Hasel, B. (1988): Geschlecht und Gabe: zum Brautgütersystem bei Homer, ZRG 105: 32–73.

Wagner-Hasel, B. (1989): Frauenleben in orientalischer Abgeschlossenheit? Zur Geschichte und Nutzanwendung eines Topos, Der Altsprachliche Unterricht 23, H. 2: 18–29.

Wankel, H. (1982): Die Korruption in der rednerischen Topik und in der Realität des klassischen Athen, in: W. Schuller (Hg.), Korruption im Altertum, München: 29–53.

Warnke, C. (1986): Antike Religion und antike Gesellschaft: Wissenschaftshistorische Bemerkungen zu Fustel de Coulanges' *La Cité antique*, Klio 68: 287–304.

Waszek, N. (1985): Bibliography of the Scottish Enlightenment in Germany, Studies on Voltaire and the Eighteenth Century 230: 283–303.

Waters, K. H. (1985): Herodotos the Historian, London.

Watson, A. (1987): Roman Slave Law, Baltimore.

Weber, M., Agrarg.: Die römische Agrargeschichte in ihrer Bedeutung für das Staats- und Privatrecht 1891, hg. v. J. Deininger (Max Weber Gesamtausgabe I/2), Tübingen 1986.

Weber, M., Agrarverh.: Agrarverhältnisse im Altertum (Handwörterb. d. Staatswiss. I³ 1909), in: Gesammelte Aufsätze zur Sozial- und Wirtschaftsgeschichte, Tübingen 1924 (ND 1988): 1–288.

Weber, M. (1904/24): Der Streit um den Charakter der altgermanischen Sozialverfassung in der deutschen Literatur des letzten Jahrzehnts (1904), in: Gesammelte Aufsätze zur Sozial- und Wirtschaftsgeschichte, Tübingen 1924 (ND 1988): 508–556.

Weber, M., RS II: Gesammelte Aufsätze zur Religionssoziologie II; Tübingen 1921, ND 1988.

Weber, M., WL: Gesammelte Aufsätze zur Wissenschaftslehre, Tübingen ⁴1973.

Weber, M., Wg: Wirtschaftsgeschichte, hg. v. S. Hellmann/M. Palyi, München 1923.

Weber, M., WuG: Wirtschaft und Gesellschaft, Tübingen ⁵1980.

Welwei, K. W. (1988): Ursprünge genossenschaftlicher Organisationsformen in der archaischen Polis, Saeculum 39: 12–32.

Wesel, U. (1980): Der Mythos vom Matriarchat, Frankfurt.

Wesel, U. (1985): Frühformen des Rechts in vorstaatlichen Gesellschaften, Frankfurt.

Wesendonck, H. (1876): Die Begründung der neueren deutschen Geschichtsschreibung durch Gatterer und Schlözer, Leipzig.

West, S. (1988): The Scythian Ultimatum (Herodotus IV, 131, 132), JHS 108: 207–211.

Westermarck, E. (1891): The History of Human Marriage, London.

Westermarck, E. (1908): Neueres über die Ehe, Zs. f. Socialwissenschaft 11: 553–559.

Wickert, L. (1964): Theodor Mommsen. Eine Biographie. Bd. II., Frankfurt.

Wieacker, F. (1988): Römische Rechtsgeschichte I, München.

Wiedemann, T. E. J. (1986): Between Men and Beasts: Barbarians in Ammianus Marcellinus, in: I. S. Moxon et al. (Hgg.), Past Perspectives, Cambridge: 189–202.

Wiesen, D. S. (1980): Herodotus and the Modern Debate Over Race and Slavery, AncW 3: 3–16.

Will, E. (1972): Le monde grec et l'orient, t. I: Le Ve siécle, Paris.

Will, E. (1975): Le territoire, la ville et la poliorcétique grecque, RH 253: 297–318.

Willoweit, D. (1984): Von der alten deutschen Freiheit. Zur verfassungsgeschichtlichen Bedeutung der Tacitus-Rezeption, in: E. V. Heyen (Hg.), Vom normativen Wandel des Politischen, Berlin: 18–42.

Winkel, H. (1977): Die deutsche Nationalökonomie im 19. Jahrhundert, Darmstadt.

Wirz, A. (1984): Sklaverei und kapitalistisches Weltsystem, Frankfurt.

Wissowa, G. (1921): Die germanische Urgeschichte in Tacitus' Germania, Neue Jahrbücher 24: 14–31.

Wittich, W. (1897): Die wirthschaftliche Kultur der Deutschen zur Zeit Caesars, HZ 79 (= N. F. 43): 45–67.

Wittkower, R. (1942): Marvels of the East. A Study in the History of Monsters, JWI 5: 159–197.

Wolf, F. A. (1807): Giambattista Vico über den Homer, Museum der Alterthums-Wissenschaft 1: 555–570.

Wolff, H. J. (1968): Das Verhältnis der Rechtsordnung zur gesellschaftlichen, wirtschaftlichen und politischen Ordnung antiker Staaten, in : Zur Einheit der Rechts- und Staatswissenschaften, Karlsruhe: 167–181.

Woodhead, A. G. (1973): The Date of the »Springhouse Decree« (IG I^2 54), Archeologia Classica 25/26: 751–761.

Young, D. (1978): Montesquieu's View of Despotism and his Use of Travel Literature, Review of Politics 40: 392–405.

Young, E. J. (1968): Gobineau und der Rassismus, Meisenheim.

Zeisel, H. (1968): Karl Polanyi, IEES XII: 172–174.

Ziegler, K. H. (1972): Das Völkerrecht der römischen Republik, ANRW I, 2: 68–114.

Abkürzungen

AAntHung	Acta Antiqua Academiae Scientiarum Hungaricae
AfS	Archiv für Sozialwissenschaft und Sozialpolitik
AHR	American Historical Review
AJPh	American Journal of Philology
AKG	Archiv für Kulturgeschichte
AmA	American Anthropologist
AncSoc	Ancient Society
AncW	The Ancient World
ANRW	Aufstieg und Niedergang der Römischen Welt, 1972 ff.
ASNP	Annali della Scuola Normale Superiore di Pisa. Cl. di Lettere e Filosofia
CA	Current Anthropology
CJ	The Classical Journal
CPh	Classical Philology
CQ	Classical Quarterly
CR	Classical Review
CSSH	Comparative Studies in Society and History
CW	bis 1956/57 The Classical Weekly, dann The Classical World
DHA	Dialogues d'histoire ancienne
Ec. Hist. Rev.	Economic History Review
GB	Grazer Beiträge
GGA	Göttingische Gelehrte Anzeigen
G&R	Greece and Rome
GRBS	Greek, Roman and Byzantine Studies
HdStw	Handwörterbuch der Staatswissenschaften
HJ	Historical Journal
HSPh	Harvard Studies in Classical Philology
H&T	History & Theory
HZ	Historische Zeitschrift
IEES	International Encyclopaedia of Social Sciences
JAC	Jahrbuch für Antike und Christentum
JBLA	Jahrbuch für Geschichte Lateinamerikas
JHI	Journal of the History of Ideas
JHS	Journal of Hellenic Studies
JRS	Journal of Roman Studies
JWI	Journal of the Warburg & Courtauld Institutes

MBAH	Münsterische Beiträge zur antiken Handelsgeschichte
²MEGA	K. Marx/F. Engels, Gesamtausgabe, Berlin/DDR 1975 ff.
MEW	K. Marx/F. Engels, Werke, Berlin/DDR 1960 ff.
P&P	Past & Present
PSQ	Political Science Quarterly
QS	Quaderni di Storia
RAC	Reallexikon für Antike und Christentum, 1950 ff.
RD	Revue Historique de Droit français et étranger
RE	Paulys Realencyclopädie der classischen Altertumswissenschaft (fortgeführt von G. Wissowa et al.), 1893–1980
REG	Revue des Études Grecques
REL	Revue des Études Latines
Res. Ec. Anthr.	Research in Economic Anthropology
RH	Revue Historique
RIDA	Revue Internationale des Droits de l'Antiquité
SDHI	Studia et documenta historiae et iuris
SO	Symbolae Osloenses
ZPE	Zeitschrift für Papyrologie und Epigraphik
ZRG	Zeitschrift der Savigny-Stiftung für Rechtsgeschichte (Romanistische Abteilung)
Zs. ges. Stw.	Zeitschrift für die gesam(m)te Staatswissenschaft

Personenregister

Fischer Weltgeschichte

Fischer Taschenbuch Verlag

Pierre Chaunu, Georges Duby, Jacques Le Goff, Michelle Perrot

Leben mit der Geschichte

Vier Selbstbeschreibungen

Herausgegeben und mit einem Vorwort versehen
von Pierre Nora
245 Seiten. Broschur

Aufbruchstimmungen, Momente, in denen Unvermutetes in anscheinend festgefügte Denkgewohnheiten und Lebensentwürfe einbricht, sind selten. Um so nachdrücklicher beschäftigen uns jene raren, tatsächlich ›bewegten‹ Zeiten, die auch im nachhinein noch als der Beginn einer neuen Epoche gewertet werden können. Von einem solchen Neubeginn berichten hier die weit über die Grenzen ihres Fachs hinaus renommierten Historiker Pierre Chaunu, Georges Duby, Jacques Le Goff und die Historikerin Michelle Perrot. In ihren autobiographischen Essays schildern Sie nicht nur ihre Kindheit, ihre Jugend, die prägenden Zeitereignisse, sondern auch die überaus lebendige geistige und kulturelle Atmosphäre der Nachkriegsperiode. In der Erinnerung an die hitzigen Debatten zwischen Kommunisten, Katholiken, Sozialisten, Existentialisten und Libertären einerseits, an den politischen Widerstand gegen den Algerienkrieg, die Bestürzung über die Niederschlagung des Ungarn-Aufstands und die Revolte von 1968 andererseits wird der Erfahrungszusammenhang einer ganzen Generation von Intellektuellen heraufbeschworen: Lebensgeschichte als Zeitgeschichte.

S. Fischer

fi 1027 / 1

Fernand Braudel, Georges Duby,
Maurice Aymard

Die Welt des Mittelmeeres

Zur Geschichte und Geographie kultureller Lebensformen
189 Seiten. Geb. und als
Fischer Taschenbuch Band 4443

Mit guten Gründen hat man den Mittelmeer-Raum die
»Wiege Europas« genannt. Die Geschichte des Abendlandes hat von dort ihren Ausgang genommen. Zugleich liegen
dort die Anfänge eines vielfältigen, spannungsvollen Austausches zwischen großen Kulturen. Die mediterrane Welt
zeigt (geographisch, gesellschaftlich, ideengeschichtlich,
politisch) nicht nur ein »westliches« Gesicht, sondern auch
ein »östliches« und ein »afrikanisches«; sie war und ist das
Laboratorium nicht einer einzigen, sondern mehrerer
Zivilisationen. Eben darin steckt ihre anhaltende Faszina-
tionskraft, die den Reisenden genauso wie den Historiker
lockt. Sie führt den anschaulichen Beweis für die Viel-
sprachigkeit der Lebensformen, für den Bildungsprozeß
kultureller Identität durch Widerspiel und Nachbarschaft,
Öffnung und Selbstbehauptung.
Davon handelt das vorliegende Buch, zu dem sich unter der
Herausgeberschaft von Fernand Braudel, dem großen,
kürzlich verstorbenen französischen Historiker, drei hoch-
renommierte Autoren zusammengefunden haben, deren
Kennerschaft ebenso unangefochten ist, wie ihre schrift-
stellerischen Fähigkeiten überzeugend sind.

S. Fischer · Fischer Taschenbuch Verlag

Alain Corbin
Pesthauch und Blütenduft
Eine Geschichte des Geruchs

Dieses Buch wurde bei
seinem Erscheinen in Frankreich und kurz darauf in der
Bundesrepublik von der
(Fach-)Kritik einhellig
begrüßt und mit größter Aufmerksamkeit rezensiert. Der
Autor behandelt vordergrün-
dig die Geruchsgeschichte der
Stadt Paris, in Wirklichkeit
jedoch weit mehr – die
Geschichte des Geruchssinns,
die Wandlungen der Geruchs-
vorlieben und Ekelgrenzen –
kurz: die Geschichte des
Geruchs und der Gerüche
überhaupt.

Band 4402

*»Corbins Kulturgeschichte ist
ein von A bis Z ernsthaftes
Buch. Aber da sich der anekdo-
tische Ernst mit dem Thema
»Gestank« verbindet, liest es
sich wie eine Satire. Auf diese
Weise haben wir es mit einer
Lektüre zu tun, die auf beinahe
jeder Seite eine Neuigkeit – und
allgemeine Heiterkeit zugleich
verbreitet.«*
Harald Weser, in: »Der Spiegel«

*» ... to hear by the nose
[Shakespeare] – wer (noch)
eine Nase hat, der lese.«*
Marleen Stoessel, in »Neue
Zürcher Zeitung«

Fischer Taschenbuch Verlag

Natalie Zemon Davis
Humanismus, Narrenherrschaft und die Riten der Gewalt

Gesellschaft und Kultur im frühneuzeitlichen Frankreich

Die in diesem Band versammelten Essays der berühmten amerikanischen Historikerin Natalie Zemon Davis geben eine subtile und faszinierend konkrete Darstellung des gesellschaftlichen Umbruchs am Beginn der Neuzeit, der nicht nur die Lebensweise der Eliten, sondern auch der unteren Bevölkerungsschichten verändert hat. Die populäre Kultur erscheint selbst als dynamisches Moment dieses Umbruchs.

Mit ihrer »dichten Beschreibung« der städtischen Kultur des 16. Jahrhunderts eröffnet die Autorin neue historische Sichtweisen, verweist sie auf Parallelen zu unserer heutigen Situation. Das Buch ist ein Meilenstein auf dem Wege zu einer neuen Alltagsgeschichtsschreibung.

Band 4369

Fischer Taschenbuch Verlag

fi 1035 / 1

Richard van Dülmen

Armut, Liebe, Ehre
Studien zur historischen Kulturforschung I
(16.–20. Jahrhundert)
Herausgegeben von Richard van Dülmen
Band 4379

Arbeit, Frömmigkeit und Eigensinn
Studien zur historischen Kulturforschung II
Herausgegeben von Richard van Dülmen
Band 4430

Die Gesellschaft der Aufklärer
Studien zur bürgerlichen Emanzipation und
aufklärerischen Kultur in Deutschland
Band 4323

Hexenwelten
Magie und Imagination vom 16.–20. Jahrhundert
Herausgegeben von Richard van Dülmen
Band 4375

Reformation als Revolution
Soziale Bewegung und religiöser Radikalismus
in der deutschen Reformation
Band 4366

Religion und Gesellschaft
Beiträge zu einer Religionsgeschichte der Neuzeit
Band 6644

Richard van Dülmen und Norbert Schindler (Hg.)
Volkskultur
Zur Wiederentdeckung des vergessenen Alltags
(16.–20. Jahrhundert) Band 3460

Fischer Taschenbuch Verlag